Martin Apolin

Big Bang

Physik Oberstufe

Klausur- und Abiturtraining

Martin Apolin (Verständnisaufgaben)
Klaus Gerd Bruns (Trainings- und Prüfungsaufgaben)
Jörn Gerdes (Trainings- und Prüfungsaufgaben)
Peter Wessels (Trainings- und Prüfungsaufgaben)
Tanja Reimbold (Trainingsaufgaben)
Martin Schmidt (Trainingsaufgaben)

1. Auflage 1 5 4 3 | 24 23

Alle Drucke dieser Auflage sind unverändert und können im Unterricht nebeneinander verwendet werden.
Die letzte Zahl bezeichnet das Jahr des Druckes.

Autorinnen und Autoren: Martin Apolin (Verständnisaufgaben) , Klaus Gerd Bruns (Trainings- und Prüfungsaufgaben), Jörn Gerdes (Trainings- und Prüfungsaufgaben), Peter Wessels (Trainings- und Prüfungsaufgaben), Tanja Reimbold (Trainingsaufgaben), Martin Schmidt (Trainingsaufgaben)

Entstanden in Zusammenarbeit mit dem Projektteam des Verlages.

Gestaltung: normaldesign GbR, Maria und Jens-Peter Becker, Schwäbisch Gmünd.
Umschlaggestaltung: normaldesign GbR, Maria und Jens-Peter Becker, Schwäbisch Gmünd.
Satz: B2 Büro für Gestaltung, Andreas Staiger, Stuttgart
Druck: Gebr. Geiselberger GmbH, Altötting

Printed in Germany
ISBN 978-3-12-767005-9

Inhaltsverzeichnis

Aufgaben

Lösungen

Die **Lösungen** zu allen Aufgaben findest du unter dem Code

auf **www.klett.de!**

1 Arbeitsweise der Physik

A Verständnisaufgaben

F1 a) Gehe auf die Begriffe Hypothese, Theorie, Experiment, Falsifikation, Induktion und Deduktion ein und erkläre diese.

b) Nimm an, du hast eine Schublade mit 100 Socken. Du stellst die Hypothese auf, dass sich in der Schublade nur schwarze Socken befinden. Das „Experiment" besteht darin, nacheinander und „blind" einzelne Socken aus der Schublade zu nehmen.
Wie viele beziehungsweise wenige Socken musst du im Idealfall aus der Schublade nehmen, damit deine Hypothese widerlegt wird?
Wie viele musst du herausnehmen, damit die Hypothese bewiesen wird?
Wie viele Socken müsste die Schublade enthalten, damit dieses Beispiel mit dem Überprüfen einer physikalischen Hypothese vergleichbar wird?

c) Erkläre mit Hilfe von b, warum Experimente Hypothesen nur widerlegen, sie aber nicht beweisen können und welche Probleme dadurch für die Physik und die Wissenschaft allgemein entstehen.

d) Am 23. März 2011 hieß es auf www.krone.at auf die Anfrage einer Leserin: „Zum Zeitpunkt Ihrer Operation herrschte zunehmender Mond, [...], also erfolgte Ihre Operation mit Sicherheit zu einem ungünstigen Zeitpunkt."
Was müsste der Fall sein, damit man eine solche Behauptung aufstellen kann?
Wird das in diesem Beispiel so sein?
Welcher Unterschied besteht zwischen Esoterik und Wissenschaft?

e) In der sogenannten Stringtheorie geht man davon aus, dass die kleinsten Bausteine der Welt keine Teilchen sind, sondern vibrierende Fädchen, also Saiten – daher auch der Name. Die Stringtheorie ist ein rein mathematisches Modell ohne experimentelle Belege. Diskutiere, inwiefern der Name daher gerechtfertigt ist.

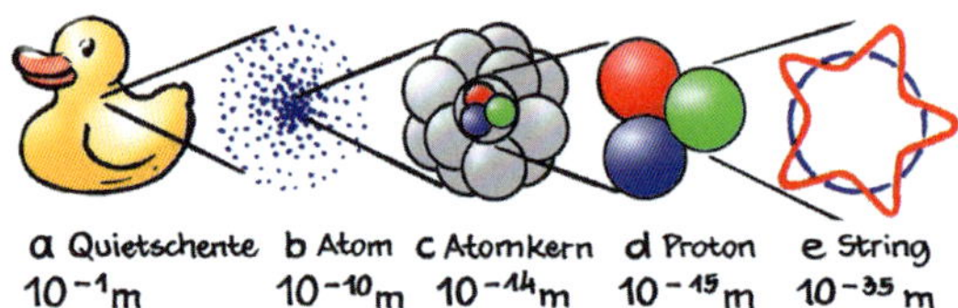

F2 a) Von GALILEI stammt der Ausspruch: „Alles, was messbar ist, messen, alles was nicht messbar ist, messbar machen." Was ist damit gemeint? Beschreibe eine Messung, bei der die Ergebnisse nicht naturwissenschaftlich sind.

b) Beschreibe kurz die Geschichte des freien Falls von ARISTOTELES bis EINSTEIN. Gehe dabei auf den Begriff Paradigmenwechsel ein und erkläre ihn an diesem Beispiel.

c) Was versteht man in der Physik unter dem Begriff Vereinheitlichung?
Erkläre dabei die berühmte Geschichte von NEWTON und dem Apfel und verwende die Originalzeichnung von Newton.
Gilt dasselbe Prinzip auch für die Sonne und ihre Planeten?

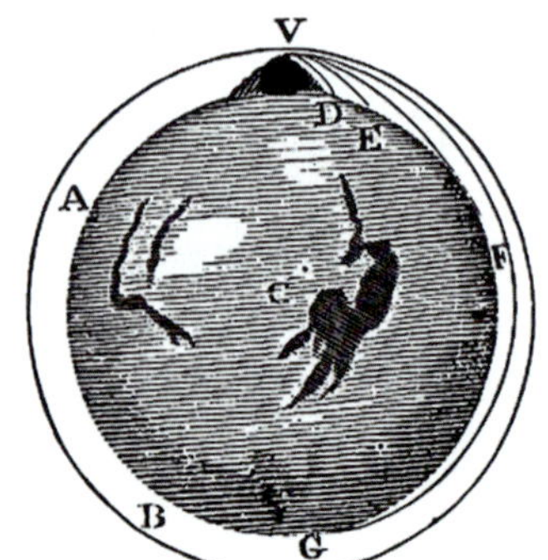

d) Angenommen, du besitzt Superkräfte. Du stehst auf dem Mount Everest und wirfst einen Apfel mit enormer Geschwindigkeit ab.
Ist es möglich, dass du ihn einmal um die ganze Erde wirfst (wenn wir den Luftwiderstand vernachlässigen)?
Welche praktische Anwendung ergibt sich daraus?

e) Sowohl ein Astronaut an Bord der ISS als auch ein in die Luft geworfenes Kind befinden sich in Schwerelosigkeit.
Warum ist das so?
Welcher Zusammenhang besteht zu Frage d?

2 Die Sieben SI-Einheiten

A Verständnisaufgaben

F3 a) Was versteht man unter SI-Einheiten? Erläutere, warum es immer wichtig ist, in SI-Einheiten zu rechnen. Erkläre in diesem Zusammenhang auch einige der historischen Einheiten und beziehe den Absturz des Mars Climate Orbiter im Jahr 1999 mit ein.

b) In der Folge „Kennen Sie die Tribbles?“ aus der Serie „Star Trek“ sagt Captain Kirk zu seiner Offizierin: „Was halten Sie eigentlich davon, Mrs. Uhura, wenn Sie einmal ein paar Lichtjahre dienstfrei machen?“ Was ist dazu aus physikalischer Sicht zu sagen?

c) Angenommen, in einem Paralleluniversum beträgt die Lichtgeschwindigkeit 100 000 km/s. Berechne, wie lang ein Lichtjahr aus unserer Sicht in diesem Universum wäre und gib dein Ergebnis in SI-Einheiten an.

d) In den Abbildungen siehst du einige Schritte in der Entwicklung des Längenmess-Systems. Gehe in diesem Zusammenhang auf die Begriffe Kunst- und Naturmaß ein und erkläre die Vor- und Nachteile. Mit welcher Methode definiert man das Meter aktuell?
Erkläre, wie das Kilogramm früher definiert wurde und wie und warum diese Definition 2019 geändert wurde.

Yard (0,91 m) und Inch (2,54 cm) nach König Heinrich I

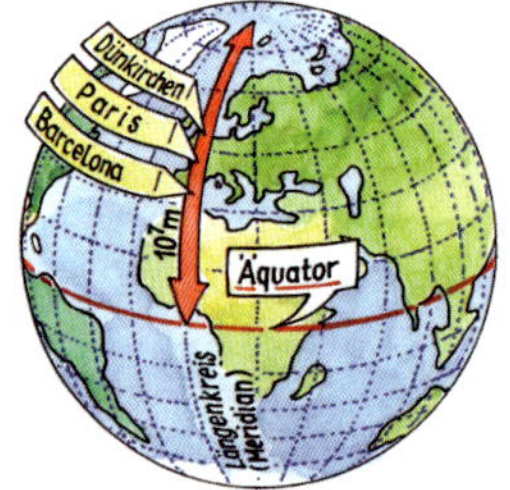

Definition des Meters nach 1793

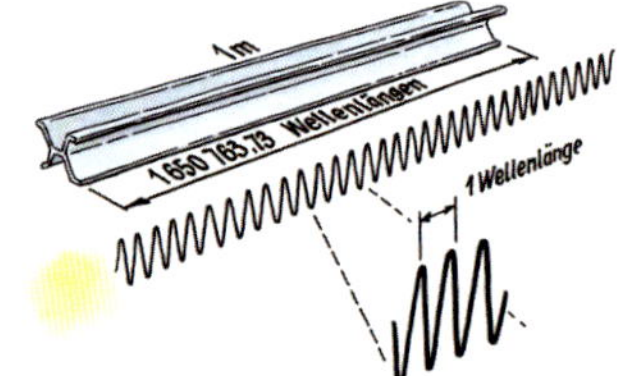

Definition des Meters mit Hilfe der Wellenlänge von Krypton-86 aus dem Jahr 1960

F4 a) Wie liest man bei einer Schublehre eine Länge ab und welche Genauigkeit weist sie auf? Schätze mit Hilfe einer Messung ab, wie dick ein Blatt Papier aus einem Buch ist.
Wie gehst du bei dieser Messung am besten vor, um eine mögichst genaues Ergebnis zu erzielen?

b) Erkläre, warum die ersten drei Werte in der Tabelle nicht exakt sind, sondern einen gewissen Bereich abdecken.
Schätze dann die Masse eines Styroporwürfels mit 2 m Seitenlänge ab.
Gehe dann noch auf den Begriff Schwarzes Loch ein.
Was versteht man darunter und welchen Durchmesser hätte die Erde als Schwarzes Loch?

c) Miss mit einer Schublehre die Seitenlängen des Quaders und berechne sein Volumen. Miss mit Hilfe einer Waage die Masse und berechne mit beiden Werten die Dichte. Gib alles in SI-Einheiten an.
Überprüfe dein Ergebnis mit der Tabelle.

	ungefähre Dichte in $\frac{kg}{m^3}$
Styropor	20 – 60
Kork	120 – 550
Holz	450 – 900
Aluminium	2 700
Eisen	7 860
Kupfer	8 920
Blei	11 340
Gold	19 320
Erde als Schwarzes Loch	10^{30}

d) Versuche möglichst einfach zu begründen, warum du im Wasser untergehst! Was müsste man rein theoretisch machen, damit man im Wasser nicht ertrinken kann? Wie erklärt sich die ähnliche Dichte von Mensch und Wasser? Warum schwimmt man im Toten Meer viel besser? Warum ist bei Wasser auch eine Temperatur angegeben? Wie kann man die schöne Zahl bei der Wasserdichte erklären? Stelle dazu eine Vermutung an! Warum geht ein Dampfer nicht unter, obwohl er aus Stahl ist? Verwende für deine Erklärungen die Tabelle.

	ungefähre Dichte in $\frac{kg}{m^3}$
Luft, 20 °C, Normaldruck	1,20
Kohlenstoffdioxid	1,98
Olivenöl	910
Eis, 0 °C	917
Mensch, eingeatmet	940 – 990
Wasser, 4 °C	1 000
Mensch, ausgeatmet	1 010 – 1 100
Meerwasser, normal	1 025
Totes Meer	1 170

3 – 11 Mechanik

A Verständnisaufgaben

F5 a) Was versteht man unter den Begriffen Vektor und Skalar?
Gib jeweils einige Beispiele für physikalische Größen an, die in die jeweilige Kategorie fallen. Wann sind zwei Skalare gleich? Wann sind zwei Vektoren gleich?

b) Wann spricht man in der Physik von einer Geschwindigkeitsänderung? Beziehe Frage a und die Abbildung in deine Antwort mit ein. Die Pfeilpaare zeigen jeweils die Geschwindigkeit vorher (links) und nachher (rechts) an.

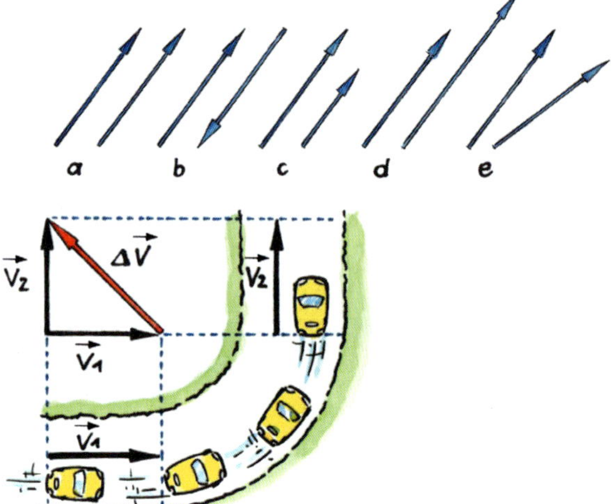

c) Du fährst mit konstant 80 km/h durch eine Kurve. Ändert sich dabei die Geschwindigkeit oder nicht?
Begründe mit Hilfe der Abbildung und beziehe Frage a und b in deine Antwort mit ein. Stelle die Vektoren $\vec{v}_1$, $\vec{v}_2$ und $\Delta\vec{v}$ als Spaltenvektoren dar. Wann spricht man in der Physik generell von einer Beschleunigung? Mache eine Skizze möglicher Fälle.

d) Auf Wikipedia steht: „Ein Tachometer ist ein Gerät zur Messung und Darstellung der Geschwindigkeit eines Landfahrzeugs."
Kommentiere dieses Zitat und beziehe dabei die Fragen a bis c mit ein. Was zeigt dieses Beispiel eindrucksvoll? Wie könnte man den Satz besser formulieren?

e) In einem Physikbuch (Physik, Douglas C. Giancoli S. 172) ist der Satz zu lesen: „Ein Auto fährt mit konstanter Geschwindigkeit *v* über Berg und Tal."
Kommentiere dieses Zitat und beziehe dabei die Fragen a bis c mit ein.

F6 a) Galileo Galilei ließ zum Überprüfen der Fallgesetze Kugeln über schiefe Ebenen rollen. Dadurch entsteht eine „Fallbewegung in Zeitlupe". Erkläre zuerst allgemein, was man unter einer Vektorzerlegung versteht und zerlege dann in der Abbildung die Gewichtskraft in eine Komponente parallel und in eine normal zum Hang. Erläutere, wie man damit die „Fallbewegung in Zeitlupe" erklären kann.

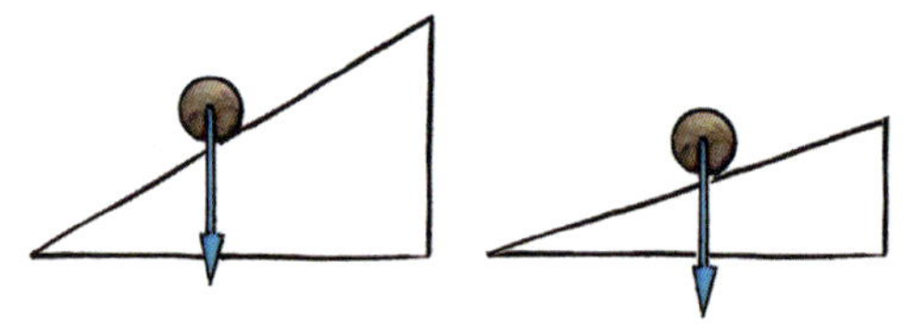

b) Du hältst ein Gewicht von 10 N an einer Schnur. Mit wie viel Newton musst du an den Enden ziehen, damit sie völlig gespannt ist? Verwende für deine Erklärung die Abbildung rechts unten und zeichne dort die entstehenden Kräfte ein. Begründe deine Antwort auf zwei Arten.

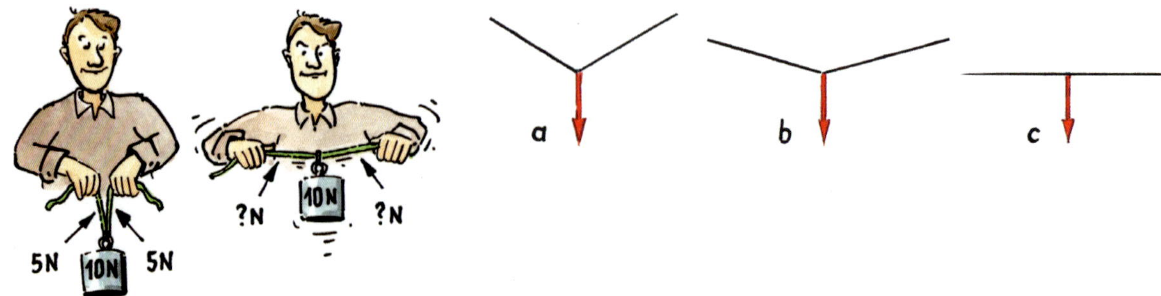

c) In der Abbildung siehst du die durchhängenden Tragseile einer Seilbahn. Welchen Vorteil bringt das? Stelle einen Bezug zu Frage b her.

d) Erkläre stabiles und labiles Gleichgewicht mit Hilfe von Kräftezerlegungen und mache dazu eine Skizze.
Welche alternative Erklärung ergibt sich mit Hilfe der Energie?

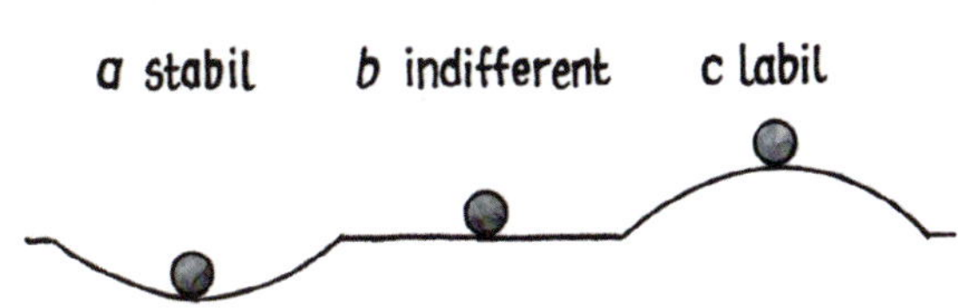

F7 a) Was versteht man unter dem Körperschwerpunkt (KSP)? Wie weit kann man ein Objekt über die Tischkante schieben, ohne dass es zu Boden fällt? Erkläre mit Hilfe des Körperschwerpunkts.

b) Warum kippt das Besteck in der Abbildung nicht vom Tisch? Es befindet sich doch völlig außerhalb der Tischplatte! Stelle das Experiment nach und erkläre es. Beziehe die Antwort auf Frage a mit ein.
In welchem Gleichgewicht befindet sich das Besteck? Überprüfe deine Vermutung praktisch und stelle eine Hypothese auf, warum das so ist.

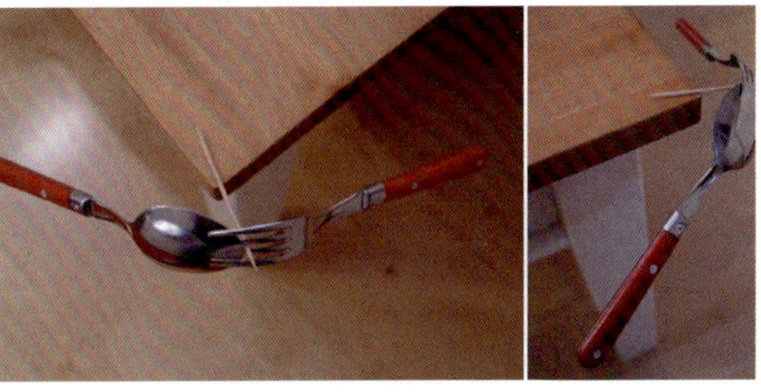

c) „So wird nichts aus dir. Besser wäre es, wenn du zum Zirkus gehen würdest", riet der Trainer seinem experimentierfreudigen Hochsprungschüler Richard Fosbury, als dieser den Flop erfunden hatte. Begründe physikalisch, warum sich der Trainer geirrt hat, und verwende dabei die Abbildung. Erkläre, aus welchen Teilhöhen sich die Sprunghöhe beim Hochsprung zusammensetzt.
Schätze ab, wie groß diese Teilhöhen bei einem Sprung über 2,45 m sind. Was ist bei der ganz rechten Sprungposition bemerkenswert und welcher Zusammenhang besteht zu Frage b?

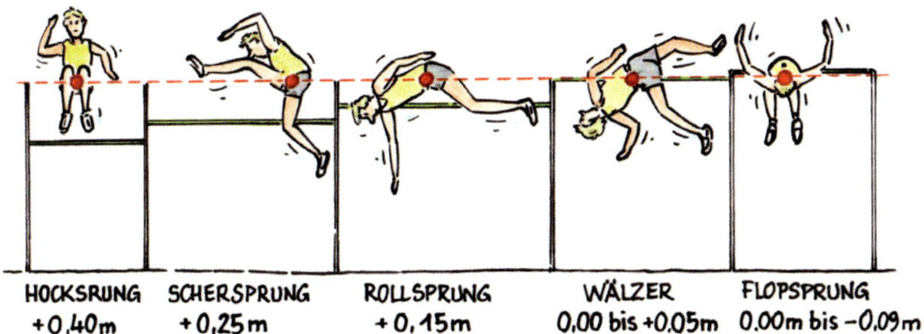

d) Mit welchem einfachen Experiment kann man die KSP-Hebung bei einem vertikalen Sprung messen? Was muss bei diesem Experiment beachtet werden, um ein sinnvolles Ergebnis zu bekommen?

e) Manche Weitspringer laufen in der Luft weiter. Warum tun sie das? Springen sie dadurch weiter? Können sie sozusagen durch die Luft laufen?

F8 a) Welche drei Arten von Gleichgewicht kann man unterscheiden? Erkläre einmal mit Hilfe der potenziellen Energie und einmal mit Hilfe der Kräfte, die beim Verschieben aus der Ruhelage auftreten. Gehe außerdem auf die Abbildung ein und erkläre sie.

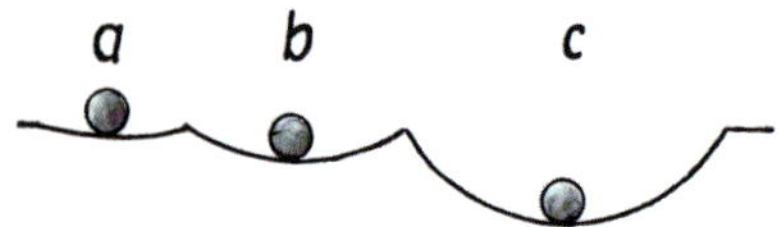

b) Man kann eine Streichholzschachtel auf drei Arten hinlegen.
Welche Gleichgewichtssituationen liegen dabei vor? Stelle einen Zusammenhang zu Frage a her.

c) Erkläre mit Hilfe der Abbildung, welche beiden Arten von Gleichgewicht hier fließend ineinander übergehen.
Wo könnten solche Übergänge auftreten?

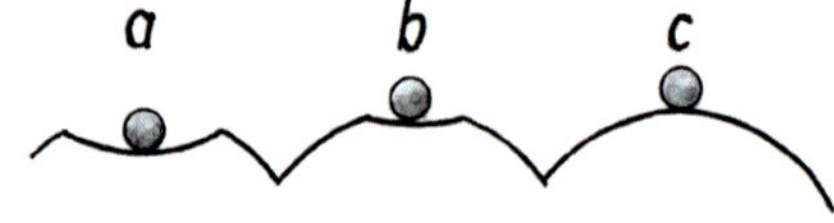

d) In welchem Gleichgewicht befindet sich ein Radfahrer von der Seite und von vorne aus gesehen.

e) Erkläre mit Hilfe der Abbildungen, warum eine größere Standfläche die Stabilität erhöht. Verwende für deine Erklärung den Begriff Körperschwerpunkt.
Wie kann man das im Sport ausnützen?

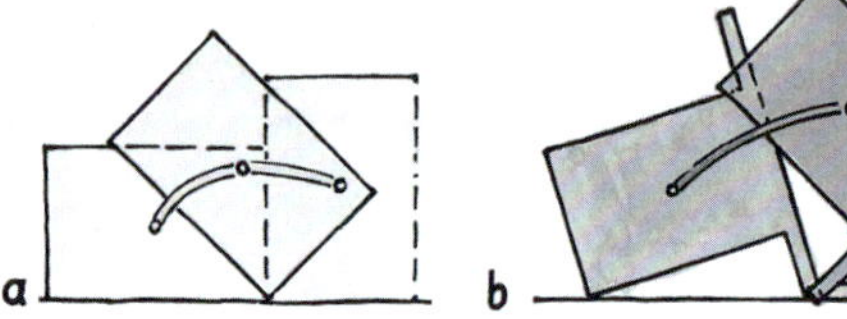

f) Stell dich so an die Wand, dass die Außenseite deines rechten Fußes und die rechte Schulter die Wand berühren. Versuche nun, das linke Bein zu heben.
Was passiert und wieso? Was ist der Unterschied zum normalen Stehen auf einem Bein?

F9 a) Wenn du die Sekunden zwischen Blitz und Donner zählst und dann durch 3 dividierst, weißt du, wie viele Kilometer der Blitz weg war! Wie funktioniert diese Faustregel? Wie groß ist daher etwa die Schallgeschwindigkeit? Verwende für deine Abschätzung die Formel für die Geschwindigkeit.

b) Schätze die Wachstumsgeschwindigkeit der Haare in m/s ab. Gehe dazu von einer vernünftigen Schätzung aus, um wie viele Zentimeter die Haare im Laufe eines Jahres wachsen. Vergleiche das Ergebnis mit der Geschwindigkeit einer Weinbergschnecke, die mit etwa 3 m pro Stunde kriecht. Um welchen Faktor ist die Schnecke schneller?

c) Du fährst in einem Cabrio mit 5 m/s und wirfst einen Ball mit 10 m/s nach vorne (siehe Abb.).
Wie schnell ist der Ball aus der Sicht eines auf dem Boden stehenden Beobachters?
Du fliegst mit einem Raumschiff mit halber Lichtgeschwindigkeit ($c/2$) und sendest einen Lichtstrahl nach vorne aus. Wie schnell ist der Lichtstrahl aus Sicht eines Beobachters auf der Erde? Im Rahmen welcher Theorie kann man das verblüffende Ergebnis erklären?

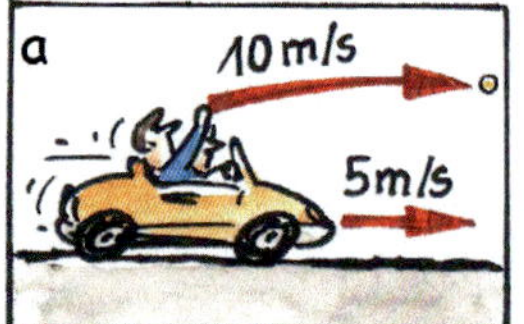

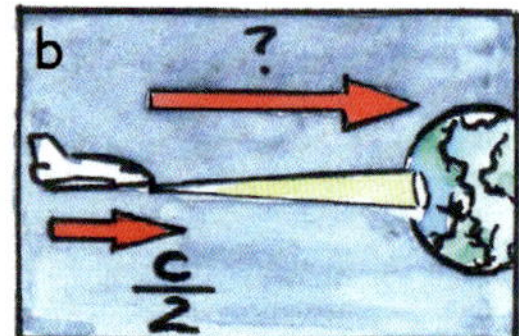

d) Das Auto in der Abb. fährt mit konstant 10 m/s über einen Hügel. Handelt es sich dabei um eine beschleunigte Bewegung oder nicht? Mit welcher Beobachtung aus dem Alltag kannst du deine Antwort untermauern?

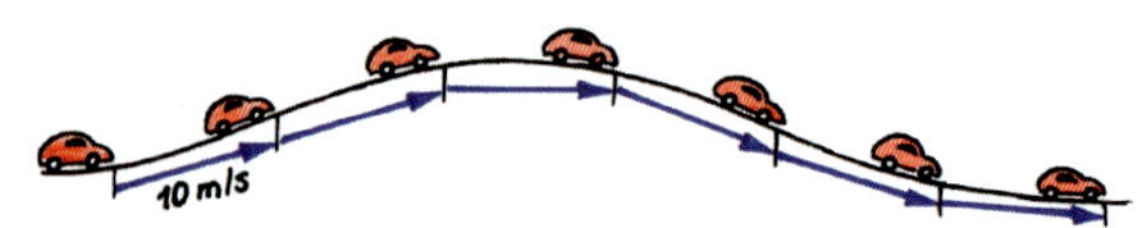

F10 a) Die Erdbeschleunigung liegt bei etwa 10 m/s². Was bedeutet das? Begründe die Einheit m/s². Nach welcher Zeit hat ein frei fallender Gegenstand 108 km/h erreicht?

b) Dem Dachdecker fällt der Hammer hinunter. Nach einer Sekunde ist er ein Stockwerk tief gefallen. Wie tief ist er nach zwei und nach drei Sekunden?
Begründe einerseits direkt mit Hilfe der Formel für die Falltiefe, andererseits mit Hilfe der Erdbeschleunigung, der Durchschnittsgeschwindigkeit und der Formel $v = s/t$.

c) Ein Stein, der vom Balkon im ersten Stock fällt, prallt mit einer bestimmten Geschwindigkeit am Boden auf.
Aus dem wievielten Stock muss er fallen, damit die Geschwindigkeit am Boden doppelt so groß ist? Wie wäre das am Mond (wenn es dort Häuser gäbe)? Verwende die Gleichung für die Falltiefe.

d) Du hast von einem fallenden Stein einen 3-Sekunden-Film gemacht und spielst ihn umgekehrt ab. In welche Richtung zeigt die Beschleunigung nun? Nach oben oder nach unten?

e) Bei einer Sprengung fliegt ein Stein genau senkrecht nach oben und schlägt nach 6 Sekunden wieder auf den Boden auf.
Wie hoch ist der Stein geflogen? Mit welcher Geschwindigkeit prallt er wieder auf? Wie groß ist die Beschleunigung, wenn der Stein am höchsten Punkt stillsteht?

F11 a) Leite die Umrechnung zwischen m/s und km/h her.

b) Die gesetzlich vorgeschriebene Mindestbremsverzögerung für Autos beträgt 4,5 m/s².
Was bedeutet das? Erkläre mit den Einheiten m/s und km/h.

c) Ein Auto fährt mit 50 km/h. Rechne diesen Wert zunächst in m/s um.
Schätze dann ohne Formel ab, nach wie vielen Metern das Auto zum Stillstand kommt, wenn es die gesetzlich vorgeschriebene Mindestbremsverzögerung aufweist.
Welche Strecke legt das Auto in dieser Zeit zurück? Rechne ohne Formel mit Hilfe der Durchschnittsgeschwindigkeit.

d) In der Abbildung siehst du die Auswertung eines Bremstests mit einem Fahrrad bei unterschiedlichen Geschwindigkeiten.
Wie könnte man diesen Test am besten durchführen? Wie groß ist die durchschnittliche Bremsverzögerung? Verwende dazu die Formel $a = v^2/(2s)$ und vergleiche mit der gesetzlich vorgeschriebenen Bremsverzögerung für Autos. Warum liegen nicht alle Punkte auf der idealisierten Kurve? Erkläre, wie es zur Form der Kurve kommt.

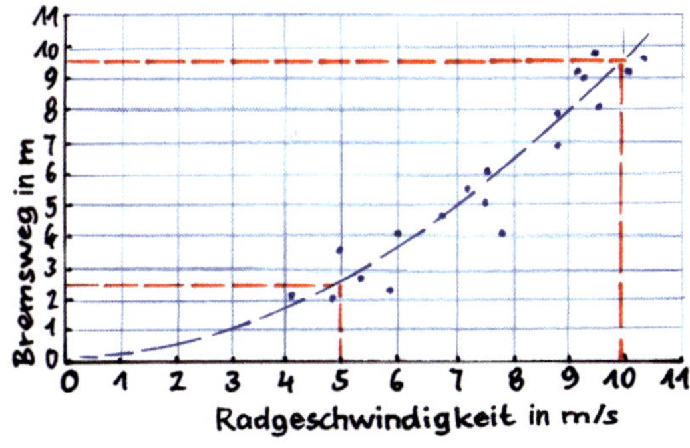

e) Berechne, um welchen Faktor sich der Bremsweg verringert, wenn man statt 50 km/h nur 30 km/h fährt?

F12 a) Der freie Fall ohne Luftwiderstand ist eine Idealisierung. In der Abbildung siehst du, wie sich Fallgeschwindigkeit und Beschleunigung in der Realität tatsächlich verhalten.
Erkläre die Abbildung und erläutere allgemein, wann ein fallender Gegenstand seine Maximalgeschwindigkeit erreicht.

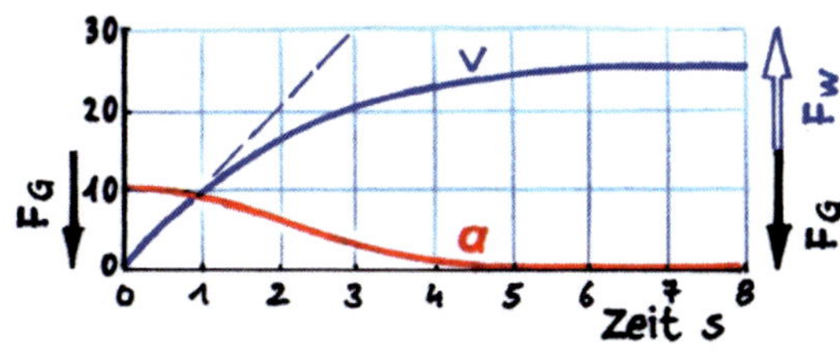

b) Leite mit Hilfe der Gewichtskraft $F_G = m \cdot g$, der Luftwiderstandskraft $F_W = 0{,}5 \cdot \rho \cdot A \cdot c_W \cdot v^2$ und der Überlegung zu Frage a eine Formel für die Endgeschwindigkeit eines frei fallenden Objekts ab. Erkläre vor deiner Rechnung die zweite Formel.

c) Berechne, welche Maximalgeschwindigkeit ein fallender Tennisball bekommen kann. Er hat eine Masse von 58 g und einen Durchmesser von 6,7 cm. Nimm die Luftdichte mit 1,2 kg/m^3 an und verwende die Abbildung.
Was stellt sie dar? Verwende die Formel, die du bei b berechnet hast. Rechne das Ergebnis in km/h um.

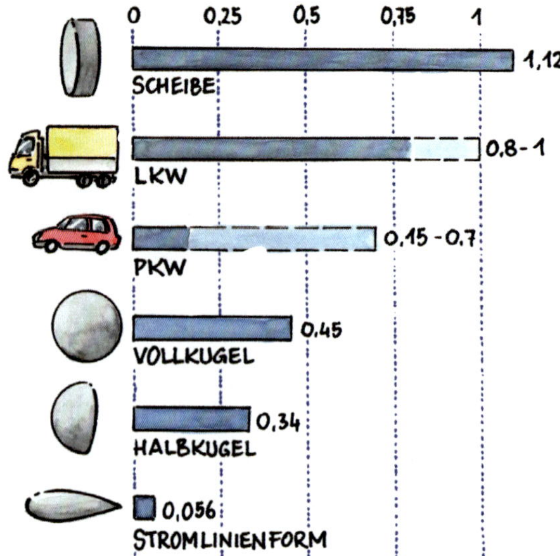

d) Begründe mit Hilfe von Proportionen, warum große Wassertropfen schneller fallen als kleine und welcher Zusammenhang zwischen v und r besteht!

e) Felix Baumgartner erreichte im Rahmen des Stratos-Projekts die Geschwindigkeit von 373 m/s (1343 km/h) und durchbrach damit locker die Schallmauer!
Wie war das möglich? Begründe mit Hilfe der abgeleiteten Formel aus Frage b und der in dieser Höhe um den Faktor 50 verringerten Luftdichte.

F13 a) Was versteht man unter dem Unabhängigkeitsprinzip? Gibt dazu ein paar Beispiele an.

b) Im gleichen Augenblick wird eine sehr schnelle Kugel waagrecht aus einem Gewehr abgefeuert und eine andere Kugel einfach aus gleicher Höhe fallen gelassen.
Welche trifft zuerst auf den Boden? Erkläre mit Hilfe von a.

c) Welcher Zusammenhang besteht zwischen der Antwort auf Frage b und der Schwerelosigkeit durch Parabelflüge?

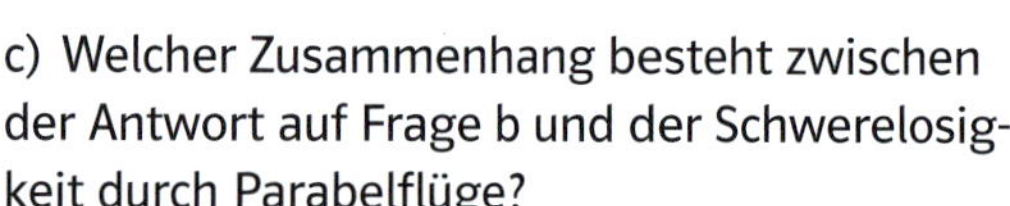

d) Mit welcher Geschwindigkeit wurde der Stein in der Abbildung abgeworfen? Verwende für deine Erklärung die Antwort auf a und b und die Formel

$s = \frac{g}{2} t^2$.

e) Superbogenschützen wie Robin Hood oder der Elbe Legolas hätten im realen Leben mit einem großen Problem zu kämpfen.
Mit welchem? Erkläre in diesem Zusammenhang die Abbildung. Nimm an, dass der Bogen eine Abschussgeschwindigkeit von 60 m/s erreicht und mache dazu eine maßstabsgetreue Skizze.

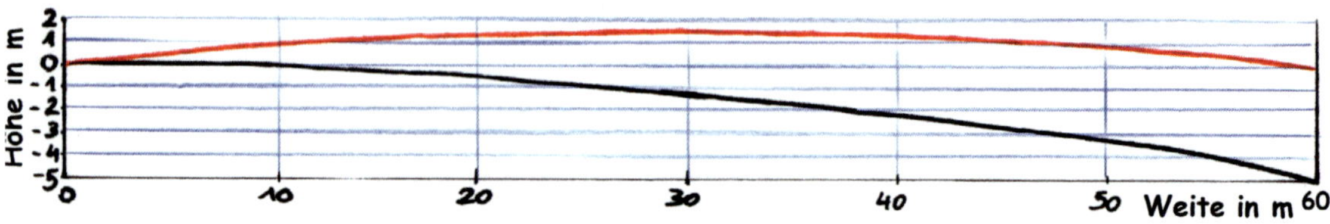

F14 a) Was versteht man unter dem Unabhängigkeitsprinzip? Gibt dazu ein paar Beispiele an.

b) Konstruiere mit Hilfe des Unabhängigkeitsprinzips einen schiefen Wurf. Sowohl die vertikale als auch die horizontale Geschwindigkeit sollen dabei 20 m/s betragen.
Wie groß ist die Abwurfgeschwindigkeit?

c) Der Weitsprung ist ja gewissermaßen ein „Körperwurf".
Also fliegt der KSP entlang einer Wurfparabel. Der günstigste Absprungwinkel sollte daher 45° sein. Die Weltklasse springt aber mit etwa 20° ab. Warum? Verwende für deine Erklärung die Abbildung und die allgemeine Formel für die Beschleunigung. Die Bodenkontaktzeit beim Absprung beträgt etwa 0,1 s.

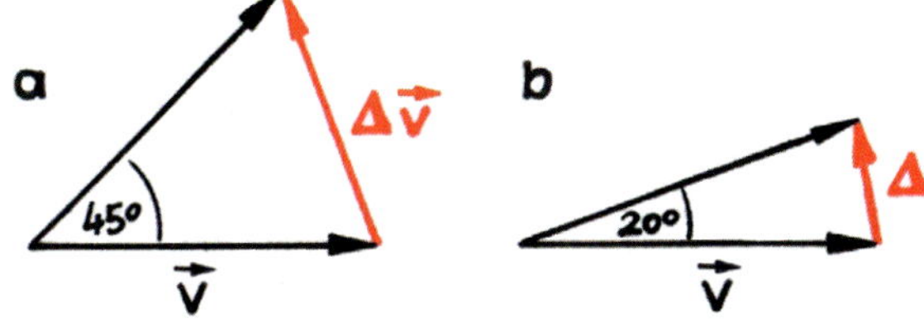

d) Die Erfahrung zeigt, dass es für einen Weitspringanfänger oft günstiger ist, nicht mit maximaler Geschwindigkeit anzulaufen.
Warum könnte das so sein? Überlege dazu, wie die Kontaktzeit beim Absprung und die Anlaufgeschwindigkeit zusammenhängen, und was das für die Beschleunigung beim Absprung und für den Absprungwinkel bedeutet.

e) Schätze mit Hilfe des Unabhängigkeitsprinzips ab, wie schnell man einen Tennisball ohne Drall maximal über das Netz (Höhe 91,5 cm) schießen kann. Ein Halfcourt ist 11,9 m lang.

F15 a) Ein Pendel schwingt unter Vernachlässigung der Reibung immer wieder auf dieselbe Höhe. Begründe das mit Hilfe kinetischer und potenzieller Energie. Wenn man die Reibung vernachlässigt, dann rollt auch eine Kugel immer zur Ausgangshöhe zurück.
Wie weit rollt die Kugel, wenn die Bahn rechts völlig waagrecht ist?
Welchen Schluss kann man daraus ziehen?

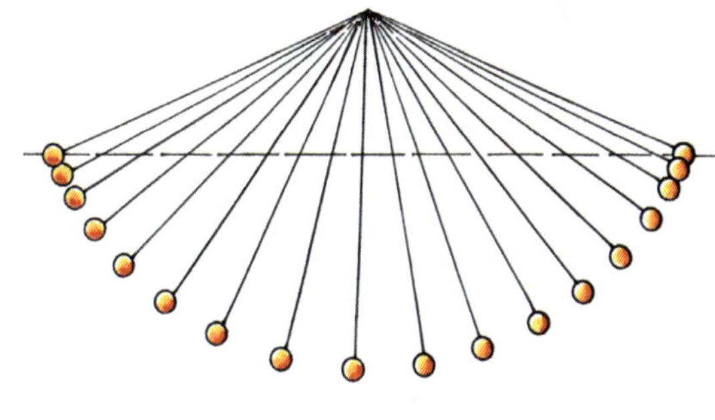

b) Der Trägheitssatz lautet in der Übersetzung des Originaltextes von NEWTON so: „Jeder Körper beharrt in seinem Zustand der Ruhe oder der gleichförmigen geradlinigen Bewegung, wenn er nicht durch einwirkende Kräfte gezwungen wird, seinen Zustand zu ändern."
Versuche diese Formulierung zu vereinfachen. Überlege dir dazu vor allem, wie man den Passus „Zustand der Ruhe oder der gleichförmigen geradlinigen Bewegung" vereinfachen kann.

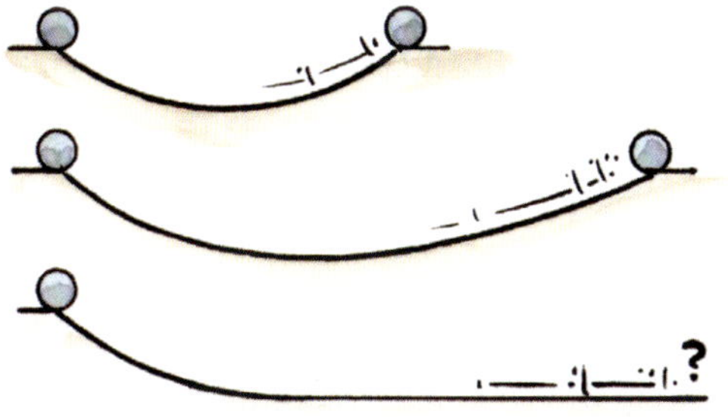

c) In Science-Fiction-Filmen brennen die Triebwerke der Raumschiffe pausenlos.Warum ist das unsinnig? Was würde das für das Raumschiff bedeuten? Begründe mit Hilfe von b.

d) Überlege mit Hilfe des 2. Newton'schen Gesetzes, warum man das 1. Newton'sche Gesetz eigentlich nicht zwingend benötigt.

e) Gib zwei Beispiele, bei denen die Trägheit von großem Vorteil ist.

F16 a) Wie lautet das 2. Newton'sche Grundgesetz und was bedeutet es? Wie lautet der Trägheitssatz (1. Newton'sches Grundgesetz)? Warum ist das 1. Grundgesetz eigentlich im 2. Grundgesetz enthalten?

b) In der Abbildung siehst du ein *v-t*-Diagramm eines PKWs. Der Fahrer gibt zweimal für 50 Sekunden Vollgas.
In welchem Fall ist der PKW stärker beladen? Begründe mit Hilfe von a.
Was folgt daraus z. B. für die Formel 1? Wie erklären sich die horizontalen Abschnitte, die in der oberen Kurve sehr gut zu sehen sind?

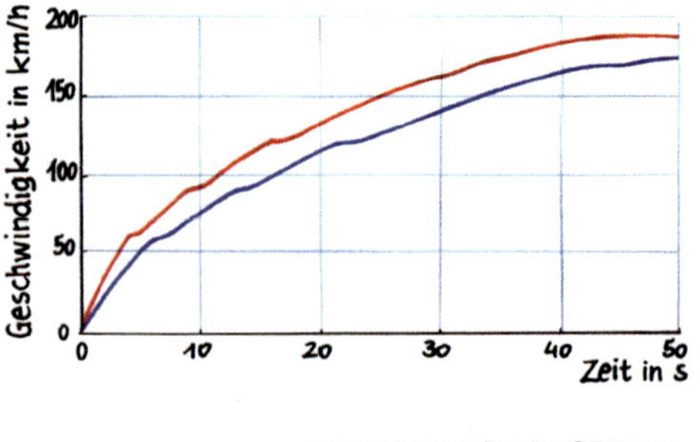

c) Ein Fußball fliegt von links nach rechts (v_1). Ein Stürmer springt in die Höhe und köpfelt den Ball ins Tor (v_2). Beide Vektoren sind parallel zum Boden und gleich groß.
Wie groß ist die Geschwindigkeitsänderung? Zeichne diese in die Abbildung ein.

d) In welche Richtung muss die Kraft beim Stoß zeigen, wenn der Stürmer das wie in der Abbildung oben eingezeichnet schaffen möchte? Verwende dazu die Formel $a = \Delta v / \Delta t$ und setze sie in das 2. Newton'sche Grundgesetz ein. Worauf würde man intuitiv tippen? Was würde das aber für den Stoß bedeuten?

e) Berechne, welche Kraft auf den Ball wirkt (und somit nach dem 3. Newton'schen Gesetz auch auf den Kopf), wenn v_1 und v_2 20 m/s (72 km/h) sind, die Kontaktzeit 6 ms beträgt und der Ball eine Masse von 450 g besitzt!

F17 a) Was versteht man unter dem 3. Newton'schen Grundgesetz?

b) Du befindest dich in einer Raumstation in Schwerelosigkeit und drückst dich von deinem doppelt so schweren Freund ab.
Fliegt ihr gleich schnell weg oder nicht? Verknüpfe für die Begründung das 2. und 3. Newton'sche Grundgesetz.

c) Am Label jeder Jeans von Levis sieht man zwei Pferde, die an einer Hose ziehen.
Macht es einen Unterschied, ob zwei Pferde ziehen oder nur eines und die Hose dafür an einem Pflock befestigt ist?

d) Auf http://www.wer-weiss-was.de schreibt ein User: „Ich frage mich schon länger, wie es sein kann, dass jede Kraft (laut NEWTON) eine gleich große, entgegengesetzt gerichtete Gegenkraft hervorruft. Denn wenn ich beispielsweise mein Glas, das gerade auf meinem Tisch steht, schiebe, übe ich doch offensichtlich eine größere Kraft aus. Oder nicht?"
Nimm zu diesem Zitat Stellung.

e) In einem Werbetext ist folgender Satz zu lesen: „Ein kräftiger Motor treibt das Auto an." Diskutiere diese Aussage unter Berücksichtigung des 3. Newton'schen Grundgesetzes.
Überlege außerdem den Flug von Superhelden aus Sicht dieses Gesetzes.

F18 a) Erkläre den Unterschied zwischen Masse und Gewicht.

b) Im Weltall schwebt ein einsamer Tisch, auf den du die Erde legst! Wie viel würde die Erde wiegen? Wie muss man vorgehen, um dieses Experiment durchführen zu können?

c) Was misst eine Waage? Die Masse oder das Gewicht? Kommentiere außerdem die Aussage: „Ich wiege 50 Kilo!" Wie formuliert man das physikalisch richtig?

d) Was ist der Unterschied in der Messweise von Badezimmerwaage und Balkenwaage? Welche der beiden würde auch am Mond richtig messen?

e) Am 7. 11. 2010 konnte man im Kurier in dem Artikel „Im geheimen Labor von CSI-Wieser" folgenden Satz lesen: „Denn Wieser konnte nachweisen, dass die […] Pistole in einem technisch einwandfreien Zustand war, und dass der Zeigefinger des Täters einen Druck von 2,5 kg Gewicht auf den Abzug ausüben musste."
Was ist zu diesem Satz zu sagen? Versuche ihn so umzuformulieren, dass er physikalisch richtig ist.

F19 a) Die maximale Kurzzeitleistung lässt sich mit Hilfe des Stufenlauftests feststellen. Beschreibe die Durchführung mit Hilfe der Abbildung.

b) Berechne die Kurzzeitleistung für folgende Daten: 12 Stufen zu je 15 cm, Masse des Läufers/der Läuferin 65 kg, Laufzeit 1,12 s. Beschreibe, welche zwei Gleichungen du für die Berechnung benötigst.

c) Was versteht man unter Brutto- und Nettoenergie? Was versteht man unter dem Wirkungsgrad? Erkläre in diesem Zusammenhang die Tabelle und nimm zu einzelnen Werten Stellung.

System	η	Bruttoenergie ⇒ Nettoenergie
Generator	99 %	mechanisch ⇒ elektrisch
Elektromotor	95 %	elektrisch ⇒ mechanisch
Batteriezelle	90 %	chemisch ⇒ elektrisch
Automotor	25 %	chemisch ⇒ mechanisch
Dauerleistung Mensch	15 – 25 %	chemisch ⇒ mechanisch
Solarzelle	15 – 20 %	Licht ⇒ elektrisch
alte Glühlampe	5 %	elektrisch ⇒ Licht
Photosynthese	1 %	Licht ⇒ chemisch

d) Warum wird uns so warm, wenn wir Sport betreiben? Schätze die Größenordnung mit Hilfe der Tabelle in c ab. Wie viel leistet ein Sportler, wenn die Anzeige seines Fahrradergometers 100 W anzeigt? Wie lange muss man am Ergometer bei dieser angezeigten Leistung fahren, damit man 1 kg Fett abnimmt (Brennwert 30 000 kJ)?

e) Berechne die Bruttoleistung beim Stufenlauf und orientiere dich dabei an der Tabelle oben.

F20 a) Was versteht man unter dem Energieerhaltungssatz? Wie wurde er entdeckt? Welche Rolle spielte dabei die Gleichung $C_6H_{12}O_6 + 6O_2 \rightarrow 6H_2O + 6CO_2$ + Energie?

b) In der Abbildung siehst du einen Stabhochspringer und die Bahn seines Körperschwerpunkts beim Sprung.
Gehe auf die Begriffe potenzielle und kinetische Energie ein und erkläre, wie sich diese während des Sprunges umwandeln.

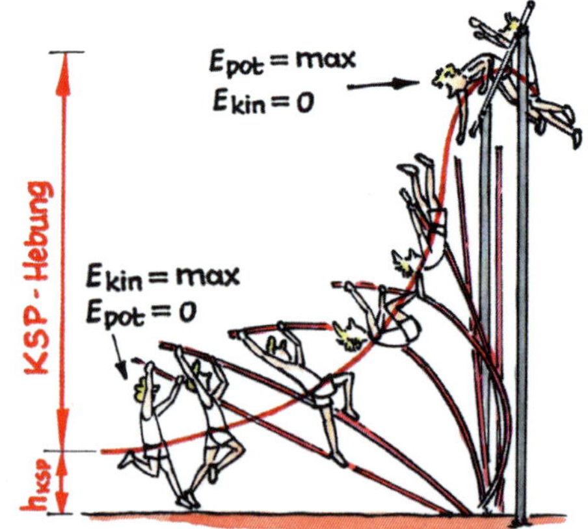

c) Schätze die maximale Sprunghöhe beim Stabhochsprung ab, indem du vom Energieerhaltungssatz ausgehst. Hilf dir dabei mit der Tabelle. Welcher Effekt muss noch berücksichtigt werden? Welche Energien spielen zwischendurch eine Rolle, müssen aber trotzdem in der Schätzung nicht berücksichtigt werden? Vergleiche dein Ergebnis mit dem Weltrekord 6,16 m (Stand 2019). Welche sportliche Eigenschaft ist bei einem Stabhochspringer sehr wichtig?

Beispiel	m/s	Kommentar
Haarwuchs	$4 \cdot 10^{-9}$	umgerechnet 1 mm in 3 Tagen
Weinberg-Schnecke	$8{,}3 \cdot 10^{-4}$	entspricht etwa 3 m pro Stunde
Mensch, Gehen	1	Bummeltempo
Mensch, Marathon	5,19/5,63	errechnete Durchschnittsgeschwindigkeit beim Marathonweltrekord Frauen/Männer
Mensch, Sprint	12,42	maximale gemessene Geschwindigkeit beim 100-m-Sprint der Männer; entspricht fast 45 km/h
Gepard	28 bis 33	etwa 100 bis 120 km/h; schnellstes Säugetier

d) Unter welchem Winkel fliegen zwei Billardkugeln auseinander, wenn man nicht zentral trifft? Verwende für deine Überlegungen den Energieerhaltungssatz und fertige eine Skizze an!

F21 a) Was versteht man unter dem Energieerhaltungssatz? Welcher Zusammenhang besteht zwischen dem Energieerhaltungssatz und dem Zu- und Abnehmen?
Erkläre in diesem Zusammenhang die Abbildung.

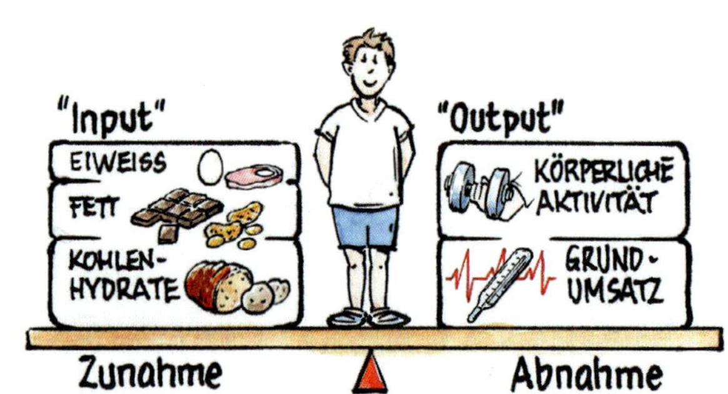

b) Welche Möglichkeiten gibt es abzunehmen? Schätze ab, wie lange es dauert, um durch Nulldiät 1 kg Fett abzunehmen. Gehe dazu von einem Tagesbedarf von 10 000 kJ aus und hilf dir mit der Tabelle.

1 g Kohlenhydrate	17 kJ	(4,1 kcal)
1 g Eiweiß	17 kJ	(4,1 kcal)
1 g Körperfettgewebe	30 kJ	(7,1 kcal)
1 g Fett	39 kJ	(9,3 kcal)
1 g Alkohol	30 kJ	(7,1 kcal)

c) In einem Online-Forum schreibt eine Userin: „Ich konnte es kaum glauben, als ich heute Morgen auf die Waage stieg, habe ich fünf Kilo in einer Woche abgenommen." Nimm zu dieser Aussage Stellung und beziehe deine Überlegungen aus b mit ein.

d) Als Faustregel gilt, dass man beim Laufen pro Kilogramm und Kilometer 4 kJ an Energie umsetzt. Schätze ab, wie weit eine Person mit 60 kg laufen muss, um ein Kilogramm Fett abzubauen. Nimm in diesem Zusammenhang zu folgendem beliebten Spruch beim Bewerben von Fitnessgeräten Stellung: „Mit nur wenigen Minuten pro Tag erzielen Sie bald sichtbare Erfolge!"

e) Wie lange muss man am Ergometer bei einer angezeigten Leistung von 100 W fahren, damit man 1 kg Fett abnimmt? Verwende für deine Abschätzung die Tabelle.

System	η	Bruttoenergie ⇒ Nettoenergie
Generator	99 %	mechanisch ⇒ elektrisch
Elektromotor	95 %	elektrisch ⇒ mechanisch
Batteriezelle	90 %	chemisch ⇒ elektrisch
Automotor	25 %	chemisch ⇒ mechanisch
Dauerleistung Mensch	15 – 25 %	chemisch ⇒ mechanisch
Solarzelle	15 – 20 %	Licht ⇒ elektrisch
alte Glühlampe	5 %	elektrisch ⇒ Licht
Photosynthese	1 %	Licht ⇒ chemisch

F22 a) Du drückst dich auf einer Eisfläche von deinem doppelt so schweren Freund ab. Wie schnell bewegt ihr euch relativ zueinander? Wie kannst du das begründen? Erkläre in diesem Zusammenhang, was man unter dem Impulserhaltungssatz versteht.

b) Wenn du senkrecht in die Höhe springst und wieder landest, hast ja scheinbar nur du deine Geschwindigkeit verändert.
Wie ist das mit dem Impulserhaltungssatz (Frage a) zu vereinbaren?

c) Nimm mal an, eine Milliarde Chinesen springen gleichzeitig 1 m hoch. Schätze ab, wie weit sich dabei die Erde in die Gegenrichtung bewegt. Die Masse der Erde beträgt $6 \cdot 10^{24}$ kg. Vergleiche das Ergebnis mit dem Atomdurchmesser von 10^{-10} m.

d) Flugzeuge, Helikopter, Vögel, Raketen – und auch Superman! Was passiert aus Sicht des Impulserhaltungssatz mit beziehungsweise bei allen fliegenden Objekten?

e) Ein Teller fällt dir auf den Boden und zerbricht dabei in mehrere Stücke. Wo kommt der Impuls her, den der Teller während des Fallens bekommt? Wohin verschwindet der vertikale Impuls nach dem Aufprall wieder? Woher kommt der horizontale Impuls der auseinanderfliegenden Teile nach dem Aufprall?

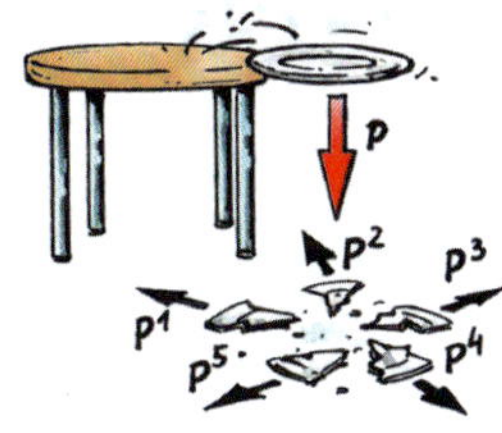

F23 a) Der Barringer-Krater in Arizona kam durch einen Meteoriteneinschlag vor etwa 50 000 Jahren zustande.
Um welche Art von Stoß handelt es sich dabei? Wohin ist der Meteorit verschwunden? Begründe mit Hilfe der Abbildung rechts außen.

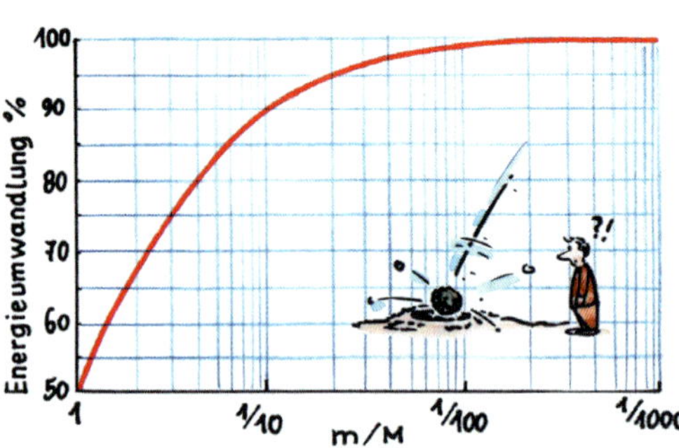

b) Schieße eine Münze zentral auf eine ruhende. Um welche Art von Stoß handelt es sich dabei näherungsweise? Was passiert, wenn beide Münzen gleich schwer sind? Was passiert, wenn die zweite Münze deutlich leichter ist?

c) Überprüfe die Ergebnisse deiner Versuche mit Hilfe der Formeln unten.

$v'_1 = \frac{m_1 - m_2}{m_1 + m_2} v_1$ und $v'_2 = \frac{2m}{m_1 + m_2} \cdot v_1$

(Anm.: Das zweite Objekt ist dabei zunächst in Ruhe, also $v_2 = 0$.)
Welche Erhaltungssätze muss man berücksichtigen, um diese Formeln ableiten zu können?

d) Erkläre und interpretiere die Grafik in der Abb. rechts. Wie ist es zum Beispiel möglich, dass der Ball bei einem Fußballschuss eine größere Geschwindigkeit erreicht als die Fußspitze?

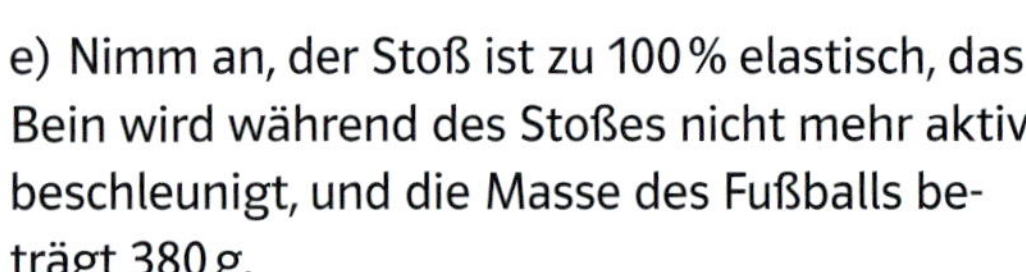

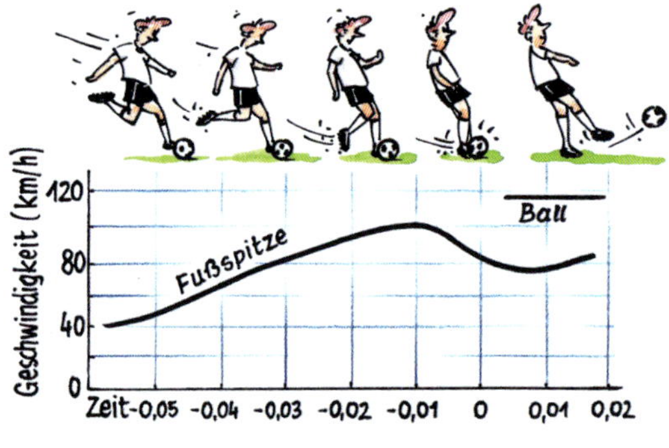

e) Nimm an, der Stoß ist zu 100 % elastisch, das Bein wird während des Stoßes nicht mehr aktiv beschleunigt, und die Masse des Fußballs beträgt 380 g.
Wie groß ist dann die „wirksame Masse" des Beines? Verwende dazu die rechte Gleichung aus Frage c.

F24 a) Erkläre zunächst die Begriffe Drehmasse (Trägheitsmoment), Drehimpuls und Winkelgeschwindigkeit.
Überlege dann Folgendes: Ein Käfer fährt auf dem Rand einer Scheibe Karussell. Nun krabbelt er in Richtung des Mittelpunktes der Scheibe. Nehmen folgende Größen des Systems Insekt-Scheibe dabei zu oder ab oder bleiben sie gleich: A) Drehmasse, B) Drehimpuls, C) Winkelgeschwindigkeit?

b) In der Zeitung „heute" war im Oktober 2010 zu lesen: „Vor vier Milliarden Jahren dauerte eine Tag auf der Erde noch 14 Stunden. Heute sind es bekanntlich 24 Stunden, die unser Planet für einer volle Drehung um die eigene Achse benötigt."
Gehe auf den zweiten Satz des Zitates ein und überprüfe dessen Richtigkeit. Verwende als Hilfe die Abbildung und erkläre den Unterschied zwischen Sterntag und Sonnentag.

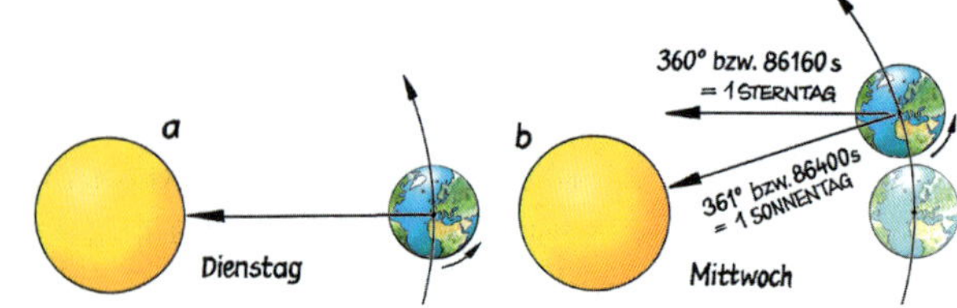

c) Überprüfe die Zahlen in der Abbildung oben durch eine möglichst einfache Schätzung.

d) Nimm an, dass die Erdgravitation plötzlich aufhört. (Das kann Gott sei Dank nicht passieren!) In welche Richtung würdest du dann wegfliegen? Schätze die Geschwindigkeit, mit der du wegfliegst, mit Hilfe der Abbildung rechts ab.

e) Der Startplatz der NASA ist im Kennedy Space Center in Florida bei etwa 28°, die Raketen der ESA starten in Kourou in Französisch-Guyana bei etwa 5°. Begründe, warum der Startplatz der ESA besser ist.

F25 a) Erkläre die Begriffe Zentrifugal- und Zentripetalkraft mit Hilfe der Abbildung.

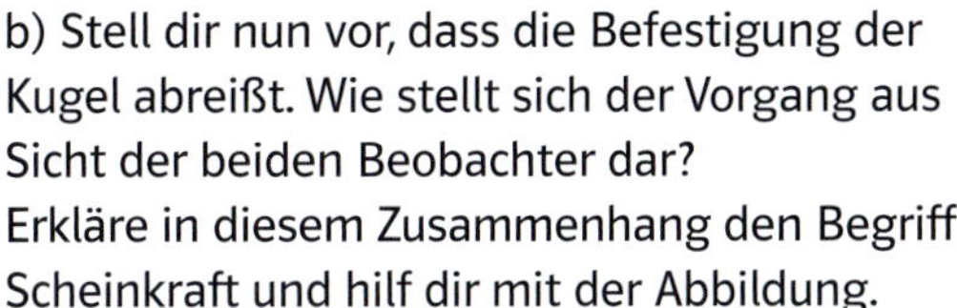

b) Stell dir nun vor, dass die Befestigung der Kugel abreißt. Wie stellt sich der Vorgang aus Sicht der beiden Beobachter dar?
Erkläre in diesem Zusammenhang den Begriff Scheinkraft und hilf dir mit der Abbildung.

c) Auf dem Jahrmarkt sieht man manchmal Zylinderkarusselle. Durch die Rotation fühlen sich die Personen gegen die Wand gepresst, und man kann sogar den Boden wegklappen. Welche Kräfte wirken aus deiner Sicht, wenn du von außen deinen Freund betrachtest beziehungsweise aus Sicht des mitrotierenden Beobachters?

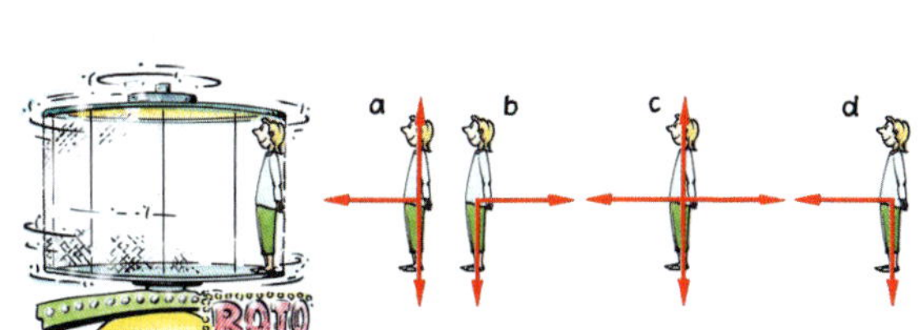

d) „Damit das Rad im Looping nicht ‚von der Decke' fällt, brauchen wir dort ein Kräftegleichgewicht: Gewichtskraft = Zentrifugalkraft."
Warum ist diese Aussage nicht richtig? Wie muss man es richtig formulieren?
Was passiert im Grenzfall, also wenn die Geschwindigkeit gerade noch reicht?

e) Erkläre, wie man durch Rotation künstliche Schwerkraft schaffen kann. Mache dazu eine einfache Schätzung.

F26 a) Die Gravitationskonstante *G* kann nur im Experiment bestimmt werden. Der genaue Wert konnte 1797 von HENRY CAVENDISH ermittelt werden.
Beschreibe das Experiment mit Hilfe der Abbildung.

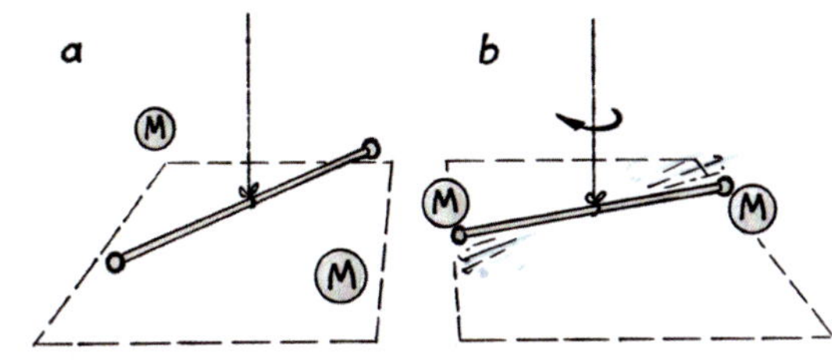

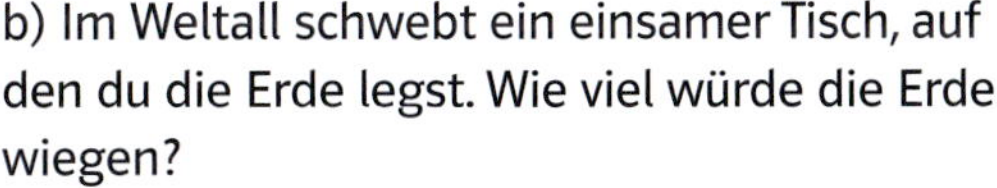

b) Im Weltall schwebt ein einsamer Tisch, auf den du die Erde legst. Wie viel würde die Erde wiegen?
Wie muss man vorgehen, um dieses Experiment durchführen zu können? Erkläre in diesem Zusammenhang den Unterschied zwischen Masse und Gewicht.

c) Cavendish behauptete, die Erde „gewogen" zu haben.
Kommentiere diese Aussage unter Zuhilfenahme der Antwort zu b.

d) Berechne die Masse der Erde nach dem Prinzip von Cavendish. Welche Überlegung musst du dazu anstellen und wie musst du vorgehen? Verwende dafür folgende Daten: $g = 9{,}81\,\text{ms}^{-2}$, $r = 6{,}37 \cdot 10^6\,\text{m}$, $G = 6{,}673 \cdot 10^{-11}\,\text{Nm}^2/\text{kg}^2$.

e) Nimm an, du hast eine sehr große und genaue Waage und wiegst einen Reiter und sein Pferd ab. Der Reiter steht dabei neben dem Pferd. Wenn er sich dann auf das Pferd setzt, wiegen beide zusammen etwas weniger.
Warum ist das so? Schätze ab, um wie viel das Gewicht absolut und relativ sinkt. Nimm den Radius der Erde mit $6{,}37 \cdot 10^6\,\text{m}$ an, die Masse mit $6 \cdot 10^{24}\,\text{kg}$ und das Gewicht des Reiters mit 80 kg.

F27 a) Das 2. Kepler'sche Gesetz lautet: Die Linie zwischen einem Planeten und der Sonne überstreicht in gleichen Zeitabschnitten gleiche Flächen (Abb. links).
Begründe dieses Gesetz mit Hilfe der Richtung der Gravitationskraft und verwende dabei die Abbildung rechts. Erkläre den Begriff Gravitationsfeld.

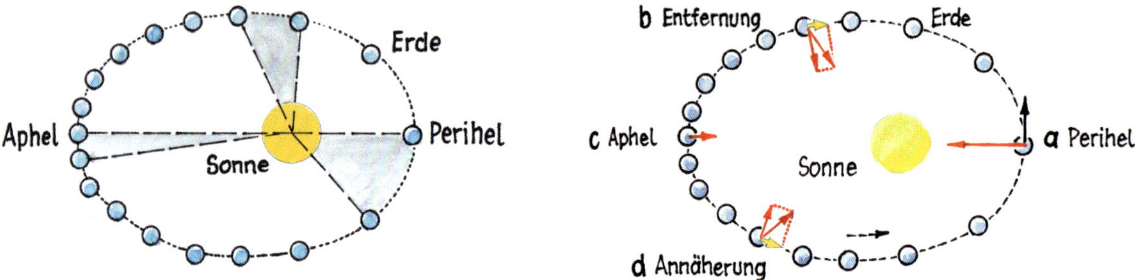

b) Die Zentripetalkraft $F_{ZP} = m \cdot v^2/r$ wird bei allen Satelliten durch die Gravitationskraft (F_G) verursacht. Was ist damit gemeint? Berechne die Mindestgeschwindigkeit, die ein Satellit im Orbit haben muss. ($g = 9{,}81\,\text{m/s}^2$; $r = 6{,}37 \cdot 10^6\,\text{m}$)

c) Welche Satellitenbahnen sind generell möglich? Mache dazu eine erklärende Skizze und erkläre die Begriffe 1. und 2. kosmische Geschwindigkeit.

d) Erkläre qualitativ, welche Bedingungen ein geostationärer Satellit erfüllen muss. In der Abbildung siehst du Parabolantennen an einer Häuserfront. Die Stadt liegt nördlich des Äquators. Schätze ab, in welcher Richtung Süden liegt.

F28 a) Man sagt, dass der Mond um die Erde kreist. Warum ist das genau genommen nicht richtig? Wie müsste man es exakt beschreiben? Welche Konsequenz ergibt sich daraus für die Erde?

b) Was versteht man unter Gezeitenkräften? Erkläre ihre Wirkung am Beispiel eines Astronauten, der in ein schwarzes Loch fällt. Verwende dabei die Abbildung. Wovon hängt die Größe der Gezeitenkraft ab?

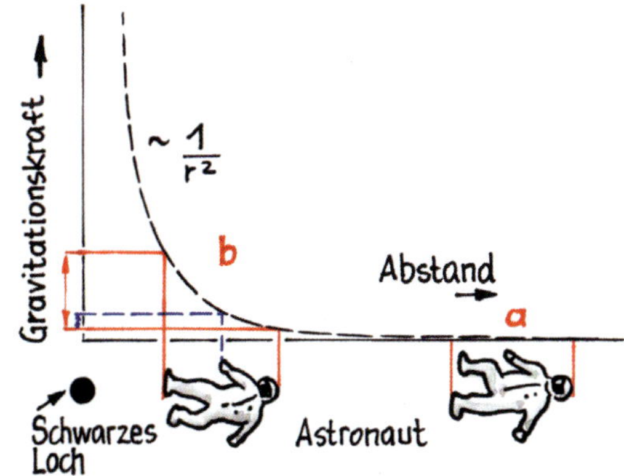

c) Der Komet Shoemaker-Levy 9 passierte im Juli 1992 den Planeten Jupiter und zerbrach dabei in 21 Fragmente zwischen 50 und 1000 m Größe, die sich auf einer mehrere Millionen Kilometer langen Kette aufreihten. Zwischen dem 16. und dem 22. Juli 1994 schlugen diese Bruchstücke dann auf dem Jupiter auf.
Wieso zerbröckelte der Komet beim ersten Vorbeiflug am Jupiter? Welche Verbindung könnte zu den Ringen des Saturn bestehen?

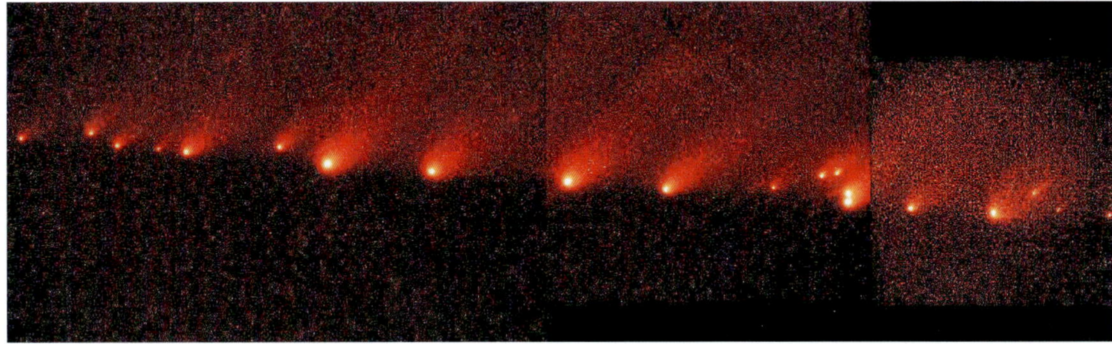

Der zerbröselte Komet Shoemaker-Levy 9

d) Wie kommen Ebbe und Flut zustande? Erkläre das mit Hilfe der Antworten auf die Fragen a und b und verwende die Abbildung.

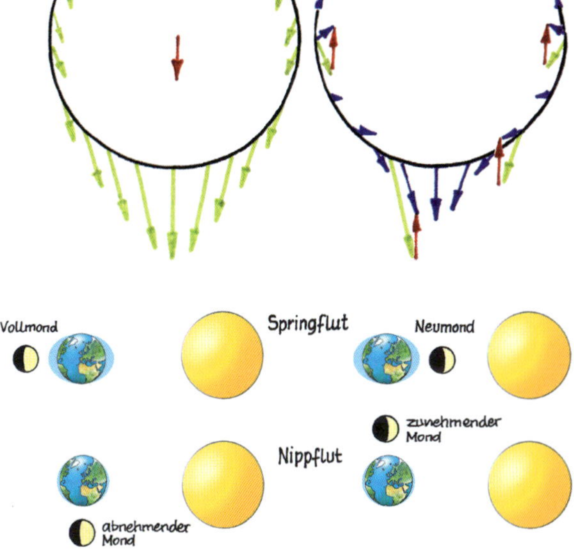

Abbildung links: Gravitationskräfte des Mondes auf der Erde, wenn dieser übertrieben nahe angenommen wird;

Abbildung rechts: Nettokräfte, wenn man die durchschnittliche Kraft auf die Erde (mittlerer, roter Pfeil bei a) abzieht.

e) Erkläre mit Hilfe der Abbildung, was man unter Spring- und Nippflut versteht.
Bei welchen Mondphasen kommen diese zustande und warum?

B Trainingsaufgaben

F29 Straßenbahnfahrt

Zwei Straßenbahnlinien verlaufen entlang einer gewissen Strecke parallel zueinander. Die eine Straßenbahn der Länge $l_1 = 26\,\text{m}$ fährt mit $v_1 = 18\,\text{km/h}$, die zweite Bahn der Länge $l_2 = 39\,\text{m}$ hat die Geschwindigkeit $v_2 = 36\,\text{km/h}$.

a) Die beiden Bahnen passieren einander in entgegengesetzter Richtung. Berechnen Sie, wie lange es dauert, bis die Bahnen vollständig aneinander vorbeigefahren sind.

b) Berechnen Sie die Zeitdauer, während der einem Fahrgast in Bahn 1 bzw. in Bahn 2 die Sicht durch die jeweils andere Bahn versperrt wird.

c) Die beiden Straßenbahnen fahren nun auf parallelen Gleisen in gleicher Richtung. Zum Zeitpunkt $t = 0\,\text{s}$ hat die schnellere Bahn 2 das Ende der langsameren Bahn 1 erreicht. Berechnen Sie die Fahrstrecken s_1 bzw. s_2, nach denen sich die Spitzen der beiden Bahnen auf gleicher Höhe befinden.

d) Lösen Sie Teil c) grafisch und interpretieren Sie das Diagramm (als Bezugspunkte für die zurückgelegten Strecken werden die Spitzen der Bahnen angenommen).

F30 Bewegungsdiagramme

a) Erklären Sie, welche Bedeutung eine Parallele zur *t*-Achse in einem *t*-*s*- bzw. in einem *t*-*v*-Diagramm hat.

b) Ein *t*-*s*- bzw. ein *t*-*v*-Diagramm zeigt zwei Geraden, die sich schneiden und von denen keine parallel zu den Koordinatenachsen verläuft. Geben Sie für beide Fälle jeweils die Bedeutung des Schnittpunktes an.

c) Ein Pkw fährt mit konstanter Geschwindigkeit und wird von einem anderen Fahrzeug, mit ebenfalls konstanter Geschwindigkeit, überholt. Erstellen Sie für diesen Überholvorgang je ein qualitatives *t*-*s*- bzw. *t*-*v*-Diagramm.

F31 Freier Fall 1

Ein Stein fällt aus der Ruhe in einen 100 m tiefen Brunnen.

a) Berechnen Sie, nach welcher Zeit er am Boden ankommt und welche Geschwindigkeit er unmittelbar vor dem Aufschlag hat.

b) Geben Sie an, nach welcher Zeit man den Stein auf dem Boden auftreffen hört (Schallgeschwindigkeit $c = 340\,\text{m/s}$).

c) Berechnen Sie die Geschwindigkeit, mit der der Stein auf dem Boden auftrifft, wenn man ihn mit einer Geschwindigkeit von 15 m/s nach unten abwirft.

F32 Freier Fall 2

Ein Turm, der direkt an einem Fluss errichtet wurde, besitzt mehrere Maueröffnungen, die etwa übereinander liegen.

a) Aus zwei Öffnungen, die sich in $h_1 = 25\,\text{m}$ und $h_2 = 35\,\text{m}$ Höhe über dem Wasser befinden, lassen zwei Personen gleichzeitig je einen Stein fallen.
Berechnen Sie den zeitlichen Abstand, mit dem die Steine auf der Wasseroberfläche auftreffen. Untersuchen Sie, ob sich der Abstand der Steine während des Falls verändert. Begründen Sie Ihre Antwort.

b) Nun werden die Steine nacheinander fallen gelassen, zuerst der Stein aus der oberen, dann 1 s später der aus der unteren Öffnung. Berechnen Sie, nach welcher Zeitspanne sich beide Steine auf gleicher Höhe befinden. Bestimmen Sie für diesen Zeitpunkt die Relativgeschwindigkeit der Steine zueinander.

c) Der Stein aus dem unteren Fenster wird losgelassen, sobald sich der Stein aus dem oberen Fenster auf gleicher Höhe befindet. Berechnen Sie den Zeitpunkt, zu dem die beiden Steine den Abstand $d = 5{,}0\,\text{m}$ zueinander haben.

F33 **Schiefe Ebene**

Auf einer schiefen Ebene mit einem Neigungswinkel von 30° befindet sich ein Körper der Masse $m_2 = 5\,\text{kg}$. Durch einen Faden, der über eine Rolle geführt wird, ist er mit einem zweiten Körper der Masse $m_1 = 3\,\text{kg}$ verbunden. Zunächst befinden sich beide Körper in Ruhe.

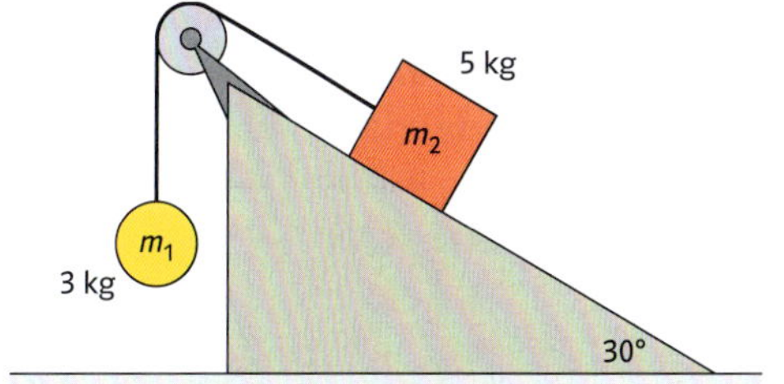

a) Zeichnen Sie für jeden Körper die wirkenden Kräfte in ein Kräfteparallelogramm.

b) Geben Sie an, in welche Richtung sich die beiden Körper bewegen, wenn man von Reibungskräften absieht.

c) Beschreiben Sie, wie sich die Bewegung der beiden Körper verändert, wenn man Reibungskräfte mit einbezieht. Die Haftreibungszahl sei 0,1.

F34 **Dynamik eines Crashtests**

In einem Experiment (→**B1**) wird der Aufprall eines Autos auf ein Hindernis (→**B2**) nachempfunden. Dabei wird mittels eines Sensors die Beschleunigung gemessen. **B3** zeigt für zwei verschiedene Situationen *t*-*a*-Graphen.

a) **Analysieren** Sie die Graphen und **ordnen** Sie sie zwei verschiedenen Versuchssituationen zu.

b) Aus den *t*-*a*-Graphen lassen sich *t*-*F*-Graphen gewinnen. Ihr Verlauf ist ähnlich dem der *t*-*a*-Graphen. **Begründen** Sie diese Aussage.

c) Die *t*-*a*-Graphen werden idealisiert wie in **B4** als Rechteck-Kurven dargestellt. Die vom Graphen und der *t*-Achse eingeschlossene Fläche soll dann für beide Versuche gleich groß sein. **Erläutern** Sie diese Aussage.

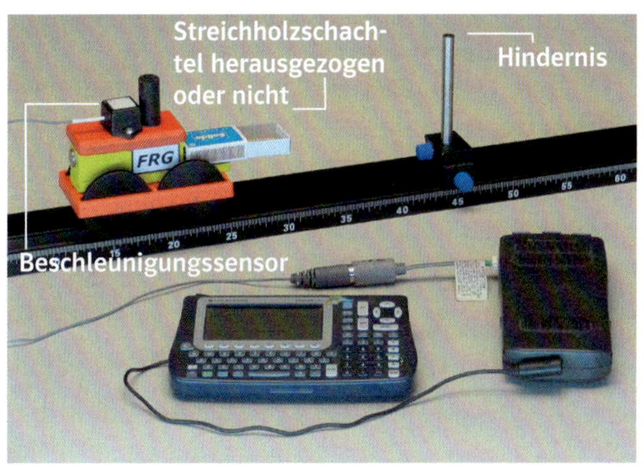

B1

B2

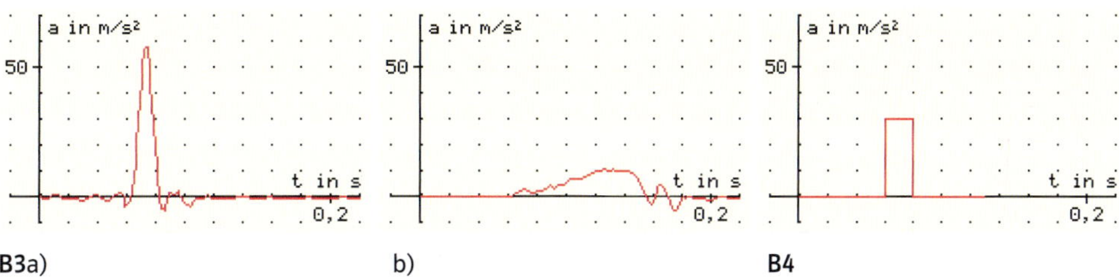

B3a) b) **B4**

F35 **Beschleunigte Bewegung**
Zwei Körper gleicher Masse starten im selben Punkt eines idealen Systems. Der erste Körper fällt frei, während der zweite Körper eine schiefe Ebene hinabgleitet. Beide überwinden dieselbe Höhendifferenz und haben am Fußpunkt dieselbe Geschwindigkeit. Formulieren Sie eine Begründung dafür.

F36 **Achterbahn**
Die Abbildung zeigt die Achterbahnfahrt eines Waggons der Masse $m = 400\,\text{kg}$. Im Punkt A startet die Fahrt, dort hat der Waggon die Geschwindigkeit $v = 0$. Im Punkt C endet die Fahrt.

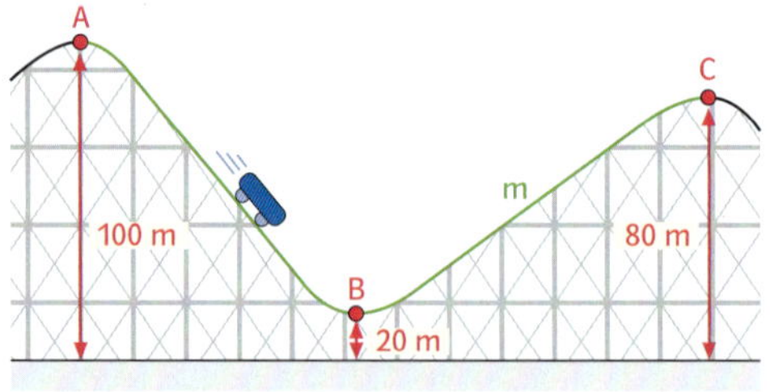

a) Nennen Sie die bei dieser Fahrt auftretenden mechanischen Energieformen. Beschreiben Sie die Überführungen der Energieformen ineinander, wenn man annimmt, dass der Waggon reibungsfrei fährt.

b) Berechnen Sie die Geschwindigkeit des Waggons in den Punkten B und C

F37 **Vulkanausbruch**
Beim Ausbruch eines 2 600 m hohen Vulkans werden Felsbrocken aus dem Inneren des Kraters bis zu 3 000 m hoch in die Luft geschleudert.

Vulkanausbruch

a) Berechnen Sie die maximale (vertikale) Geschwindigkeit, mit der die Felsbrocken den Krater verlassen.

b) Berechnen Sie die Geschwindigkeit, mit der die am höchsten aufsteigenden Felsbrocken am Fuße des Vulkans auftreffen. Erklären Sie, welchen Einfluss die Massen der Felsbrocken haben.

c) Berechnen Sie die Bewegungsenergie, die ein Brocken mit der Masse $m = 4{,}0\,\text{kg}$ beim Verlassen des Kraters hat.

d) Ein weiterer Felsbrocken, der ebenfalls mit maximaler Geschwindigkeit aus dem Krater ausgestoßen wird, besitzt nur ein Fünftel der Bewegungsenergie des in c) betrachteten Brockens. Berechnen Sie seine Masse sowie die maximale Höhe, die er erreicht.

F38 **Dynamik beim Stabhochsprung**
Bei einem Zehnkampf müssen unter anderem auch ein 100-m-Lauf und ein Stabhochsprung absolviert werden. Der deutsche Leichtathlet André Niklaus galt als einer der besten Stabhochspringer unter den Zehnkämpfern. Bei den Olympischen Spielen 2008 in Peking erreichte er beim 100-m-Lauf eine Zeit von 11,12 s. Die Goldmedaille in Peking holte der US-Amerikaner Bryan Clay. Er benötigte für die 100 m 10,44 s.

a) Schätzen Sie ab, welche Höhe die beiden Athleten im Stabhochsprung erreichen könnten.

b) Tatsächlich erreichte Niklaus beim Stabhochsprung eine Höhe von 5,2 m, Clay erreichte eine Höhe von 5,0 m. Erörtern Sie eventuelle Abweichungen zu Ihren Abschätzungen.

F39 **Radfahren**
Eine Radfahrerin fährt auf ebener Strecke mit der Geschwindigkeit $v_0 = 25\,\text{km/h}$. Als die Straße ein Gefälle bekommt, lässt sie ihr Rad rollen und erhöht so ihre Geschwindigkeit. Nachdem sie einen Höhenunterschied von 5 m durchfahren hat, kann sie gerade noch einem parkenden Auto ausweichen.

a) Mit welcher Geschwindigkeit wäre die Radfahrerin auf das Auto aufgefahren?

b) Berechnen Sie, aus welcher Höhe h ein frei fallender Körper mit derselben Geschwindigkeit auftreffen würde.

c) Beurteilen Sie die beschriebene Situation für einen Radfahrer, der eine um 10 kg größere Masse besitzt als die Radfahrerin.

F40 Moderatoren

In Kernkraftwerken führen Neutronen zu Kernspaltungen. Dazu werden sie zunächst abgebremst. Das geschieht, indem sie mit Wasserstoffkernen zusammenstoßen.
Begründen Sie, warum Wasserstoffkerne besonders günstig für die Energieübertragung sind.

F41 Rangierbahnhof

Ein Güterwaggon (m = 30 t) rollt einen Ablaufberg hinab und kuppelt unten an einen zweiten Waggon mit gleicher Masse an. Beide rollen gemeinsam weiter.

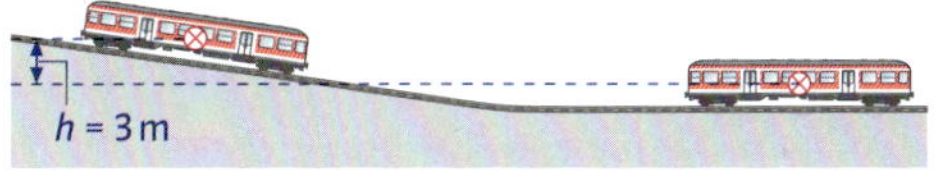

a) Bestimmen Sie die Geschwindigkeiten unmittelbar vor und nach dem Ankuppeln.

b) Vergleichen Sie die jeweiligen Bewegungsenergien (Reibung soll vernachlässigt werden) und diskutieren Sie das Ergebnis.

c) Diskutieren Sie den Fall, dass zwei Waggons der Massen $m_1 = 30\,\text{t}$ und $m_2 = 20\,\text{t}$ nach einer automatischen Kopplung die Geschwindigkeit null haben. Welche Aussage kann man über ihre Geschwindigkeiten vor der Kopplung treffen?

F42 Geschwindigkeitsbestimmung

Ein Geschoss mit der Masse m_1 wird auf einen Pendelkörper der Masse m_2 geschossen und bleibt darin stecken. Das Pendel wird ausgelenkt und der Körper um die Höhe h angehoben.

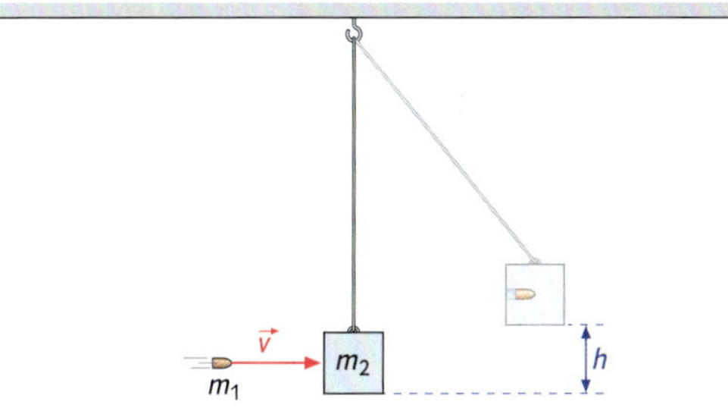

a) Leiten Sie eine Gleichung zur Berechnung der Geschossgeschwindigkeit her.

b) Beschreiben Sie, wie man mit einer solchen Anordnung die Geschwindigkeit eines Geschosses experimentell bestimmen kann.

F43 Stoß und Impulserhaltung

Ein Wagen A (Masse $m_A = 6{,}0\,\text{kg}$) bewegt sich mit der Geschwindigkeit $v_A = 3{,}0\,\text{m/s}$. Er stößt unelastisch und zentral mit einem in Gegenrichtung fahrenden Wagen B (Masse $m_B = 4{,}0\,\text{kg}$) zusammen, dessen Geschwindigkeit den gleichen Betrag hat.

a) Berechnen Sie die Geschwindigkeit nach dem Stoß. Vergleichen Sie die kinetische Energie vor und nach dem Stoß.

b) Beim elastischen Stoß gelten die Gleichungen.

$$v'_A = \frac{2m_B \cdot v_B + (m_A - m_B) \cdot v_A}{m_A + m_B}$$

$$v'_B = \frac{2m_A \cdot v_A + (m_B - m_A) \cdot v_B}{m_A + m_B}$$

Dabei sind mit v die Geschwindigkeiten vor und mit v' die Geschwindigkeiten nach dem Stoß bezeichnet.
Diskutieren Sie die Gleichungen für den Fall $v_B = 0$.
Untersuchen Sie für diesen Fall die Energieübertragung von A auf B in Abhängigkeit vom Verhältnis der beiden Massen m_A und m_B.

F44 **Elektronenstrahlröhre**
Ein Elektron ($m_e = 9 \cdot 10^{-31}$ kg) wird $5 \cdot 10^{-9}$ s lang durch die konstante Kraft $F = 1{,}6 \cdot 10^{-15}$ N beschleunigt.

a) Berechnen Sie die erreichte Geschwindigkeit und den zurückgelegten Weg.

b) Das Elektron wird nach Erreichen der Geschwindigkeit auf eine Kreisbahn mit dem Radius $r = 4{,}8$ cm gezwungen. Berechnen Sie die erforderliche Zentripetalkraft.

F45 **Kreisbewegung**
a) Führt ein Körper eine Kreisbewegung aus, so wirkt immer eine Beschleunigung auf ihn. Erklären Sie mit Blick auf diesen Aspekt, was man unter einer gleichförmigen Kreisbewegung versteht.

b) Ein Körper mit der Masse $m = 100$ g wird an einer Schnur befestigt und auf einer horizontalen Kreisbahn immer schneller herumgeschleudert.
Der Radius der Kreisbahn beträgt $r = 0{,}6$ m, die maximale Zugkraft, die die Schnur aushalten kann, beträgt $F = 15{,}0$ N. Berechnen Sie die Drehzahl, bei der die Schnur reißt.

c) Die Ebene der Kreisbahn, auf der sich der Körper bewegt, liegt $h = 1{,}8$ m über dem Boden. Skizzieren Sie die Bahnkurve, auf der sich der Körper bewegt, wenn die Schnur reißt. Berechnen Sie, nach welcher Zeit der Körper auf den Boden auftrifft.

F46 **Maximale Starthöhe**
Ein Spielzeugwagen wird im Punkt S auf die Bahn in der Abbildung gesetzt und durchfährt diese dann ohne weiteren Antrieb. Untersuchen Sie, aus welcher maximalen Höhe h_{max} der Wagen starten kann, ohne von der Bahn abzuheben.

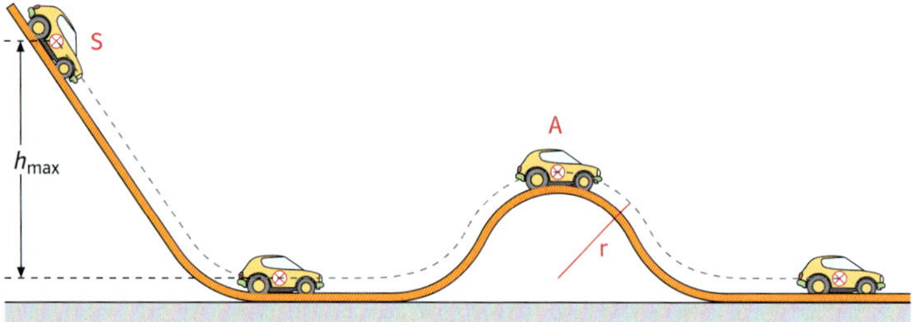

F47 **Kugelschwebe**
Bei einer Kugelschwebe handelt es sich um eine halbkreisförmige Rinne mit einem Radius von 15 cm. In ihr befindet sich eine Holz- oder Metallkugel.
Dreht man die Rinne langsam um ihre eigene Achse, so bleibt die Kugel am tiefsten Punkt liegen. Versetzt man sie dagegen in schnelle Rotation, so steigt die Kugel in der Rinne empor und bleibt an der Wand in einer Höhe liegen.

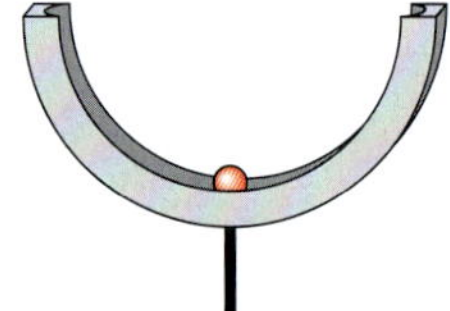

a) Geben Sie die Kräfte an, die auf die Kugel wirken.

b) Erklären Sie, warum die Kugel bei schneller Rotation auf einer Höhe h liegen bleibt.

c) Geben Sie an, von welchen Größen die Steighöhe abhängt. Leiten Sie eine Beziehung her.

F48 **Satellit**

Auch Satelliten bewegen sich auf elliptischen Bahnen um die Erde, wobei die Erde in einem Brennpunkt der Ellipse steht.

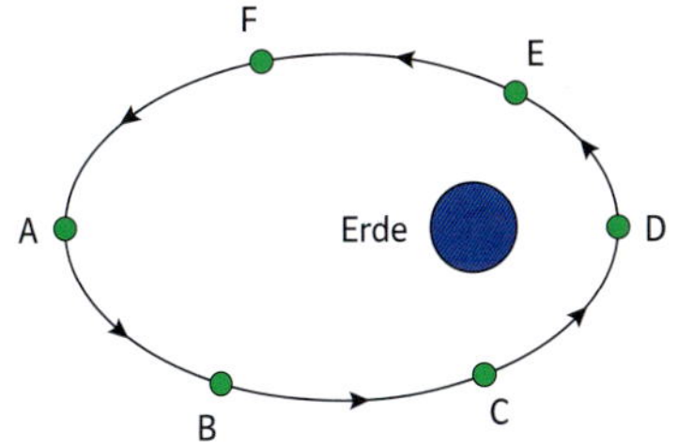

a) Zeichnen Sie für die verschiedenen Bahnpositionen die Gravitationskraft ein.

b) Geben Sie an, welche Kraftkomponente für die Änderung des Betrages und welche für die Änderung der Richtung der Geschwindigkeit des Satelliten verantwortlich ist.
Auf welcher Strecke wird der Satellit schneller, auf welcher langsamer?

F49 **Gravitationskraft**

Die Gewichtskraft eines Körpers in Erdnähe kann als die Kraft angesehen werden, mit der dieser Körper von der Erde angezogen wird.

a) Erstellen Sie ein Diagramm, das die Abhängigkeit der Gewichtskraft eines Körpers mit der Masse $m = 1\,\text{kg}$ von der Höhe h über der Erdoberfläche darstellt. Hinweis: Der Erdradius beträgt $r_E = 6371\,\text{km}$, die Masse der Erde $m_E = 5{,}97 \cdot 10^{24}\,\text{kg}$.

b) Die Fallbeschleunigung g ist abhängig vom Abstand zur Erdoberfläche. Geben Sie an, ob die Veränderung der Gewichtskraft eines Menschen beim Besteigen eines 4 000 m hohen Berges eine Rolle spielt. Begründen Sie Ihre Aussage.

c) Bestimmen Sie die Arbeit, die erforderlich ist, um einen Satelliten mit einer Masse von 2,5 t von der Erdoberfläche aus in eine Höhe von 1000 km zu bringen (Erdradius $r_E = 6\,371\,\text{km}$, Masse der Erde $m_E = 5{,}97 \cdot 10^{24}\,\text{kg}$). Finden Sie ein geeignetes Verfahren zur Bestimmung dieser Arbeit.

F50 **Bewegung im Radialfeld**

Ein Satellit soll in 1200 km über der Erde diese umkreisen. Es darf eine Kreisbahn angenommen werden.

(Erdmasse $m_E = 5{,}974 \cdot 10^{24}\,\text{kg}$, Erdradius $r_E = 6{,}378 \cdot 10^{6}\,\text{m}$,
Gravitationskonstante $\gamma = 6{,}672\,59 \cdot 10^{-11}\,\frac{\text{m}^3}{\text{kg} \cdot \text{s}^2}$)

a) Berechnen Sie die Umlaufzeit.

b) Berechnen Sie die Geschwindigkeit, die der Satellit beim Start erreichen muss, um seine Bahn wie beschrieben zu durchlaufen.

F51 **Satellitenbahn**

Am 4.10.1957 umrundete mit Sputnik I zum ersten Mal ein künstlicher Himmelskörper die Erde. TASS, die sowjetische Nachrichtenagentur, meldete dazu, dass der Körper in 950 km Höhe über der Erdoberfläche die Erde in 96,2 min umkreiste.
Überprüfen Sie, ob die Daten in dieser Meldung richtig sein können.

F52 **Gravitationsfeld**

Beurteilen Sie, welche der gezeigten Planetenbahnen in der Umgebung zweier Sonnen möglich ist:

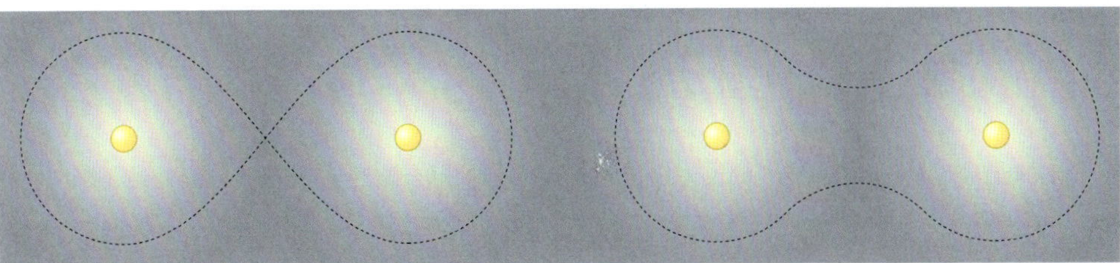

12 – 15 Schwingungen und Wellen

A Verständnisaufgaben

F53 a) Bau dir ein einfaches Pendel aus einem dünnen Faden und einem Gewicht. Führe nun Versuche mit kleinen Schwingungsweiten durch und trage alle Werte in eine Tabelle ein. Stoppe für 3 verschiedene Pendellängen die Zeitdauer für je 10 Schwingungen. Lass die anderen Werte (Masse und Anfangsauslenkung) gleich. Zwischen welchen Punkten muss man die Pendellänge messen? Zeichne die von dir beobachteten Werte in ein Diagramm ein.
Um welchen Faktor musst du die Pendellänge vergrößern, damit sich die Pendelzeit verdoppelt? Welcher Zusammenhang zwischen Pendellänge und Schwingungsdauer ergibt sich daraus? Was fehlt, um aus dem Zusammenhang zwischen T und l eine Gleichung zu machen?

b) Interpretiere das Diagramm rechts. Welche Schlussfolgerung lässt sich daraus ziehen? Welcher Zusammenhang ergibt sich zu a? Erkläre, warum in Aufgabe a von „kleinen Schwingungsweiten die Rede ist“.

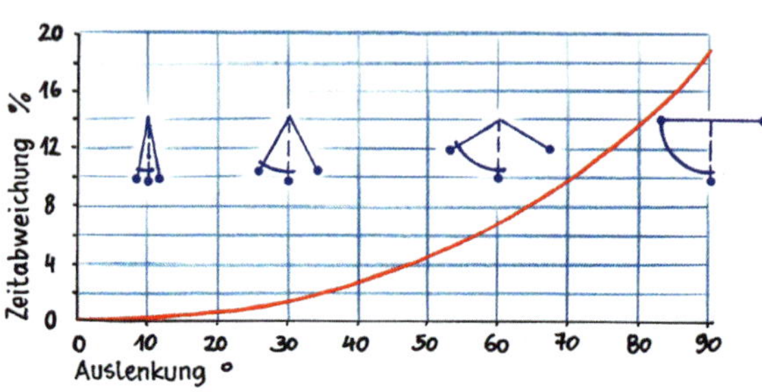

c) Hat beim Schaukeln auf einer Kinderschaukel die Masse einen Einfluss auf die Schwingungsfrequenz? Wie verändert sich diese, wenn du im Stehen schaukelst oder auf dem Mond? Erkläre mit Hilfe der Gleichung aus a.

d) Leite aus der Formel für die Schwingungsdauer eines Fadenpendels mit einer einfachen Überlegung und mit Hilfe der Abbildung die Gehgeschwindigkeit beim Bummeln ab.

F54 a) Nimm ein Federpendel und bring es in Schwingung, indem du mit der Hand das obere Ende der Feder auf- und abbewegst. Probiere verschiedene Frequenzen aus.
Welchen Zusammenhang zwischen der Anregungsfrequenz und der Amplitude kannst du feststellen? Bring dabei den Begriff Resonanz ins Spiel und erkläre diesen.

b) Wenn du einen Teller Suppe oder eine volle Tasse trägst, dann kann es passieren, dass die Flüssigkeit immer stärker schaukelt, bis sie schließlich überschwappt. Warum ist das so? Welcher Zusammenhang ergibt sich zu a?

c) Wie funktioniert ein Stoßdämpfertest? Erkläre dabei die linke und die mittlere Abbildung. Welche Größen sind in der Abb. in der Mitte in radialer Richtung und in Kreisrichtung aufgetragen? Warum ist der Begriff Stoßdämpfer physikalisch gesehen nicht glücklich gewählt? Stelle einen Zusammenhang zwischen der mittleren und der rechten Abbildung her.

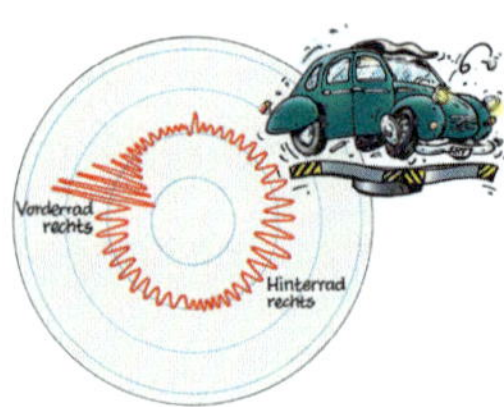

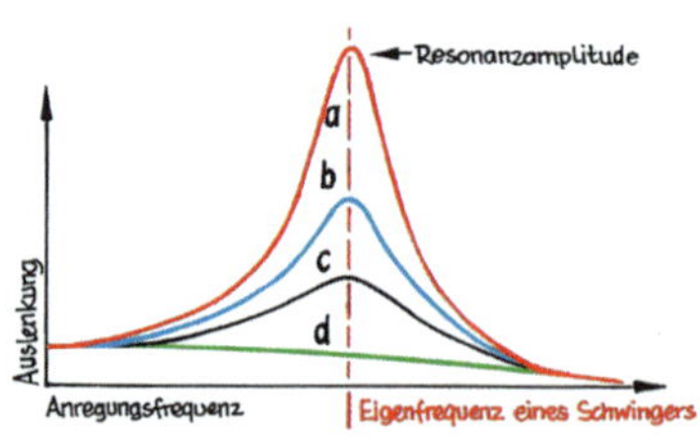

Links: Vorrichtung zum Testen der Stoßdämpfer: Es ist immer nur eine der beiden Exzenterscheiben in Betrieb; Mitte: Prüfdiagramm

d) Wenn du eine Flasche ausleerst, ertönt dabei das bekannte Gluck, Gluck, Gluck. Wie verändert sich die Frequenz dieses Geräusches während des Ausleerens und warum? Und warum kann man eigentlich in einer Muschel das Rauschen des Meeres hören? Stimmt es, dass man dabei sein eigenes Trommelfell hören kann?

F55 a) Was versteht man unter einer Schwebung? Erkläre in diesem Zusammenhang die Abbildung links. Was versteht man unter Spring- und Nippflut (Abb. rechts)? Welcher Zusammenhang lässt sich zwischen diesen beiden Phänomenen feststellen?

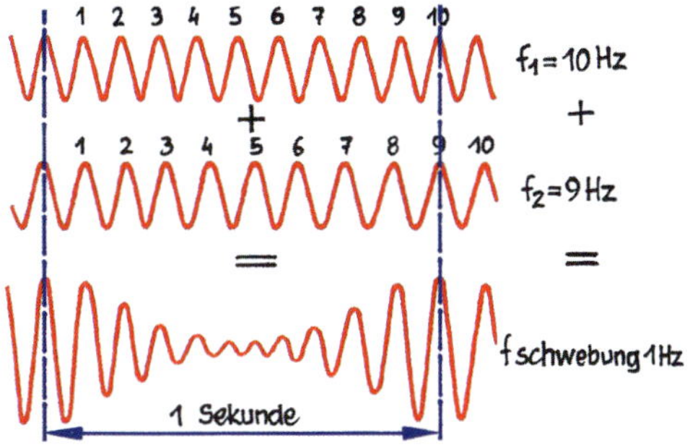

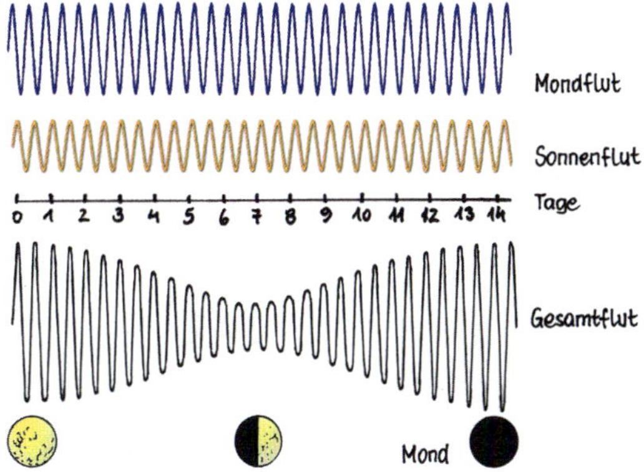

b) Eine Gitarre kann man mit Flageolett-Tönen stimmen. Dabei zupft man zwei Saiten so an, dass sie eigentlich gleich klingen sollten und hört auf die Schwebungsfrequenz.
Wie lange braucht man theoretisch, um eine perfekte Stimmung zu bekommen? Begründe deine Antwort sowohl mit gesundem Menschenverstand als auch mathematisch. Hilf dir dabei mit der Antwort auf Frage a.

c) Erkläre die Begriffe Ton, Klang und Geräusch mit Hilfe der Abbildung. Welche Unterschiede bestehen? Erkläre die Begriffe Obertöne und Klangfarbe. Warum hören wir zum Beispiel eine Trompete anders als ein Klavier?

d) Auf elektronischem Weg kann man alle möglichen Klänge erzeugen und den Klang von beliebigen Instrumenten wie Geige, Flöte oder E-Gitarre nachmachen.
Aber wie funktioniert das technisch? Verwende für deine Antwort die Abbildung und erkläre sie.

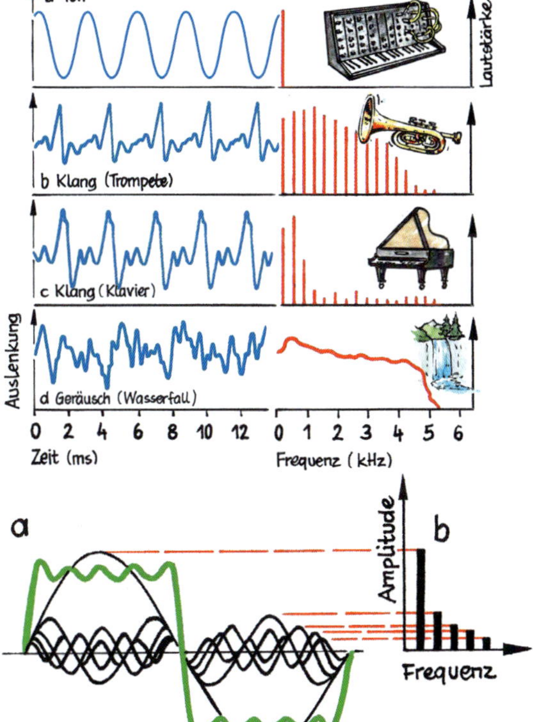

F56 a) Erkläre die Aussage „eine Welle ist die Ausbreitung einer Störung beziehungsweise von Energie ohne Materietransport" mit Hilfe der Abbildung und weiterer selbst gewählter Beispiele.

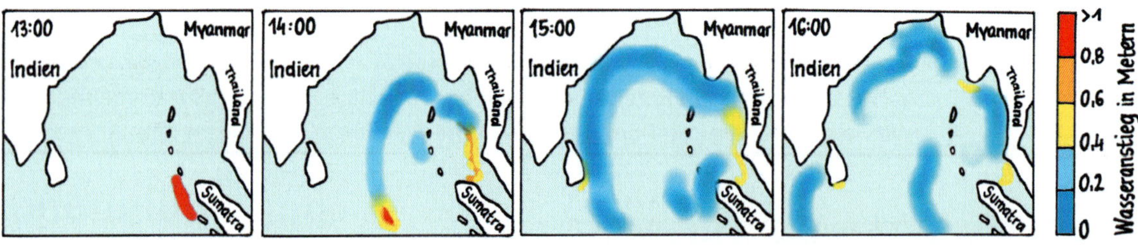

b) Erkläre den Unterschied zwischen Longitudinal- und Transversalwellen mit Hilfe selbst gewählter, für den Alltag relevanter Beispiele. In welchen Medien können sich mechanische Wellen ausbreiten? Erkläre in diesem Zusammenhang auch die Abbildung.

c) Wie schwingt ein Korken im freien Wasser, wenn eine Welle vorbeistreicht? In welche Wellenkategorie sind Wasserwellen daher einzuordnen (siehe Frage b)? An welcher Stelle befindet sich der Korken, nachdem die Welle vorbei ist? Kann ein lauter Lautsprecher kleine Objekte in der Nähe „wegblasen"? Begründe!

d) In welche Kategorie sind Erdbebenwellen einzuordnen?
Begründe mit Hilfe der Abbildung und mit der Antwort zu b, warum man weiß, dass der äußere Erdkern flüssig ist.

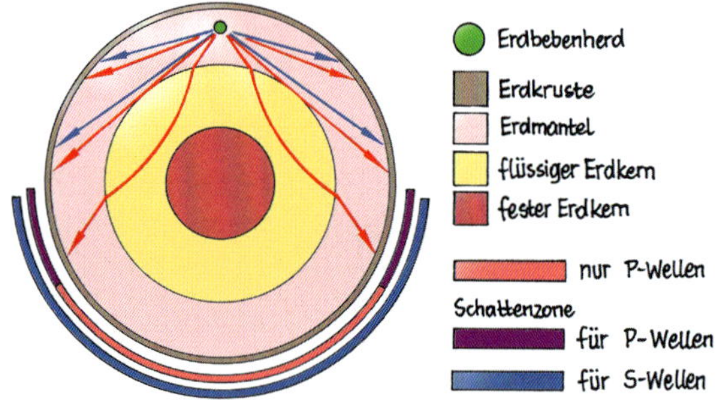

e) Ein Sandskorpion kann einen Käfer aus einigen Dezimetern Entfernung exakt orten, ohne dass er ihn dazu sehen oder hören muss. Wie könnte er das schaffen? Welcher Zusammenhang besteht zu Frage d?

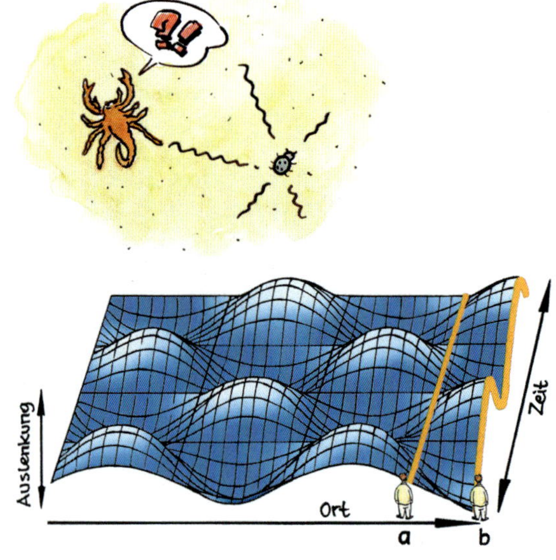

F57 a) Erkläre mit Hilfe der Abbildung, was man unter stehenden Wellen versteht.

b) Wenn man den Drehteller aus einem Mikrowellenherd entfernt und den Boden mit Marshmallows belegt, dann blähen sich diese unterschiedlich stark auf, wenn man den Herd einschaltet.
Warum? Erkläre mit dieser Beobachtung die Funktion des Drehtellers.

c) Wenn du über eine Flasche bläst, dann kannst du – je nach Höhe der Luftsäule – durch Resonanz einen ganz bestimmten Ton erzeugen. Woher weiß aber die Flasche, welche ihre Resonanzfrequenz ist?

d) Begründe mit Hilfe der Abbildung, warum offene und gedeckte Orgelpfeifen unterschiedlich klingen.
Erkläre in diesem Zusammenhang die Begriffe Grund- und Obertöne und wie diese mit der wahrgenommenen Höhe eines Klangs und dessen Klangfarbe zusammenhängen.

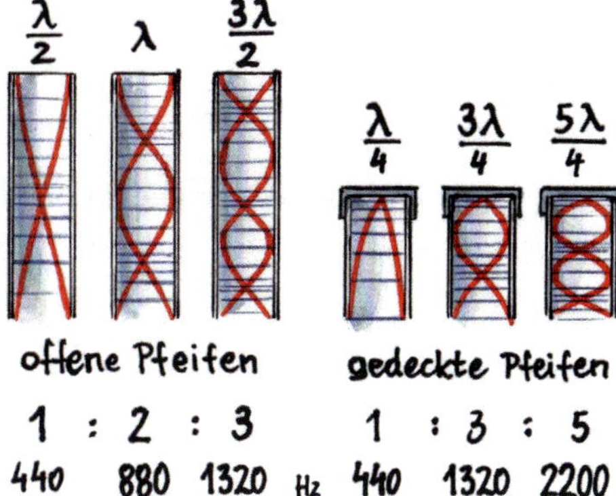

e) Du hast eine beidseitig offene Röhre, ein hohes Gefäß mit Wasser, eine Stimmgabel mit bekannter Frequenz und ein Maßband. Schätze mit diesen Utensilien und der Formel $c = f \cdot \lambda$ die Schallgeschwindigkeit ab. Hilf dir mit der Abbildung aus Frage d, und überlege, welche Rolle die Resonanz in diesem Versuch spielt.

F58 a) Ein Mensch und eine Pinguin sind Rettungsschwimmer.
Welchen Weg müssen sie nehmen, damit sie so schnell wie möglich bei der Schwimmerin in Seenot sind und warum?

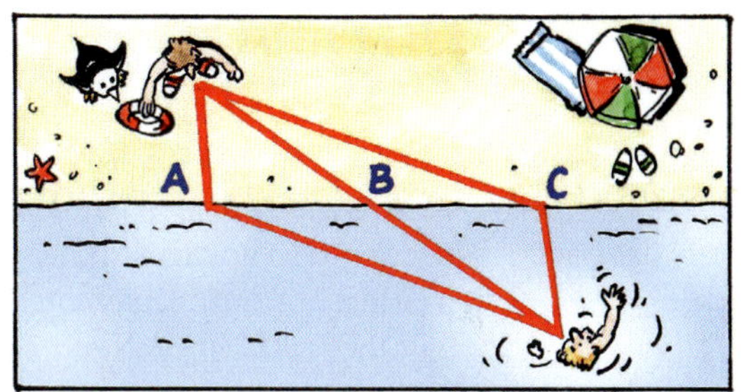

b) Was versteht man unter dem Prinzip von Fermat und welcher Zusammenhang besteht zu Frage a?

c) Baue mit Hilfe eines Prismas und einer Lampe eine Versuchsanordnung auf, mit deren Hilfe du die Aufspaltung des weißen Lichts in seine Einzelfarben zeigen kannst.
Welche qualitative Aussage kann man für die Lichtgeschwindigkeit der einzelnen Farben im Prisma treffen? Welcher Zusammenhang besteht zu den Fragen a und b?

d) Kann ein Stück Glas wie in der Abbildung als Lupe wirken? Begründe deine Antwort mit Hilfe des Brechungsgesetzes $\sin\alpha/\sin\beta = v_1/v_2$ und mit dem Prinzip von Fermat.

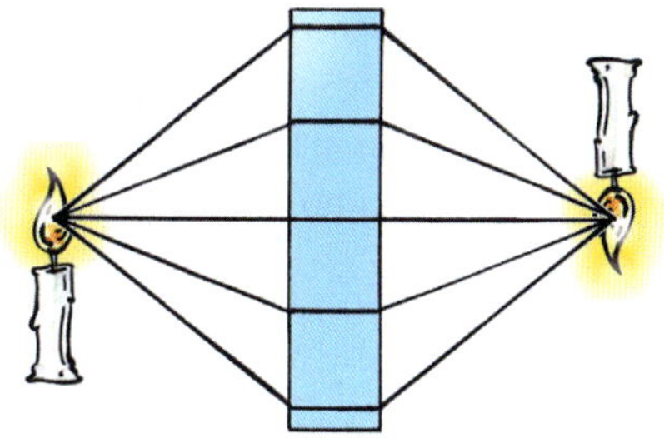

e) Die Wellenberge, die an den Strand rollen, verlaufen immer parallel zur Küstenlinie. Aber woher wissen die Wellen, welche Richtung die Küste hat?

F59 a) Wie klingt das Geräusch eines schnell vorbeifahrenden Autos? Wie kommt es zustande? Verwende für deine Erklärung die Abbildung. Erkläre die Bilder c und d für Schallwellen. Welche Effekte sind hier dargestellt und wo spielen sie eine Rolle?

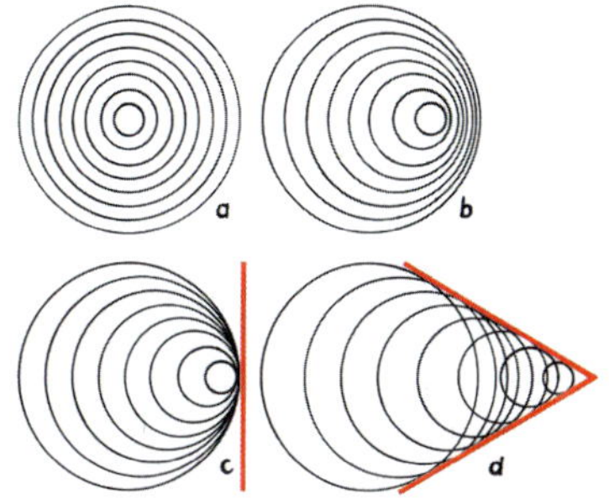

b) Welche in der Abbildung zu Frage a dargestellten Effekte können auch bei Licht im Vakuum vorkommen und welche nicht? Kann man die „Lichtmauer" durchbrechen? Welcher große Unterschied besteht zwischen einer Lichtwelle und einer Schallwelle?

c) Du befindest dich mit deinem Raumschiff auf einem Planeten, als hinter dir die Raumbasis explodiert.
Wie verändert sich die Wellenlänge von Schall und Licht, wenn du beschleunigst? Was bedeutet das für die Wahrnehmung des Geräusches bzw. des Lichts? Könntest du der Schallwelle entkommen? Könntest du der Lichtwelle entkommen? Stelle einen Zusammenhang zu Frage b her.

d) Stelle eine Vermutung an, wie man mit Hilfe des Dopplereffekts extrasolare Planeten entdecken kann. Erkläre in diesem Zusammenhang die Abbildung.

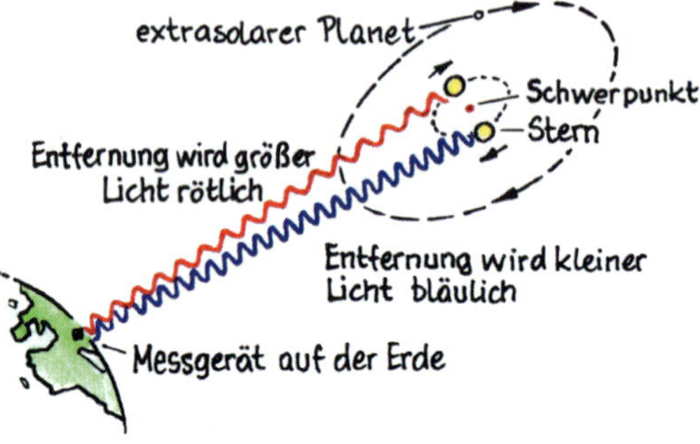

F60 a) Was passiert, wenn du zwischen zwei hängenden Papierblättern durchbläst? Und was passiert mit dem Papierhütchen, wenn du durch den Trichter bläst? Wie kann man diesen Effekt erklären?

b) Was haben beide Experimente mit der Funktion der Stimme zu tun? Demonstriere die Arbeitsweise der Stimmbänder mit Hilfe eines Luftballons.

c) Erkläre die Entstehung des Klangs der Stimme mit Hilfe der Abbildung. Erkläre in diesem Zusammenhang die Begriffe Grundton, Obertöne und Formanten.

d) Erkläre mit Hilfe der Abbildung, wie man Vokale erzeugen kann. Welcher Unterschied besteht zum Beispiel zwischen einem „u" und einem „i"?

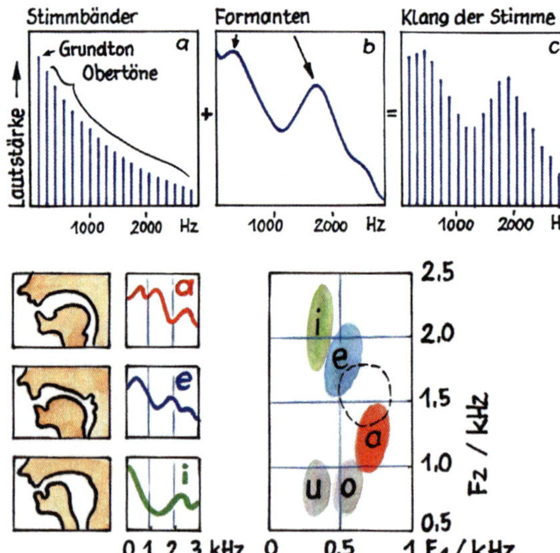

e) Was passiert bei Heiserkeit? Welchen Einfluss hat diese auf die Erzeugung hoher Frequenzen? Die Aussprache welcher Vokale wird bei Heiserkeit als erstes beeinflusst? Stelle eine These auf! Erkläre außerdem, was im Stimmbruch passiert.

F61 a) Beim Flüstern erzeugt man einen Schalldruckpegel von etwa 20 Dezibel. Welche Frequenzen kann man bei dieser Lautstärke nicht hören?
Beim Schreien erzeugt man einen Schalldruckpegel von etwa 80 Dezibel. Um welchen Faktor ist die Schallintensität im Vergleich zum Flüstern gestiegen? Verwende für deine Erklärungen die Abbildung.

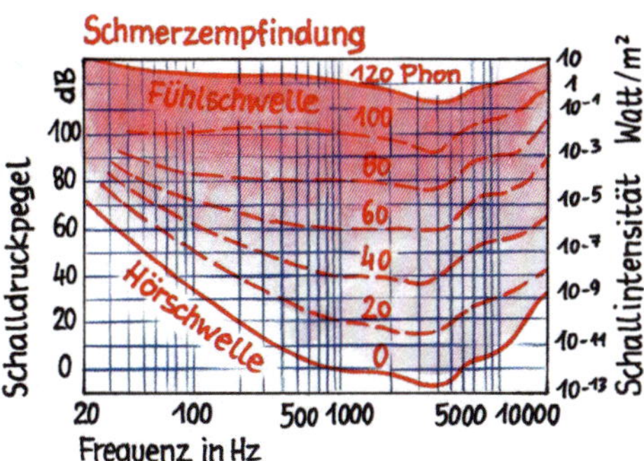

b) Eine Erhöhung des Schalldruckpegels um 10 dB nimmt man generell als Verdopplung der Lautstärke wahr. Was bedeutet das für die Erhöhung der Schallintensität?
Wie viele Menschen müssen schreien, damit man sie im Vergleich zu einer Person doppelt so laut hört? Verwende die Abbildung.

c) Die Luft hat durch ihre Wärmebewegung eine Schallintensität von etwa $10^{-13}\,\text{W/m}^2$. Superman hat angeblich ein Supergehör und hört viel leisere Geräusche als wir Menschen.
Begründe mit Hilfe der Abbildung oben, warum sein Supergehör nicht viel besser sein kann als das der Menschen.

d) Nimmst du die beiden Klänge in der Abbildung gleich wahr oder unterschiedlich? Die beteiligten Töne haben in beiden Fällen dieselbe Frequenz. Stelle eine These auf und versuche die Antwort mit Situationen aus dem Alltag zu begründen.

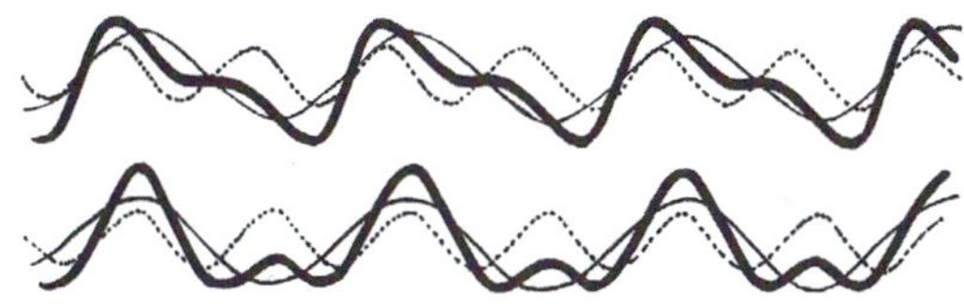

e) Erkläre den Begriff Phon mit Hilfe der Abbildung ganz oben.

B Trainingsaufgaben

F62 Fadenpendel

Lenkt man einen Körper, der an einem Faden aufgehängt ist, um einen bestimmten Winkel aus, so erhält man ein Fadenpendel.

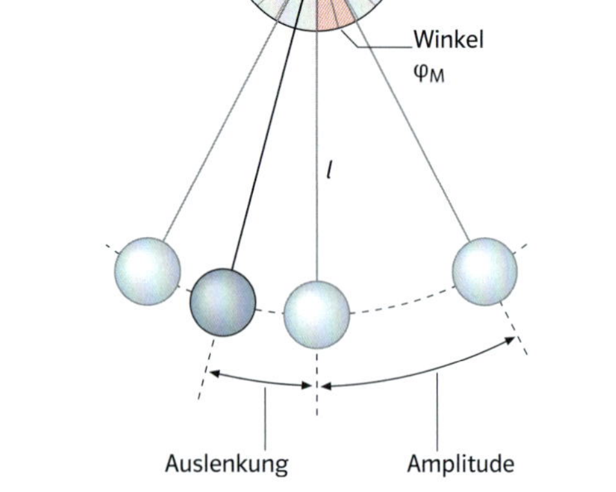

a) An einem Fadenpendel können wir die Auslenkung, die Länge des Fadens und das Gewicht des Körpers verändern. Geben Sie an, welche dieser Größen zu einer Veränderung der Periodendauer führt.

b) Zeigen Sie, warum ein Fadenpendel nur bei kleinen Auslenkungen harmonisch schwingt.

c) Geben Sie an, wie man bei kleinen Auslenkungen die Periodendauer des Fadenpendels berechnet. Diese Formel kann man zur Bestimmung einer weiteren Größe verwenden. Nennen Sie diese Größe.

F63 Schwingungstaucher

Ein zylinderförmiger Körper der Dichte ϱ_K, der Höhe h und der Querschnittsfläche A ist unten beschwert und schwimmt dadurch stabil in einer Flüssigkeit mit der Dichte ϱ_{Fl}.

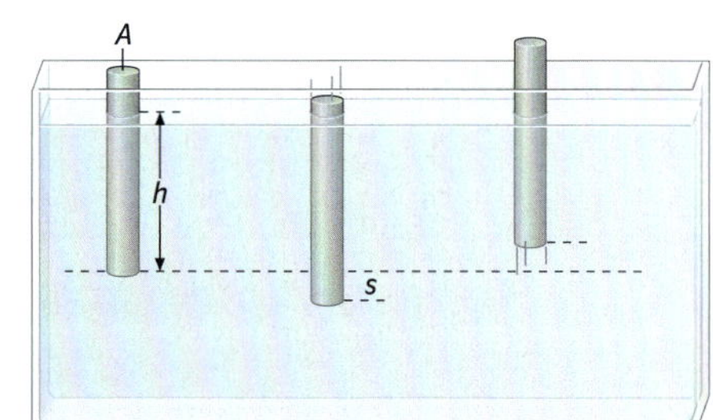

a) Der Körper wird um die Strecke s weiter ins Wasser gedrückt. Bestimmen Sie die rücktreibende Kraft, die auf den Körper wirkt.

b) Weisen Sie nach, dass der Körper nach dem Loslassen eine harmonische Schwingung ausführt, wenn man alle Reibungs- und Dämpfungseffekte vernachlässigt.

F64 Schwingende Kette

Eine Kette der Länge $l = 0{,}9\,\text{m}$ und der Masse $m = 350\,\text{g}$ wird mit einem Faden an eine Rolle gehängt.
Anschließend wird ein Kettenende um ca. 2 cm angehoben und losgelassen.

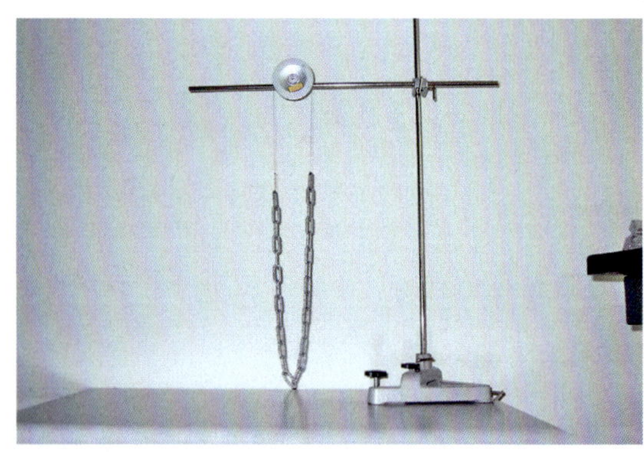

a) Begründen Sie, warum die Kette nach der Auslenkung eine Schwingung ausführt.

b) Weisen Sie nach, dass diese Schwingung harmonisch ist. Bestimmen Sie die Periodendauer T aus den gegebenen Daten.

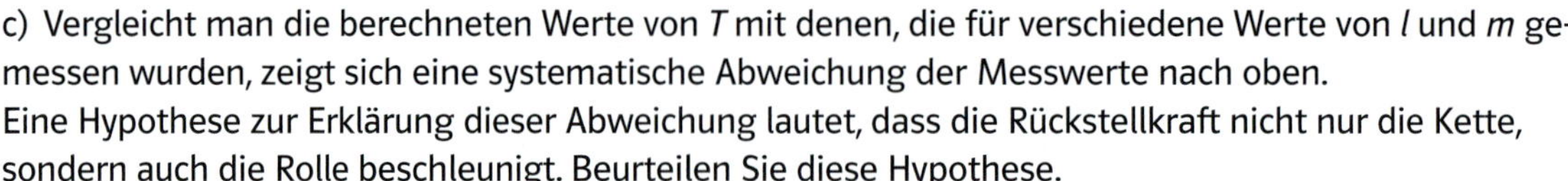

c) Vergleicht man die berechneten Werte von T mit denen, die für verschiedene Werte von l und m gemessen wurden, zeigt sich eine systematische Abweichung der Messwerte nach oben.
Eine Hypothese zur Erklärung dieser Abweichung lautet, dass die Rückstellkraft nicht nur die Kette, sondern auch die Rolle beschleunigt. Beurteilen Sie diese Hypothese.

F65 Schwingung eines Kegelpendels

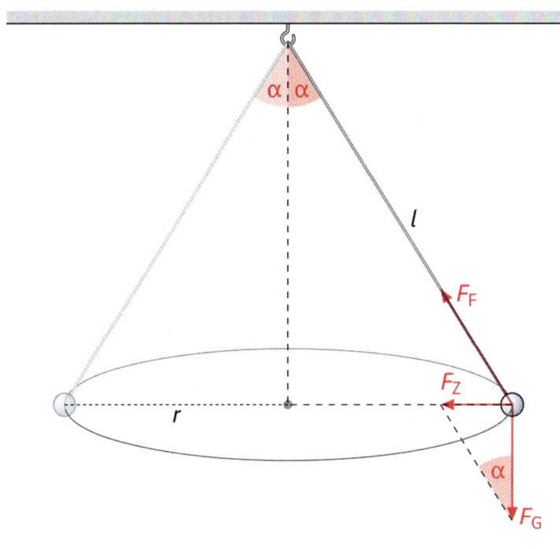

Ein Körper mit der Masse m hängt an einem Faden der Länge l parallel zu einer Wand. Durch ein Bündel parallelen Lichtes senkrecht zur Wand wird auf der Wand ein Schatten der Anordnung erzeugt.
Der Körper vollführt in der Horizontalen eine Kreisbewegung. Der Kreis hat den Radius r. Der Pendelfaden beschreibt also den Mantel eines Kegels mit dem Öffnungswinkel 2α (s. Skizze). Man nennt dieses System Kegelpendel. Es wird angenommen, dass die Bewegung ungedämpft ist.

a) Leiten Sie die Formel

$$T = 2\pi \cdot \sqrt{\frac{l \cdot \cos\alpha}{g}}$$

für die Schwingungsdauer T des Körpers her.

b) Begründen Sie, dass die Bewegung des Schattens eine harmonische Schwingung ist.

c) Vergleichen Sie die Bewegung des Schattens mit einem Fadenpendel.

F66 Lochsirene

Eine drehbare Scheibe ist am Rand in gleichmäßigen Abständen mit Löchern versehen. Diese Scheibe wird in Drehung versetzt. Richtet man einen kräftigen Luftstrom auf die rotierende Lochreihe, so kann ein Ton entstehen. Man bezeichnet dies als Lochsirene.

a) Beschreiben Sie, wie der Ton bei einer Lochsirene entsteht. Geben Sie an, von welchen Größen seine Frequenz abhängt.

b) Eine Lochsirene erzeugt bei 40 Umdrehungen pro Sekunde einen Ton, dessen Frequenz 1200 Hz beträgt. Berechnen Sie die Anzahl der Löcher, die die Sirene besitzt.

c) Eine Lochsirene mit 33 Löchern erzeugt den Ton c″ mit der Frequenz $f = 528$ Hz. Berechnen Sie die Drehzahl der Scheibe.

F67 Tongenerator

Die Abbildung zeigt die Schwingungsbilder zweier Töne. Am Oszilloskop wurden für die beiden Messungen unterschiedliche Einstellungen gewählt.

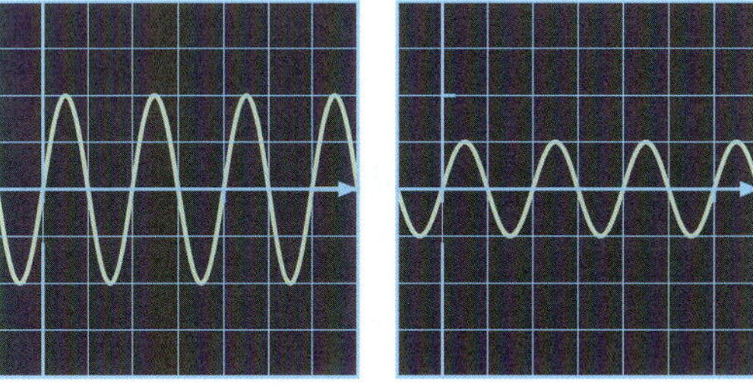

a) x-Achse: 1 cm ≙ 0,05 s
y-Achse: 1 cm ≙ 1,0 mm

b) x-Achse: 1 cm ≙ 0,1 s
y-Achse: 1 cm ≙ 2,5 mm

Bestimmen Sie jeweils die Frequenz des Tones.
Geben Sie an, welcher Ton höher und welcher lauter klingt. Begründen Sie Ihre Antwort.
Zeichnen Sie das Schwingungsbild eines Tones, dessen Amplitude $s_m = 1{,}5$ cm und dessen Frequenz $f = 600$ Hz beträgt. Wählen Sie dazu einen geeigneten Maßstab auf den Koordinatenachsen.

F68 Schallgeschwindigkeit

a) Die Schallgeschwindigkeit in Luft soll gemessen werden. Listen Sie die benötigten Geräte auf, skizzieren Sie den Versuchsaufbau und beschreiben Sie die Versuchsdurchführung.

b) Die Schallgeschwindigkeit in Wasser beträgt $v = 1480$ m/s. Das Echolot eines Schiffes registriert nach $\Delta t = 1{,}80$ s das vom Meeresgrund reflektierte Signal. Berechnen Sie die Tiefe des Meeres an dieser Stelle.

F69 **Lineare Wellen**

Gleichartige Oszillatoren sind zu einer Kette zusammengekoppelt. Zum Zeitpunkt $t = 0$ wird das Gleichgewicht mit einer Auslenkung des ersten Oszillators nach unten gestört. Die Störung breitet sich mit der Geschwindigkeit $v = 5\,\text{m/s}$ nach rechts auf die anderen Oszillatoren aus. Die Dauer der Periode der harmonischen Schwingung eines Oszillators ist $T = 0{,}8\,\text{s}$, die Amplitude $s_M = 20\,\text{cm}$.

a) Zeichnen Sie ein Momentbild der harmonischen Welle zum Zeitpunkt $t = 2{,}0\,\text{s}$!

b) Zeichnen Sie den t-s-Graphen der harmonischen Schwingung des Oszillators bei $x = 2\,\text{m}$ für $0 \leq t \leq 2{,}4\,\text{s}$.

c) Die Wellengleichung lautet hier: $s(x, t) = (-0{,}2\,\text{m}) \cdot \sin\left[2\pi \cdot \left(\frac{t}{T} - \frac{x}{\lambda}\right)\right]$

Begründen Sie das Minuszeichen. Berechnen Sie $s(1{,}2\,\text{m} \mid 2{,}0\,\text{s})$. Vergleichen Sie das Ergebnis mit Ihrer Zeichnung.

F70 **Stehende Welle**

Überlagern sich zwei gleichfrequente Wellen, die aufeinander zu laufen, so entsteht dabei eine stehende Welle. Auf einer Wellenmaschine erzeugt man eine stehende Welle durch Reflexion.

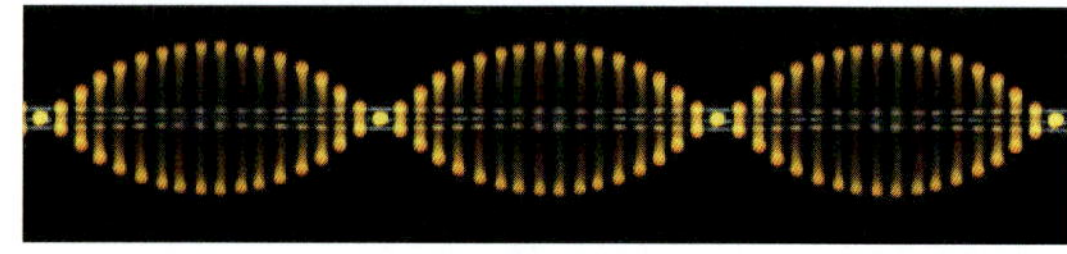

a) Geben Sie an, wie sich die Reflexion am festen Ende von der am losen unterscheidet.

b) Stellen Sie fortschreitende und stehende Welle einander gegenüber.

F71 **Überlagerung von Wellen**

In einem Versuch überlagern sich zwei gegenläufige Wellenberge.

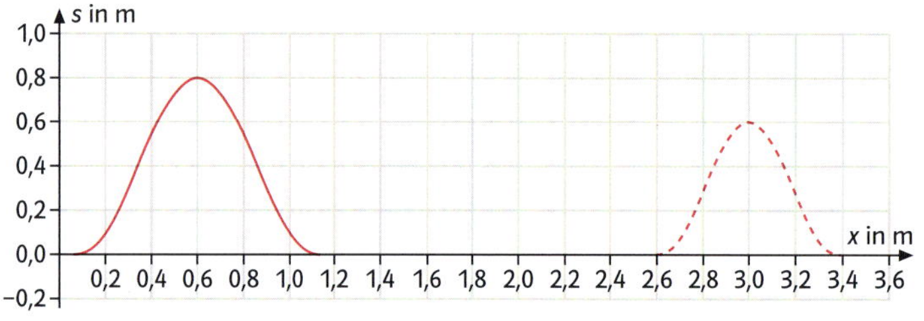

Wellen 1 und 2 zum Zeitpunkt $t_1 = 0{,}3\,\text{s}$

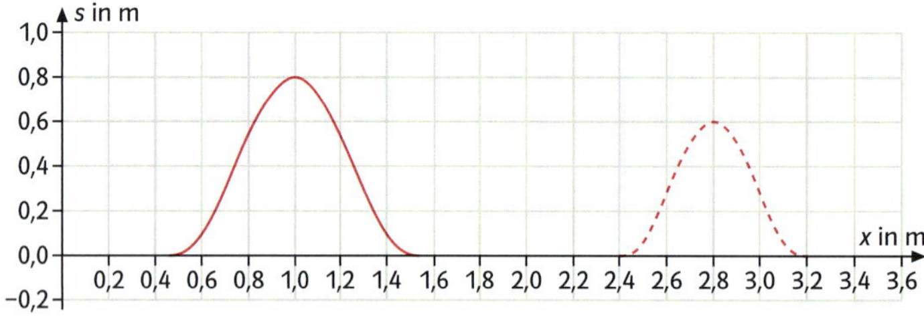

Wellen 1 und 2 zum Zeitpunkt $t_2 = 0{,}5\,\text{s}$

a) Erklären Sie, was man unter destruktiver und konstruktiver Interferenz versteht.

b) Bestimmen sie die Ausbreitungsgeschwindigkeiten der beiden gegenläufigen Wellen mit Hilfe der beiden Diagramme. Geben Sie außerdem die maximale Elongation der Wellen an.

c) Zeichnen Sie das Wellenbild der ersten Welle, der zweiten Welle und das aus der Interferenz resultierende Wellenbild nach 1,1 s.

d) Beschreiben und begründen Sie, wie das aus der Interferenz resultierende Wellenbild nach 1,7 s aussehen wird.

16 – 20 Thermodynamik

A Verständnisaufgaben

F72 a) Energie bleibt immer erhalten, sie wandelt sich nur um. Wenn du aber einen Tonklumpen fallen lässt, dann ist die Bewegungsenergie scheinbar verschwunden!
Wie lässt sich das im Rahmen des Energieerhaltungssatzes erklären?

b) Warum weist der Mensch keine Brown'sche Bewegung auf? Müsste er nicht durch die Stöße mit den Luftmolekülen hin- und herzittern? Beantworte die Frage mit Hilfe der Gleichung $v = \sqrt{\frac{3k \cdot T}{m}}$, die einen Zusammenhang zwischen der absoluten Temperatur und der durchschnittlichen thermischen Geschwindigkeit herstellt. Arbeite bei deiner Argumentation mit Hilfe von Proportionen. Nimm an, dass die Masse eines Menschen um den Faktor 10^{28} größer ist als die eines Luftteilchens, und dass die Gasmoleküle eine Geschwindigkeit in der Größe von 10^3 m/s besitzen.

c) Du willst eine neue Temperatur-Skala erfinden. Was brauchst du dazu, damit ein Freund an einem anderen Punkt der Erde ebenfalls diese Skala verwenden kann? Welche Probleme könnten dabei auftreten? Wie wurden diese Probleme bei der Celsius- und Kelvin-Skala gelöst?

d) Fahrenheit verwendete angeblich die Temperatur des Menschen als Fixpunkt.
Begründe, warum diese Geschichte anzuzweifeln ist.

e) Welche Temperatur misst ein Flüssigkeitshermometer?
Woran merkt man das im Alltag? Versuche deine Antwort zu begründen!

F73 a) Wie groß ist die Wahrscheinlichkeit, dass sich alle Teilchen eines Gases zufällig in einer Hälfte einer Box befinden? Gehe von einem Gas mit nur einem, zwei und drei Teilchen aus und leite daraus ein allgemeines Gesetz ab.
Wie groß ist die Wahrscheinlichkeit, dass sich ein Gas mit 23 Teilchen in nur einer Hälfte befindet? Vergleich dieses Ergebnis mit der Wahrscheinlichkeit für einen Lotto-Sechser. Wie groß ist die Wahrscheinlichkeit, dass sich ein Mol eines Gases ($\approx 10^{24}$ Teilchen) in einer Hälfte befindet? Rechne alle Zahlen auf die Basis 10 um. Es gilt $2^x = 10^{x \cdot \log 2}$.

b) Übertrage deine Überlegungen aus a auf zwei Gegenstände mit unterschiedlicher Temperatur, die man in Kontakt bringt, und erkläre damit den 2. Hauptsatz der Wärmelehre, den man auch so formulieren kann: Wärme kann nicht von selbst von einem Körper niedriger Temperatur auf einen Körper höherer Temperatur übergehen.

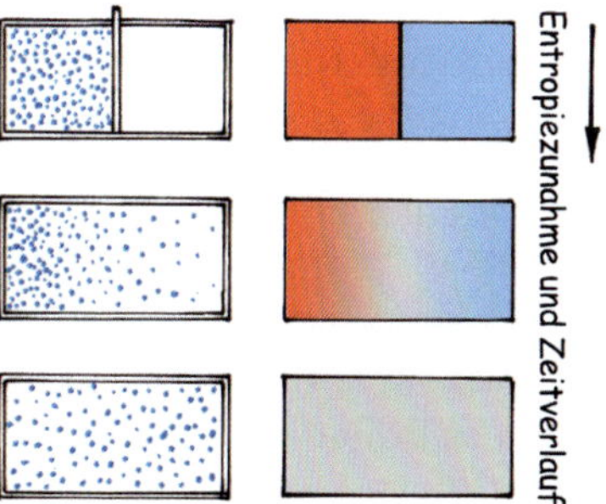

c) Begründe, dass Schaum – etwa von einer Limonade, einem Bier oder einem Schaumbad in einer Badewanne – eine kleinere Entropie haben muss als die Flüssigkeit, zu der er sich dann umwandelt.

d) Was spricht dagegen, dass man eine Szene wie in der Abbildung in der Realität sehen kann?
Erkläre in diesem Zusammenhang den Begriff „Zeitpfeil".

e) Erkläre den Satz: Die ungeordnete Bewegungsenergie ist der Friedhof der Energie.

F74 a) Beantworte folgende Fragen mit Hilfe der Tabelle: Holz und Metall fühlen sich bei gleicher Temperatur unterschiedlich warm an. Warum? Luft mit 20 °C empfinden wir angenehm, Wasser mit 20 °C unangenehm. Warum?
Warum sollten elektrische Kochplatten, aber auch die Töpfe darauf, vollkommen eben sein? Begründe das auch quantitativ.

Stoff	$\lambda \left[\frac{W}{(m\,K)}\right]$	relativ
Silber	430	18 000
Aluminium	205	8 500
Eisen	80	3 300
Haut (stark durchblutet)	0,8	33
Wasser (ruhend)	0,6	25
Haut (schwach durchblutet)	0,2 – 0,3	8 – 13
Fett	0,16	6,7
Fichtenholz	0,13	5,4
Styropor (Polystyrol)	0,035	1,5
Wolle, Federn	0,025	1
Luft (20 °C, ruhend)	0,024	1

b) Du verlässt an einem kalten Tag deine Wohnung.
Wie sparst du am besten Energie?
1) Die Heizung laufen lassen, 2) herunterregeln, 3) abschalten. Oder ist es 4) egal?
Begründe mit Hilfe der Abbildung.

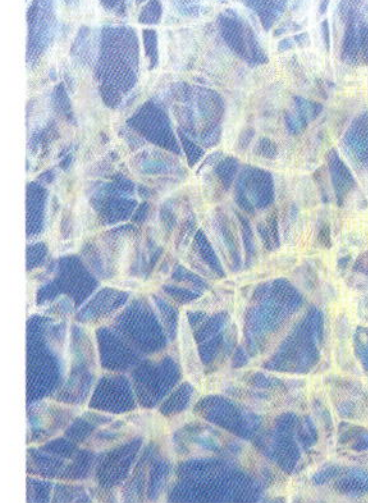

c) Geschäumtes Polystyrol (Styropor) ist ein extrem guter Isolator (siehe Tab. oben). Nicht geschäumtes Polystyrol, das etwa für Joghurtbecher verwendet wird, hat eine Wärmeleitfähigkeit um $0{,}1\,\mathrm{W m^{-1} K^{-1}}$. Warum isoliert geschäumtes Polystyrol so viel besser? Stelle mit Hilfe der Abbildung eine These auf und überprüfe sie mit der Tabelle. Wo wird dieser Trick in der Wärmedämmung noch verwendet?

d) Hält man ein Drahtnetz über eine Flamme, bildet sich oberhalb des Netzes keine Flamme aus (Abb. a). Zündet man das Gas aber oberhalb des Drahtnetzes an, so bildet sich im unteren Teil keine Flamme aus (b).
Stelle eine Hypothese auf, warum das so ist.

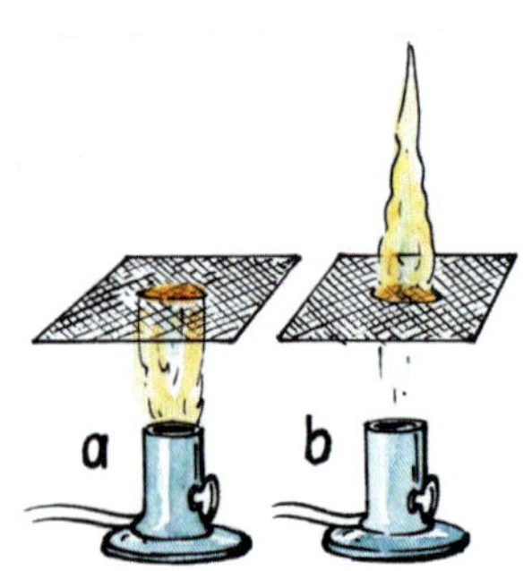

e) In der Tabelle bei Frage a siehst du auch Werte für die menschliche Haut und Fett. Stelle eine Hypothese auf, welche Bedeutung das für den Menschen hat.

F75 a) Sterne haben verschiedene Farben.
Worin besteht der Unterschied zwischen einem roten und einem blauen Stern? Verwende für deine Erklärung die Abbildungen und stelle einen Zusammenhang zwischen ihnen her.

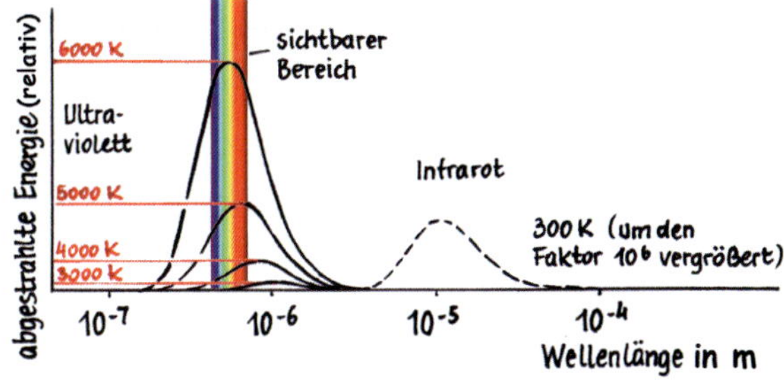

b) Oft werden die Begriffe Wärmestrahlung und Infrarot synonym verwendet.
Erkläre mit Hilfe der Abbildung links oben, warum das nur für niedrige Temperaturen gilt, etwa bei Zimmertemperatur.
Stelle eine Verbindung zur Abbildung her.

c) „Der Weltraum hat gar keine Temperatur, da der Temperaturbegriff hier versagt." Nimm zu dieser Aussage Stellung.

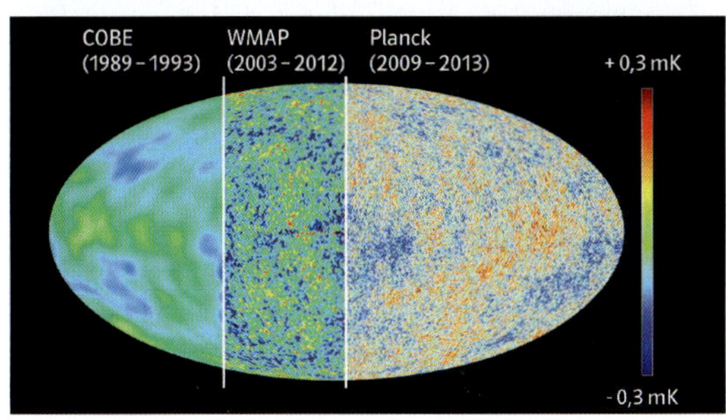

Messung der Hintergrundstrahlung mit immer besserer Auflösung: Die Temperatur des Universums beträgt 2,725 K, die Schwankungen weniger als 1/1 000 K.

d) Man sagt, dass man durch Alkohol den Körper aufwärmen kann. Stimmt das? Erkläre in diesem Zusammenhang, über welche Mechanismen der Körper Wärme abgibt und verwende für deine Erklärung Abbildung und Tabelle.

Stoff	$\lambda \left[\frac{W}{mK}\right]$	relativ
Silber	430	18 000
Aluminium	205	8 500
Eisen	80	3 300
Haut (stark durchblutet)	0,8	33
Wasser (ruhend)	0,6	25
Haut (schwach durchblutet)	0,2 – 0,3	8 – 13
Fett	0,16	6,7
Fichtenholz	0,13	5,4
Styropor (Polystyrol)	0,035	1,5
Wolle, Federn	0,025	1
Luft (20 °C, ruhend)	0,024	1

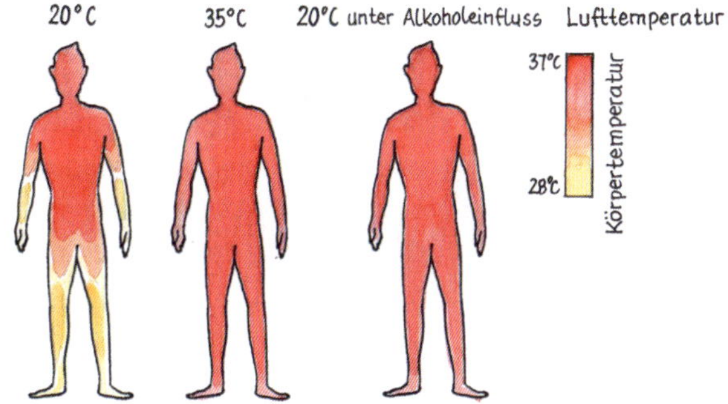

F76 a) Erkläre mit Hilfe der Abbildung, warum die Volumenausdehnung eines Festkörpers in Prozent immer rund 3-mal so groß ist wie die Längenausdehnung (siehe dazu auch Tabelle in Frage b).

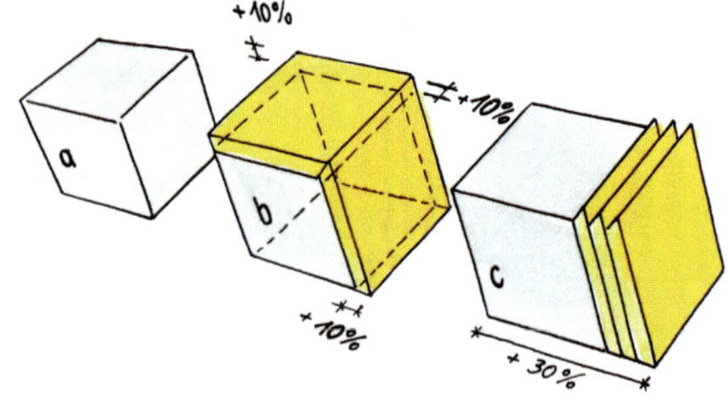

b) Füllt man heißes Wasser in ein normales Glas, dann bekommt es einen Sprung. Warum? Springen dicke oder dünne Gläser leichter?
Und warum zerspringt Quarzglas nicht? Verwende für deine Erklärung Tabelle und Abbildung.

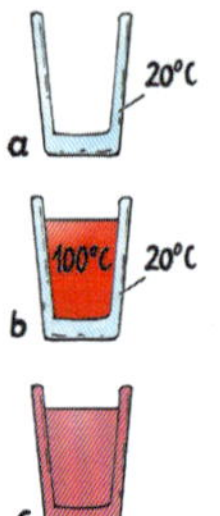

Material	α, relative Längenausdehnung pro Grad	γ, relative Volumenausdehnung pro Grad
Luft und N_2-Gas	–	$3{,}7 \cdot 10^{-3}$
Quecksilber	–	$0{,}18 \cdot 10^{-3}$
Alkohol	–	$1{,}1 \cdot 10^{-3}$
Wasser	–	$0{,}2 \cdot 10^{-3}$
Zink	$3{,}6 \cdot 10^{-5}$	$10{,}8 \cdot 10^{-5}$
Stahl	$1{,}2 \cdot 10^{-5}$	$3{,}9 \cdot 10^{-5}$
Beton	$0{,}7 - 1{,}3 \cdot 10^{-5}$	$2{,}1 - 3{,}9 \cdot 10^{-5}$
Glas	$0{,}9 \cdot 10^{-5}$	$2{,}7 \cdot 10^{-5}$
Quarzglas	$0{,}05 \cdot 10^{-5}$	$0{,}15 \cdot 10^{-5}$

c) Meistens wird die Masse von 1 Liter Wasser mit 1 kg gleichgesetzt.
Wie groß ist der Fehler, den man dadurch bei Zimmertemperatur und Siedetemperatur macht?
Warum ist es nicht exakt, von „einem Liter Mineralwasser“ zu sprechen? Verwende für deine Erklärung die Abbildung.

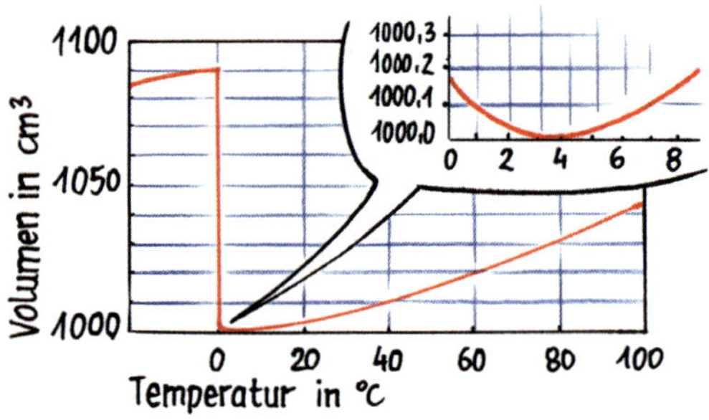

d) Alle Stoffe dehnen sich bei Erwärmung aus. Wieso funktioniert dann aber ein Flüssigkeitsthermometer? Müssten sich die Effekte nicht ausgleichen?
Und warum verwendet man Alkohol und nicht gefärbtes Wasser? Verwende die Tabelle zu Frage b.

e) Der Eiffelturm in Paris ist aus Stahl und rund 330 m hoch.
Wie groß ist seine Längenänderung zwischen Winter und Sommer, wenn die Temperaturdifferenz 40 Grad beträgt? Überlege außerdem, wo die Ausdehnung von Beton eine Rolle spielen könnte.

F77 a) Auf http://de.answers.yahoo.com fragt Mandy B., wie man am besten Nudeln kocht. Chiara gibt ihr die Antwort: „Auf Stufe 6, kannst ruhig voll aufdrehen.“
Begründe, warum Chiara in diesem Fall nicht ökologisch handelt! Verwende dafür die Abbildung und erkläre den Vorgang des Verdampfens aus der Sicht des Teilchenmodells.

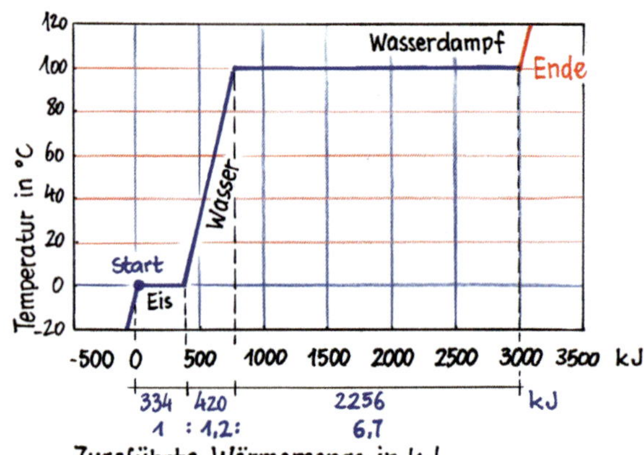

b) In den 1960er-Jahren wurde von der NASA eine Technologie für die Anzüge der Astronauten entwickelt, bei der man Schmelz- und Erstarrungswärme nutzt. Man spricht von Latentspeichermaterialien. Erkläre diese Technologie und stelle einen Zusammenhang zu Frage a her.

c) Erkläre die Funktionsweise eines Druckkochtopfs mit Hilfe des Phasendiagramms von Wasser.
Begründe, warum es Schwierigkeiten bereitet, auf hohen Bergen warme Mahlzeiten zuzubereiten. Begründe, warum die Aussage „Wasser kocht bei 100 °C" nicht exakt ist.

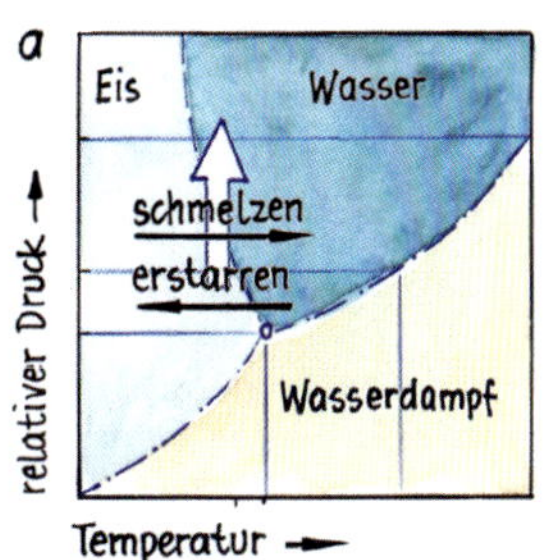

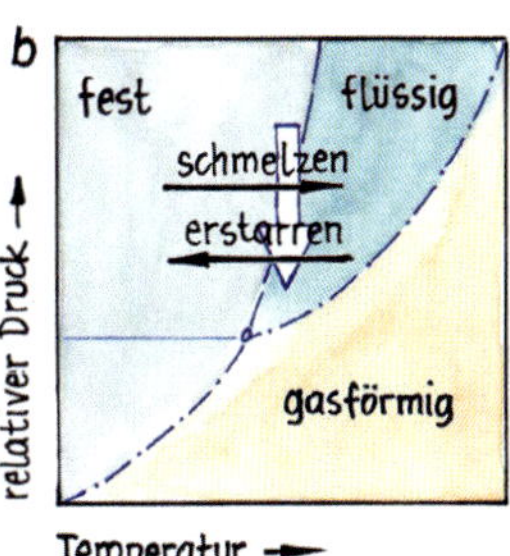

d) Stell dir vor, ein Gas wird isotherm komprimiert. Darunter versteht man, dass sich bei diesem Vorgang die Temperatur nicht ändert. Wie „wandert" dabei der Punkt im Phasendiagramm, der den momentanen Zustand anzeigt? Welche Phasenumwandlungen sind dabei möglich? Hilf dir mit der Abbildung zu Frage c.

e) Begründe mit Hilfe der Abbildung zu Frage c, warum bei Wasser die feste Phase ein größeres Volumen haben muss und bei Stoffen ohne Anomalie ein kleineres.

F78 a) Ein Gasthermometer besteht aus einem Gefäß mit einem dünnen Glasrohr, in das ein bestimmtes Gasvolumen eingeschlossen ist, etwa durch einen Quecksilbertropfen (siehe Abb.). Das Gasthermometer wird in ein Glasgefäß mit Wasser gestellt, so dass das Gas dessen Temperatur annimmt. Die Höhe des Tropfens ist ein Maß für die Temperatur. In der Tabelle siehst du Messwerte bei verschiedenen Temperaturen. Trage diese Werte in ein Diagramm ein und beschrifte die Achsen. Welche Zustandsänderung kann man damit messen?
Wo wird die Gerade, die du durch diese Punkte legst, die x-Achse schneiden? Was kann man daraus schließen? Kann man das Gas so weit abkühlen, dass es das Volumen 0 bekommt?

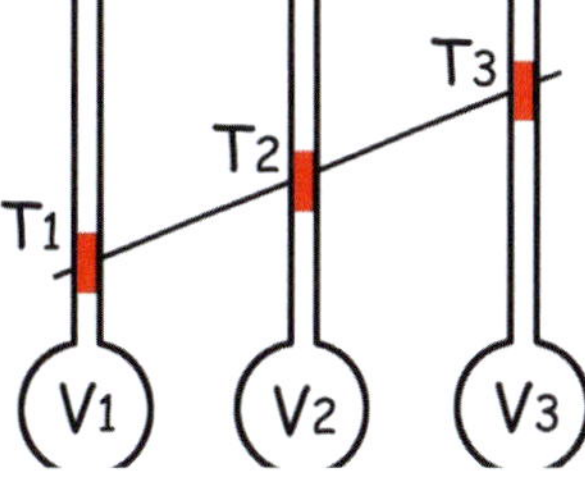

Temperatur °C	0	25	50	70	98
h in cm	39	42,6	46	49	53

b) Welche Zustandsänderung ist in der Abbildung dargestellt?
Erkläre mit ihrer Hilfe, warum ein Taucher unbedingt ausatmen muss, wenn er wieder an die Oberfläche zurückwill.
Wieso kommt es zu den „belegten Ohren", wenn man fliegt, mit der Seilbahn fährt oder unter Wasser taucht? Warum ist dieses Gefühl bei einer Erkältung besonders stark?

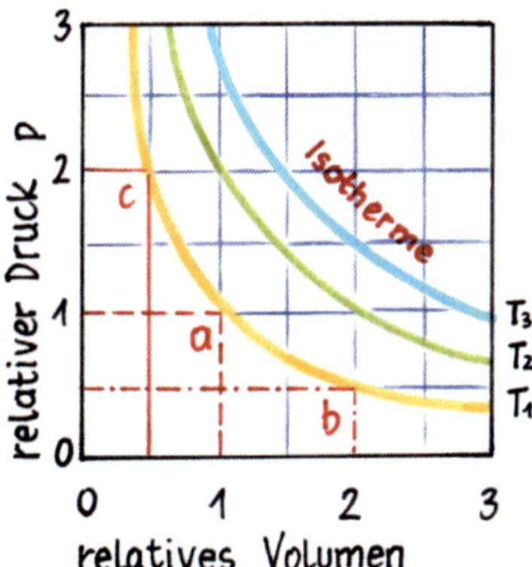

c) Erkläre, was in der Abbildung dargestellt ist, und vergleich sie mit der Abbildung zu Frage b.

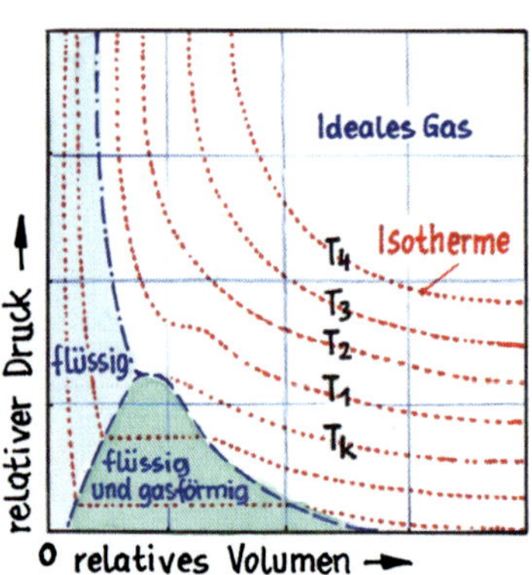

d) Ein Gurkenglas öffnet sich beim ersten Mal mit einem leichten Plopp.
Woher kommt das Geräusch? Und warum ploppt das Glas nur beim ersten Mal? Kannst du den Effekt größenordnungsmäßig benennen?

F79 a) Erkläre die Zusammenhänge zwischen den Gasgesetzen unter speziellen Bedingungen und dem allgemeinen Gasgesetz mit Hilfe der Abbildung.
Begründe in diesem Zusammenhang die allgemeine Gasgleichung:

$\frac{p \cdot V}{T} = n \cdot R$

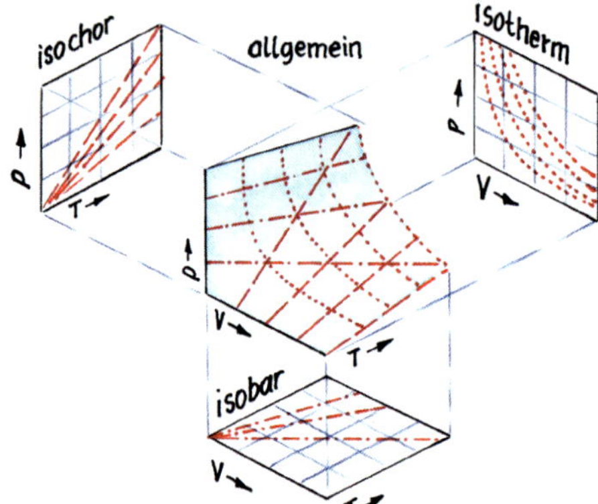

b) Was versteht man unter einer adiabatischen Zustandsänderung? Begründe, was beim schnellen Zusammendrücken von Luft passiert und wie daher eine Adiabate im Vergleich zu einer Isothermen verlaufen muss. Versuche auf Grund deiner Überlegungen, eine Adiabate in der Abbildung oben in die dreidimensionale Fläche und in das Isothermendiagramm einzuzeichnen.

c) Erkläre mit Hilfe der Antwort auf Frage b, warum es mit zunehmender Höhe kälter wird.

d) Erkläre mit Hilfe der Abbildung das Zustandekommen des Föhns.
Warum genügt für die Erklärung nicht alleine das adiabatische Verhalten von Gasen?

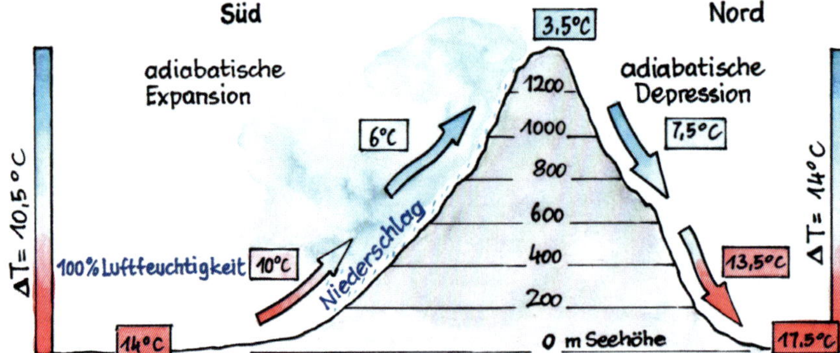

e) Das „pneumatische Feuerzeug“ (siehe Abb.) wurde bereits um 1770 erfunden. Es besteht aus einem unten verschlossenen Hohlzylinder, in dem sich oben ein Kolben niederdrücken lässt. Wieso kann man mit einer solchen Konstruktion Feuer erzeugen? Welcher Effekt wird dabei ausgenutzt? Wie muss man den Kolben niederdrücken? Was muss sich im Inneren befinden? Welche Querverbindung lässt sich zum Aufpumpen eines Fahrradreifens ziehen.

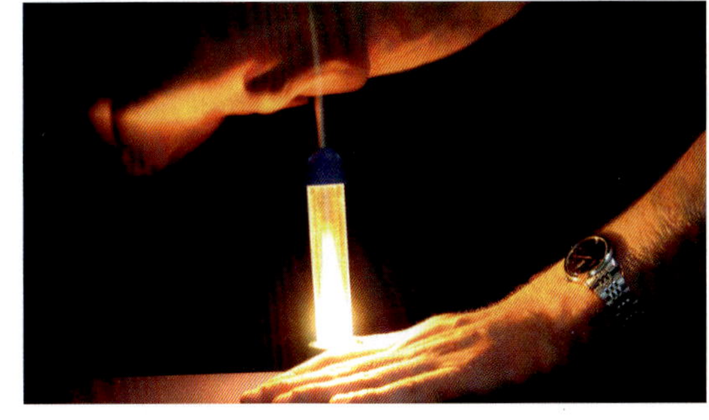

F80 a) In einem Online-Forum schreibt jemand: „Hallo, habe da mal wieder so eine verrückte Idee, den Minikühlschrank offen zu lassen, um das Zimmer zu kühlen.“
Kann das tatsächlich funktionieren? Verwende für deine Erklärungen einerseits den Energieerhaltungssatz und andererseits den 2. Hauptsatz der Wärmelehre und gehe dabei auch auf die Abbildung ein.

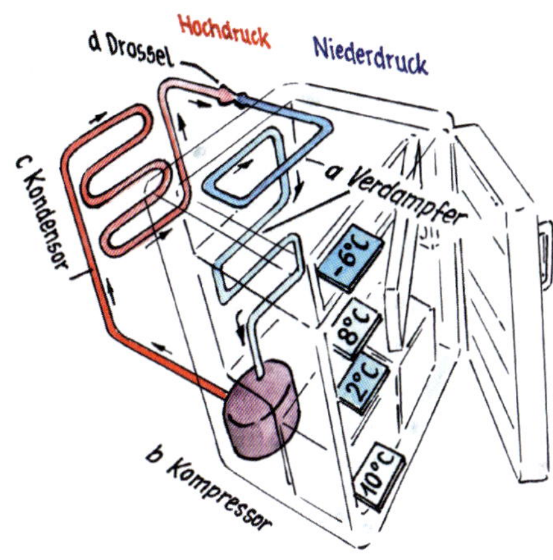

b) Welche prinzipielle Möglichkeit gibt es, einen Kühlschrank als Klimaanlage zu betreiben? Verwende für deine Antwort die Überlegungen aus Frage a.

c) Wie funktioniert eine Wärmepumpe allgemein? Warum ist eine Wärmepumpe ökologischer als eine normale Zentralheizung? Verwende für deine Erklärung die Abbildungen.

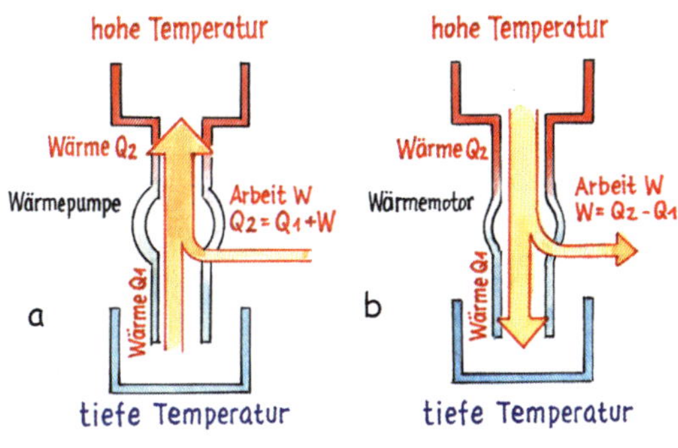

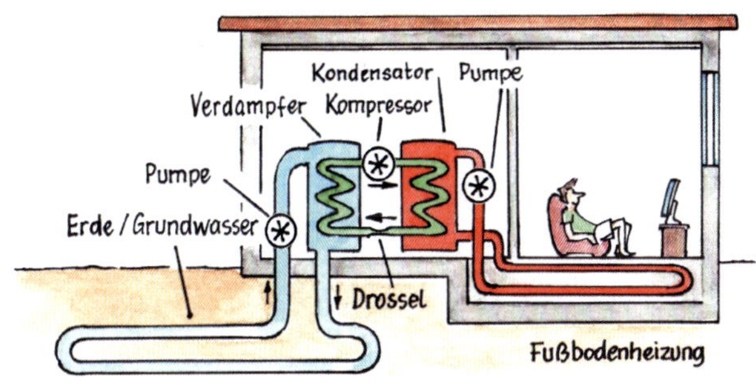

d) Warum ist eine Zentralheizung keine Wärmepumpe?

e) Beantworte nochmals Frage b, indem du die linke Abbildung zu Frage c zur Hilfe hernimmst.

F81 a) Auf den Abbildungen siehst du den schematischen Vergleich zwischen Wärmepumpe und Wärmekraftmaschine.
Ordne die Bilder richtig zu und erläutere sie. Beschreibe die Wirkungsweise von Wärmepumpe und Wärmekraftmaschine allgemein mit möglichst einfachen Worten.

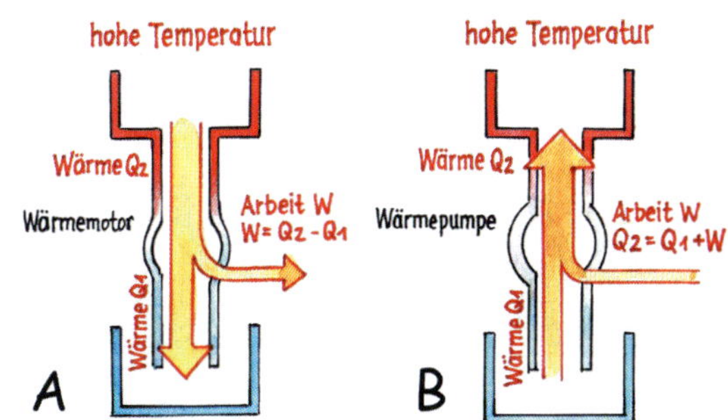

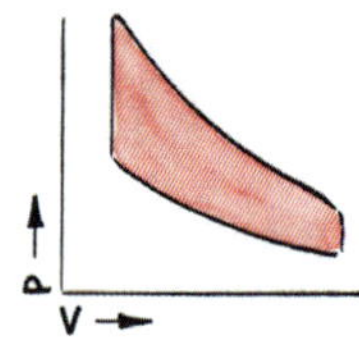

b) Beim Komprimieren des Gases in einem Otto-Motor muss man Arbeit aufwenden, beim Arbeitstakt bekommt man aber mehr zurück. Die Differenz beider Flächen entspricht der Arbeit, die das Gas am Kolben verrichtet hat (siehe Abb.).
Zeige rechnerisch, dass diese Fläche tatsächlich einer Arbeit entspricht.

c) Der Wirkungsgrad des gesamten menschlichen Organismus liegt bei einer Belastung in der Größenordnung eines Automotors. Ist die „Maschine Mensch" ein Wärmemotor? Begründe zunächst allgemein und dann mit Hilfe des theoretisch maximalen Wirkungsgrads eines Wärmemotors: $\eta_{max} = 1 - T_{min}/T_{max}$. Stelle auch einen Zusammenhang zur Abbildung zu Frage a her.

System	η	Bruttoenergie ⇒ Nettoenergie
Generator	99 %	mechanisch ⇒ elektrisch
Elektromotor	95 %	elektrisch ⇒ mechanisch
Batteriezelle	90 %	chemisch ⇒ elektrisch
Automotor	25 %	chemisch ⇒ mechanisch
Dauerleistung Mensch	15 - 25 %	chemisch ⇒ mechanisch
Solarzelle	15 - 20 %	Licht ⇒ elektrisch
alte Glühlampe	5 %	elektrisch ⇒ Licht
Photosynthese	1 %	Licht ⇒ chemisch

B Trainingsaufgaben

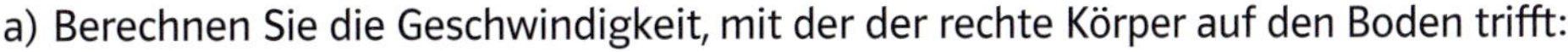

F82 Die gebremste Fallbewegung

Es sei $m_1 = 2{,}00\,\text{kg}$, $m_2 = 2{,}30\,\text{kg}$, Rolle und Faden seien masselos, die Rolle soll sich reibungsfrei drehen.

a) Berechnen Sie die Geschwindigkeit, mit der der rechte Körper auf den Boden trifft:
- mittels einer Energiebetrachtung.
- mithilfe der Grundgleichung der Mechanik.

b) Berechnen Sie die Zeitspanne vom Start bis zum Auftreffen auf den Boden.

c) Es werde jetzt eine Aluminiumscheibe
$\left(m_{Al} = 50\,\text{g},\ c_{Al} = 0{,}896\,\frac{\text{kJ}}{\text{kg}\cdot\text{K}}\right)$
gegen die Rolle gepresst. Diese wird dadurch so gebremst, dass der rechte Körper unmittelbar vor Bodenberührung zum Stillstand kommt. Die Aluminiumscheibe erwärmt sich dabei (Es soll angenommen werden, dass sich die Temperatur der Rolle nicht ändert). Berechnen Sie die Temperaturerhöhung ΔT.

F83 Die Raumheizung

Ein Zimmer habe nur eine Außenwand ($A = 4\,\text{m} \times 2{,}5\,\text{m}$, Dicke $d = 36\,\text{cm}$, Wärmleitzahl $\lambda = 0{,}2\,\text{W}/(\text{m}\cdot\text{K})$). Bei einer Außentemperatur von 0 °C soll die Raumtemperatur 20 °C betragen.

a) Bei einer Warmwasserheizung ist die Vorlauftemperatur 60 °C, die Rücklauftemperatur 50 °C. Bestimmen Sie die Durchflussmenge.

b) Der Wirkungsgrad der Anlage ist 80 %. Bestimmen Sie das für das Zimmer erforderliche Gasvolumen (Brennwert $10\,\text{kWh/m}^3$).

c) Alternativ wird eine gasbetriebene Wärmepumpe in die Außenwand eingebaut. Der Wirkungsgrad einer Wärmepumpe ist $T_{hoch}/(T_{hoch} - T_{niedrig})$. Berechnen Sie die Gasmenge, die jetzt mindestens benötigt wird, um das Zimmer zu heizen.

F84 Aggregatzustandsänderung

a) In einem Becherglas befinden sich Wasser und Eis bei einer Temperatur von 0 °C. Dem System wird gleichmäßig Wärme zugeführt, bis das Wasser vollständig verdampft ist. Skizzieren Sie für diese Zustandsänderung den prinzipiellen Verlauf des *T-t*-Diagramms und begründen Sie den Verlauf des Graphen.

b) Zur schnellen Erwärmung von Wasser oder anderen Flüssigkeiten wird heißer Wasserdampf in sie eingeleitet. Begründen Sie, warum man mit einer relativ kleinen Menge heißen Wasserdampfes eine andere Flüssigkeit schnell erwärmen kann.

F85 Zustandsänderungen

Ein Gas, das als ideales Gas betrachtet werden kann, durchläuft verschiedene Zustandsänderungen.

a) Stellen Sie unter Verwendung des 1. Hauptsatzes der Thermodynamik Energiebilanzen für solche Zustandsänderungen eines idealen Gases auf, bei denen das Gas Volumenarbeit verrichtet. Interpretieren Sie die erhaltenen Gleichungen.

b) Eine abgeschlossene Gasmenge wird isotherm vom Volumen $V_1 = 16\,\text{dm}^3$ auf das Volumen $V_2 = 4\,\text{dm}^3$ komprimiert. Der Anfangsdruck beträgt $p_1 = 1000\,\text{hPa}$.
Zeichnen Sie für diese Zustandsänderung das *V-p*-Diagramm. Ermitteln Sie die zur Kompression des Gases erforderliche Arbeit.

F86 Die Sonne 1

a) Die Erde mit der Masse m_E umkreist die Sonne in etwa $T = 365$ Tagen angenähert auf einer Kreisbahn mit dem Radius $R_E = 1{,}5 \cdot 10^{11}\,\text{m}$. Stellen Sie unter Berücksichtigung dieser Kenntnis eine Formel zur Berechnung der Sonnenmasse M auf (Eine numerische Berechnung ist nicht erforderlich).

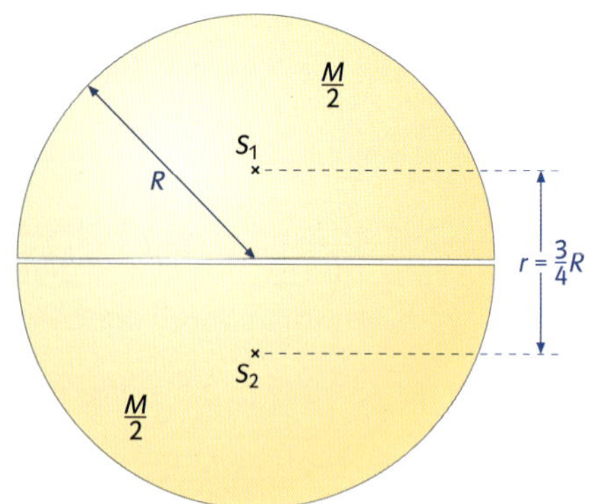

b) Schätzen Sie den Druck p im Inneren der Sonne durch eine Berechnung mit folgendem Modell ab:

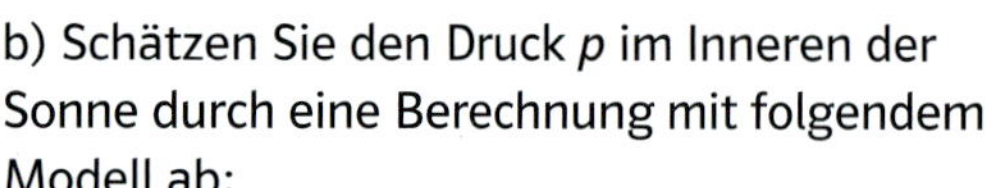

Der Druck im Inneren der Sonne wird als Folge der Gravitationskraft betrachtet. Man denkt sich die Sonne mit dem Radius R in zwei Halbkugeln zerlegt. Die Gravitationskraft greift in den Schwerpunkten S_1 bzw. S_2 an.
Deren Abstand wird mit $r = \frac{3}{4}R$ angenommen.
Die Sonnenmasse ist $M = 2 \cdot 10^{30}\,\text{kg}$.

c) Ermitteln Sie mithilfe der allgemeinen Gasgleichung die Temperatur im Inneren der Sonne. Nehmen Sie dabei als mittlere Masse der Teilchen $m = \frac{m_{\text{Proton}} + m_{\text{Elektron}}}{2}$ an.

F87 Der thermodynamische Kreisprozess

Für ein ideales Gas gilt die Gleichung $p \cdot V = N \cdot k \cdot T$ mit $k = 1{,}38 \cdot 10^{-23}\,\frac{\text{J}}{\text{K}}$

a) Geben Sie die Bedeutung der Größen in dieser Gleichung an.

b) Stellen Sie dar, wie man aus dieser Gleichung ein *T-V-* bzw. ein *T-p-* bzw. ein *V-p*-Diagramm gewinnen kann. Skizzieren Sie jeweils ein solches Diagramm.

c) Bei der Kompression eines Gases wird Arbeit verrichtet. Erläutern Sie, wie man den Betrag dieser Arbeit aus einem *V-p*-Diagramm gewinnen kann.

d) Das *V-p*-Diagramm wurde mit einer geeigneten Anordnung bei einem Heißluftmotor gewonnen. Schätzen Sie den Wirkungsgrad dieses Motors ab.

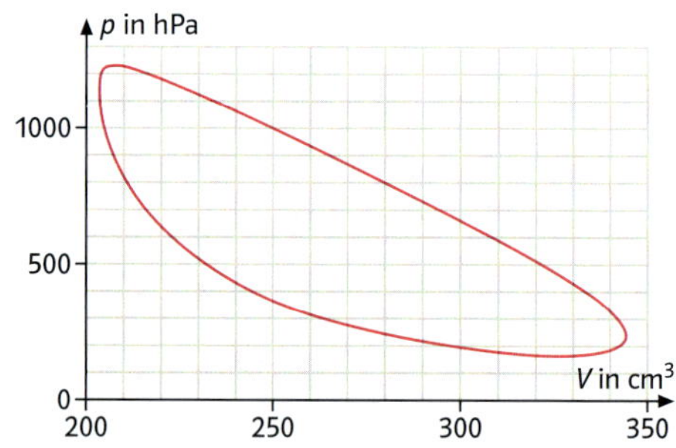

F88 Energiebedarf beim Gefrierschrank

Gefrierschränke sind nicht wirklich luftdicht verschlossen. Bewerten Sie die Forderung, die Türen luftdicht zu schließen, unter dem Gesichtspunkt

a) der Energieersparnis.

b) der Handhabbarkeit.

21 – 25 Elekrizitätslehre

A Verständnisaufgaben

F89 a) Waraus bestehen Atome? Welche dieser Teilchen sind geladen und welche nicht? Welche ist die kleinste in der Natur vorkommende Ladung?

b) Welche der folgenden Teilchenumwandlungen sind erlaubt und welche nicht? Überlege welcher Erhaltungssatz für diese gilt und was das für eine Teilchenumwandlung bedeutet.

A $p^- + p^+ \Rightarrow \pi^+ + \pi^0$	**B** $p^- + p^+ \Rightarrow \pi^+ + \pi^0 + \pi^-$
C $e^+ + e^- \Rightarrow p^+ + p^-$	**D** $e^+ + e^- \Rightarrow p^+ + n$
E $\gamma + p^+ \Rightarrow n + \pi^-$	**F** $\gamma + p^+ \Rightarrow n + \pi^+$

Erklärung: p^+: Proton, p^-: Antiproton, π^+, π^-, π^0: Pi-Mesonen oder Pionen, e^-: Elektron, e^+: Anti-Elektron oder Positron, n: Neutron, γ : Photon.

c) Warum fliegen Atomkerne eigentlich nicht auseinander? Die Protonen stoßen einander doch alle ab und die Neutronen können die elektrische Abstoßung nicht wesentlich abschirmen! Welchen Schluss kann man daraus ziehen, dass Atomkerne von nichtradioaktiven Elementen trotz der Abstoßung stabil sind?

d) Welche Ladungen werden durch das Reiben eigentlich übertragen? Positive, negative oder beide? Und woher wissen wir eigentlich, dass die negativen Ladungen negativ sind und die positiven positiv?

e) Berechne allgemein, um welchen Faktor die elektrische Kraft größer ist als die Gravitationskraft. Verwende dazu die Formeln $F_G = G \cdot \frac{m_1 \cdot m_2}{r^2}$ und $F_E = k \cdot \frac{Q_1 \cdot Q_2}{r^2}$. Nimm für deine Berechnung ein Proton (p^+) und ein Anti-Proton (p^-). Beide haben die Elementarladung von $\pm 1{,}6 \cdot 10^{-19}$ C und die Masse $1{,}673 \cdot 10^{-27}$ kg. Die Gravitationskonstante G hat den Wert $6{,}67 \cdot 10^{-11}\,\mathrm{m^3 kg^{-1} s^{-2}}$, k hat den Wert $8{,}99 \cdot 10^9\,\mathrm{Nm^2 C^{-2}}$. Sowohl die Gravitation als auch die elektrische Kraft führen zu einer Anziehung.

F90 a) Welche Spannung haben die Plus-Pole von Batterien? Wie hoch ist die Spitze des Stephansdoms in Wien? Welcher Zusammenhang besteht zwischen diesen beiden Fragen?

b) Man kann die elektrische Spannung auch als „elektrischen Höhenunterschied" bezeichnen. Erläutere, was damit gemeint ist, und verwende dafür die Tabelle.

potenzielle mechanische Energie	potenzielle elektrische Energie
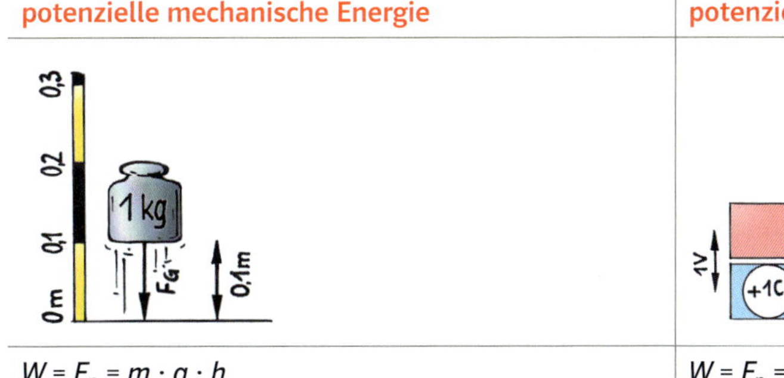	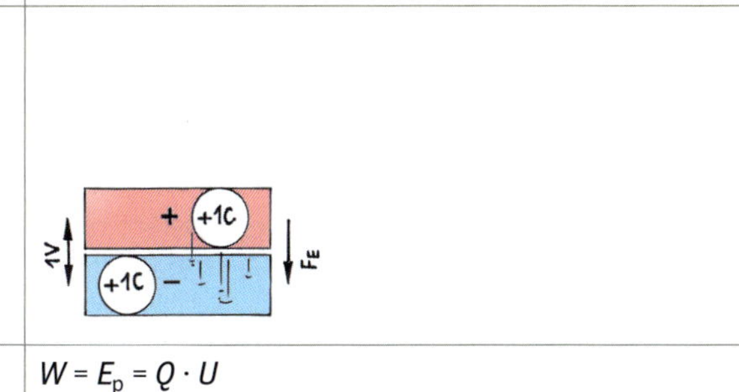
$W = E_p = m \cdot g \cdot h$	$W = E_p = Q \cdot U$

c) In der Tabelle siehst du die Spannungsreihe einiger Metalle und von Kohle. Erkläre, warum die Wahl des Nullpunktes Geschmackssache ist.

Stoffe	Spannung	Stoff	Spannung
Gold (Au)	0 V	Blei (Pb)	–1,82 V
Platin (Pt)	–0,57 V	Eisen (Fe)	–2,14 V
Silber (Ag)	–0,89 V	Zink (Zn)	–2,45 V
Kohle (C)	–0,94 V	Aluminium (Al)	–4,03 V
Kupfer (Cu)	–1,17 V	Lithium, (Li)	–4,73 V

Welche Spannung herrscht zwischen zwei Stoffen? Warum verwendet man in modernen Batterien meistens das Element Lithium?

d) Welcher Unterschied besteht zwischen AAA-, AA-, C- und D-Batterien? Sie haben doch alle 1,5 V! Verwende für deine Erklärung die Tabelle aus Frage b.

F91 a) Schätze mit Hilfe der Formel für die elektrische Stromstärke ab, wie viele Elektronen pro Sekunde bei einer Gleichstromstärke von 1 A an einer Messstelle vorbeifließen. Ein Elektron hat eine Ladung von $1{,}6 \cdot 10^{-19}$ C.

b) Was versteht man unter der ungeordneten Bewegung der Elektronen und unter ihrer Driftgeschwindigkeit? In welcher Größenordnung liegt diese ungefähr?

c) Im Film „Alien versus Predator" betrachtet ein Wissenschaftler das Polarlicht und sagt: „Es ist in der oberen Atmosphäre. Protonenströme und Elektronen von der Sonne wurden vom Magnetfeld der Erde abgelenkt, was einen Sonnensturm zur Folge hat." Kommentiere dieses Zitat.

d) Überlege, wie man die Lorentzkraft nutzen kann, um Strommessgeräte und Motoren herzustellen. Verwende für die Erklärung die Abbildung.

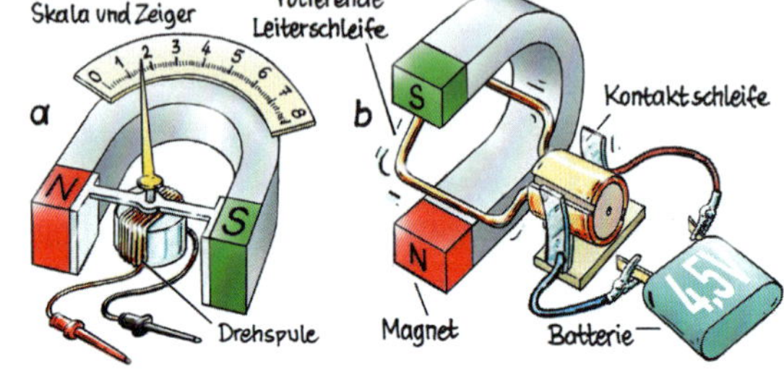

F92 a) Man spricht im Alltag oft von „Stromverbrauch".
Warum ist dieser Begriff falsch? Wie könnte man dazu besser sagen?

b) Was versteht man unter dem Begriff Spannungsabfall? Verwende für deine Erklärung die Abbildung.

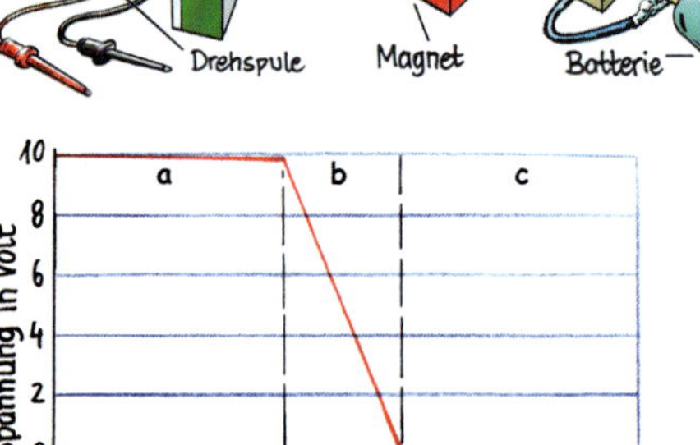

Ein „aufgebogener" Schaltkreis

c) Wieso ist es gefährlich, wenn ein Blitz in deiner Nähe in den Boden einschlägt? Und warum soll man sich, wenn man von einem Gewitter überrascht wird, so hinhocken, dass nur die Füße am Boden sind? Warum ist ein Blitzeinschlag für Kühe gefährlicher als für Menschen? Erkläre mit Hilfe der Abbildung.

d) Zwei Vögel sitzen auf blankem Draht (siehe Abb. unten). Was passiert, wenn der Strom eingeschaltet wird? Begründe mit Hilfe deiner Antwort auf Frage b.

e) Begründe die Antwort auf Frage d mit Hilfe einer Parallelschaltung.

F93 a) Was versteht man in der Physik unter dem Begriff „Feld"? Was machen gleichnamige bzw. ungleichnamige Ladungen und wie kann man die Ladungen im Feldlinienbild erkennen? Wieso haben manche Ladungen mehr und andere weniger Feldlinien (siehe Abb.)? Vervollständige die Abbildung!

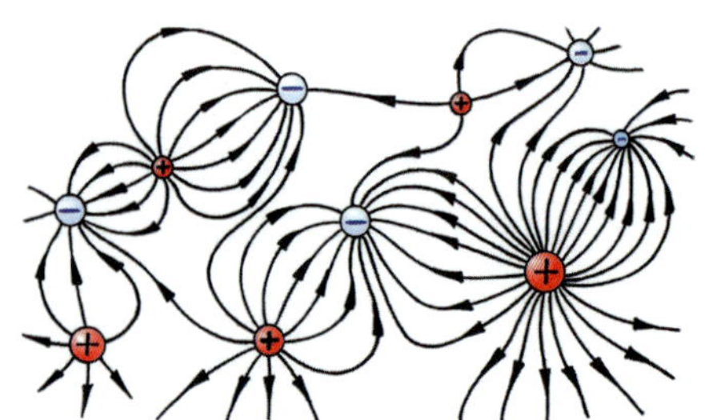

b) Sowohl bei der Gravitationskraft als auch bei der elektrischen Kraft tritt ein Faktor $1/r^2$ auf. Begründe diesen Faktor und verwende dafür die Abbildung.

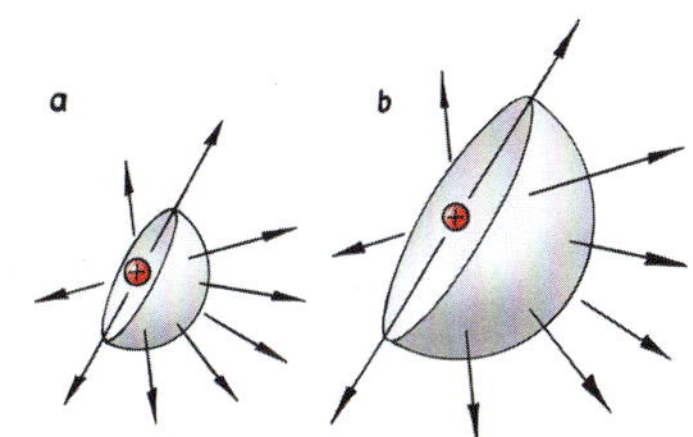

Gravitationskraft	elektrische Kraft
$F_G = G \cdot \frac{m_1 \cdot m_2}{r^2}$	$F_E = \frac{1}{4\pi \cdot \varepsilon_0} \cdot \frac{Q_1 \cdot Q_2}{r^2}$

c) Man nennt die Spannung auch den „elektrischen Höhenunterschied“. Erkläre, was damit gemeint ist, und ordne die Abbildungen links und rechts richtig zu.

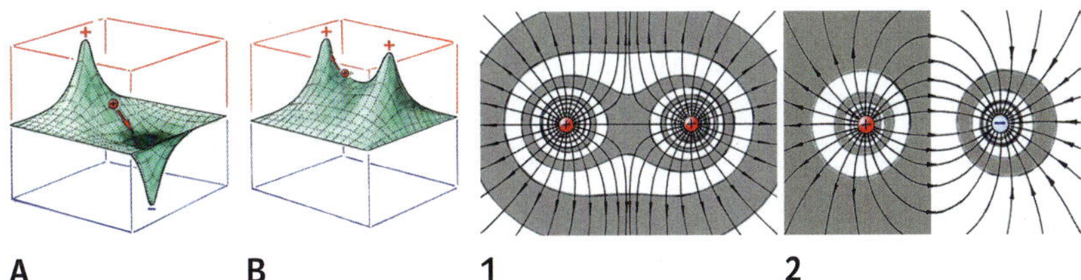

Wende das Konzept bei folgender Abbildung an und erläutere diese.

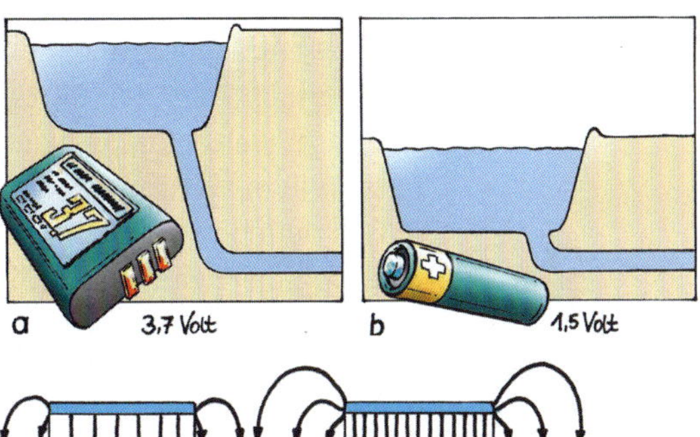

F94 a) Die Formel für die elektrische Kapazität lautet $C = Q/U$. Interpretiere diese Gleichung mit Hilfe der Abbildung.
Was bedeutet es, wenn ein Kondensator eine größere Kapazität besitzt? Warum kann man durch einen Isolator zwischen den Platten die Kapazität erhöhen? Begründe mit Hilfe der Abbildung und der obigen Gleichung.

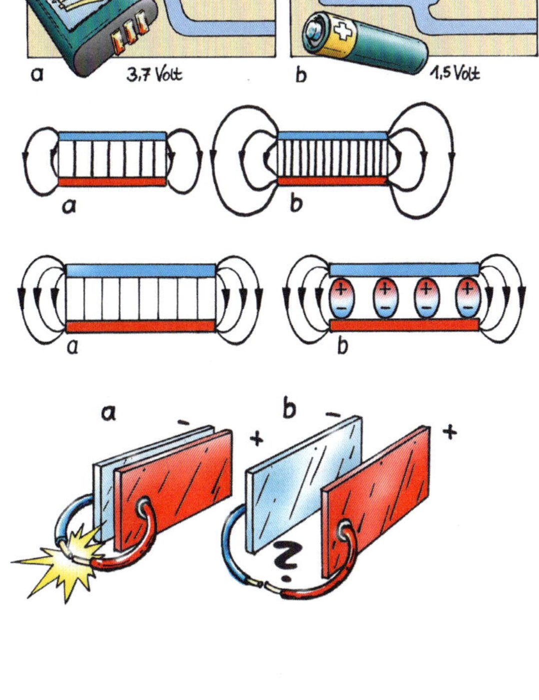

b) Du hast eine positiv und eine negativ geladene Platte und entlädst diese mit einem Funken (Abb. a). Nun lädst du die Platten noch einmal gleich stark auf, ziehst sie aber vor dem Entladen auseinander (b).
Was passiert nun mit dem Funken und warum? Was würde passieren, wenn man die Platten zueinander schiebt? Begründe mit der Formel $E_p = Q \cdot U$.

c) Wie funktionieren Computertastatur, Sensortaste und Touchscreen? Erkläre die Abbildung und beziehe Frage b in deine Antwort mit ein.

d) Defibrillatoren haben eine Leistung von rund 70 000 W. Erkläre qualitativ, wie diese Leistung von einem einzigen Kondensator kommen kann.

F95 a) In der Abbildung siehst du jeweils ein α-, ein β- und ein γ-Teilchen, die durch das Feld eines Magneten fliegen. Warum werden nur zwei der Teilchen abgelenkt?
Beschrifte die Flugbahnen der Teilchen und benutze dabei die Drei-Finger-Regel.

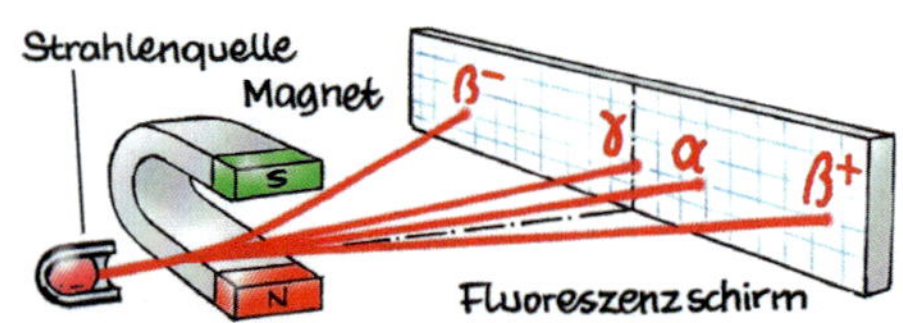

b) Im Film „Alien versus Predator" betrachtet der Wissenschaftler Graeme Miller ein Polarlicht und sagt dann: „Es ist in der oberen Atmosphäre. Protonenströme und Elektronen von der Sonne wurden vom Magnetfeld der Erde abgelenkt, was einen Sonnensturm zur Folge hat." Wo liegt der Fehler in der Erklärung?
Wie kommt das Leuchten in der Atmosphäre zustande und warum tritt es vor allem an den Polen auf? Verwende die Abb. aus Frage c!

c) In der Abbildung siehst du Elektronen und Protonen im Van Allen Gürtel.
Überlege, warum die Teilchen eine Spiralbahn beschreiben, warum sich die Elektronen weiter außen befinden als die Protonen und in welche Richtung die Elektronen und Protonen zuerst abgelenkt werden (aus der Papierebene oder hinein), wenn der Sonnenwind von links kommt. Verwende dazu die Gleichung $F_L = Q \cdot v \cdot B$.

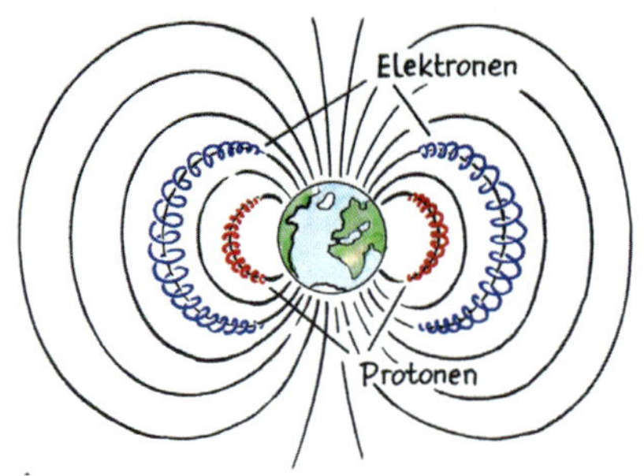

d) In der Abb. siehst du eine Tauchspule in einem Lautsprecher. Die Spule kann frei schwingen. Ihre Windungen laufen um den Nordpol der Anordnung herum.
Überlege mit Hilfe der Lorentzkraft, warum man mit dieser Anordnung einen Wechselstrom in mechanische Schwingungen rückverwandeln kann und in welche Richtung die Spule in Abhängigkeit von der Stromrichtung gezogen wird.

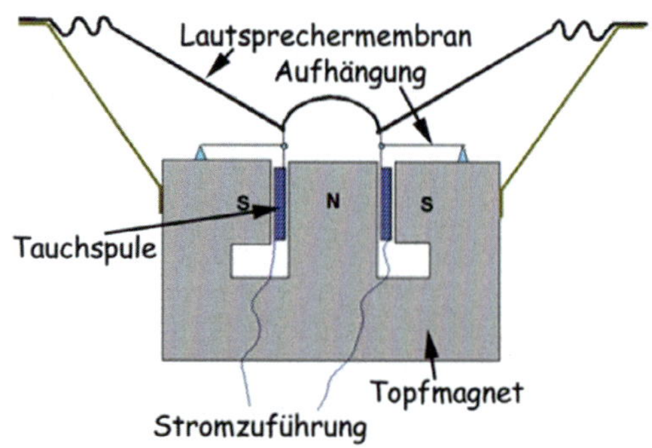

F96 In der Abbildung siehst du den Aufbau eines Münzprüfers.
Beschreibe seine Funktionsweise.
Angeblich hilft es, wenn man eine durchgefallene Münze am Apparat reibt, damit sie beim nächsten Mal nicht durchfällt. Viele Münzapparate sind neben dem Einwurf dadurch vollkommen abgerieben.
Überlege mit Hilfe der Funktionsweise, ob diese Behauptung stimmen kann oder nicht.

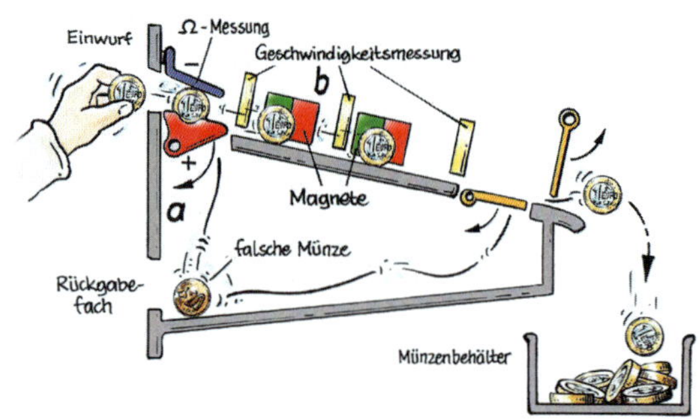

F97 a) In der Abbildung siehst du den Zusammenhang zwischen dem magnetischen Fluss durch eine rotierende Leiterschleife und der daraus resultierenden Induktionsspannung.
Warum ist ausgerechnet dann der Betrag der Induktionsspannung am größten, wenn der magnetische Fluss null ist? Erkläre mit Hilfe der Formel $U_{\text{ind}} = -\frac{d\Phi}{dt}$.

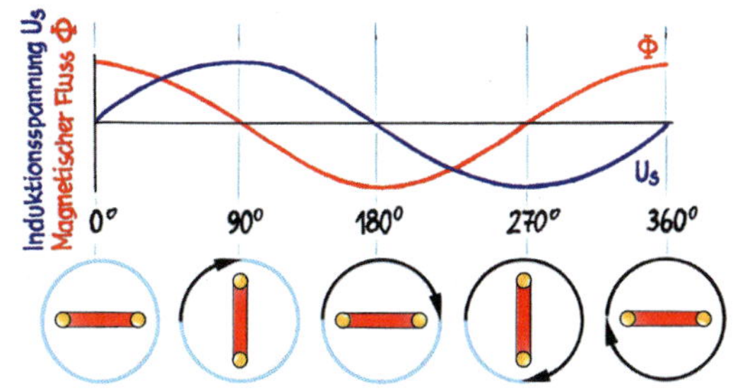

b) Welche der folgenden Aussagen sind richtig oder falsch und warum? 1) Ein Kraftwerk erzeugt elektrische Energie! 2) Ein Kraftwerk erzeugt Energie! 3) Die Haushalte brauchen immer mehr Strom! 4) Die Haushalte verbrauchen immer mehr Strom!

c) Erläutere, was man unter einem Generator versteht, der auf dem dynamo-elektrischen Prinzip beruht.

d) Schätze die Leistung einer Turbine in einem Laufkraftwerk der Donau ab. Nimm den Höhenunterschied zwischen Ober- und Unterwasser mit 11 m an und die Durchflussmenge mit 350 m^3/s. Nimm an, dass 10 % der potenziellen Energie des Wassers bei der Umwandlung in elektrische Energie in Form von Wärme verloren gehen. Wasser hat eine Dichte von 1000 kg/m^3. Verwende die Gleichung $E_p = m \cdot g \cdot h$.

F98 a) Die Spannung im Haushalt beträgt 230 V. Welchen Wert kann man für die *maximale* Spannung zwischen den Polen einer Steckdose feststellen, wenn man den Spannungsverlauf etwa mit einem Oszilloskop darstellt? Begründe deine Antwort und mache eine Skizze des Spannungsverlaufes!

b) In der Abbildung siehst du mögliche Verläufe der Leistungskurve beim Wechselstrom.
Ordne diese richtig zu: 1) reiner Ohm'scher Widerstand, 2) rein kapazitiver Widerstand; 3) rein induktiver Widerstand; 4) Mischung von Widerständen.
Begründe, wie es zu den unterschiedlichen Leistungskurven kommt und verwende dabei die Gleichung $P = U_{\text{eff}} \cdot I_{\text{eff}} \cdot \cos\varphi$.

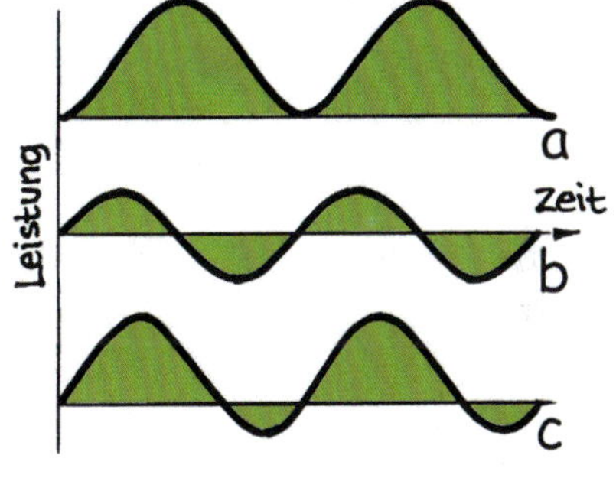

c) Auf Wikipedia (Stand 10.4.2019) findet man zum Thema Wirkungsgrad von Elektromotoren den Satz „Technologisch veraltete Elektromotoren führen zu einem erhöhten Energieverbrauch". Kommentiere dieses Zitat. Wie könnte man den Satz besser formulieren?
Überlege, ob der Leistungsfaktor $\cos\varphi$ den Wirkungsgrad eines Motors angibt.

d) In der Abbildung siehst du das Typenschild eines Elektromotors.
Wie groß ist die elektrische Leistung? Wie groß ist die Leistung, die der Motor aufnehmen kann? Wie groß ist die mechanische Leistung, die der Elektromotor abgeben kann? Nimm an, dass er einen Wirkungsgrad von 95 % hat.

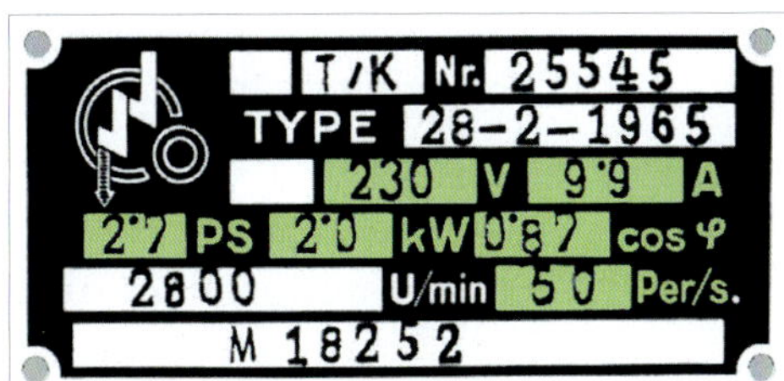

B Trainingsaufgaben

F99 **Elektrische Ladung**

Alle Körper enthalten elektrische Ladung, positive und negative.

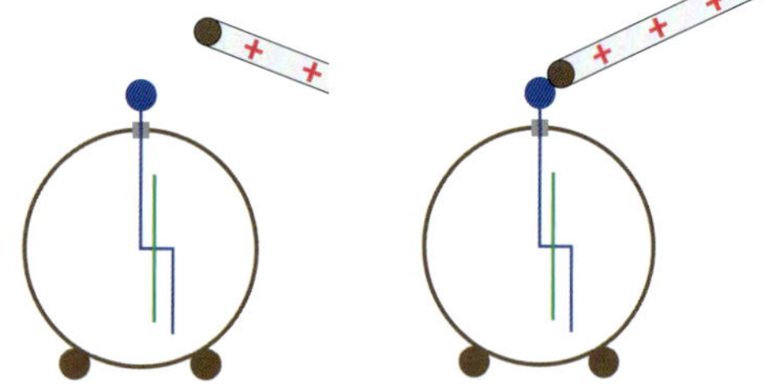

a) Geben Sie an, wie man diese elektrische Ladung nachweisen kann. Nennen Sie zwei Beispiele.

b) Erklären Sie die Bedeutung der Aussage: „Ein Körper ist elektrisch neutral".

c) Beschreiben Sie die Unterschiede beim Ausgang des dargestellten Versuches:
1. Wir nähern einem ungeladenen Elektroskop einen positiv geladenen Körper.
2. Wir berühren ein ungeladenes Elektroskop mit einem positiv geladenen Körper.

F100 **Elektrisches Feld**

Jeder elektrisch geladene Körper ist von einem elektrischen Feld umgeben.

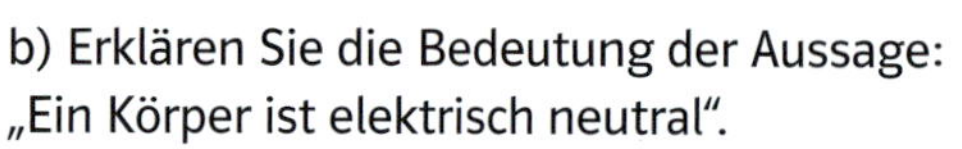

a) Nennen Sie eine Möglichkeit, wie man Feldlinien sichtbar machen kann.

b) Zeichnen Sie den Feldlinienverlauf zwischen zwei positiven Punktladungen und zwei ungleichen Punktladungen (vgl. Abbildung links).

c) Berechnen Sie die elektrische Feldstärke einer geladenen Kugel mit der Ladung $Q = 5\,\text{nC}$ und einem Durchmesser von 5 cm.

Zusatzinfo: Elektrische Feldkonstante

$\varepsilon_0 = 8{,}85 \cdot 10^{-2} \frac{\text{C}^2}{\text{N} \cdot \text{m}^2}$

F101 **Elektronen im elektrischen Feld**

Elektronen erfahren im elektrischen Feld eine Kraft. Diese Kraft wirkt auf die Elektronen unterschiedlich, je nachdem, ob sie parallel oder senkrecht zu den Feldlinien eintreten.

a) Erklären Sie, wie man im Vakuum freie Elektronen erzeugen kann.

b) Beschreiben Sie die Bewegung eines Elektrons, das parallel zu den Feldlinien in ein elektrisches Feld eintritt.

c) Beschreiben Sie die Bewegung eines Elektrons, das senkrecht zu den Feldlinien in ein elektrisches Feld eintritt.

d) An einem Plattenkondensator mit dem Plattenabstand $d = 1\,\text{cm}$ liegt die Spannung $U = 50\,\text{V}$. Nun tritt ein Elektron mit der Geschwindigkeit $v_0 = 1 \cdot 10^7\,\text{m/s}$ senkrecht zu den Feldlinien in den Plattenkondensator ein.
Berechnen Sie, wie lang die Kondensatorplatten sein müssen, damit das Elektron beim Verlassen des Kondensators um 4 mm in y-Richtung abgelenkt wurde.

Zusatzinfo:
Elektronenmasse $m_e = 9{,}11 \cdot 10^{-31}\,\text{kg}$;
Elementarladung $e = 1{,}602 \cdot 10^{-19}\,\text{C}$

F102 **Kondensator**

Ein Kondensator mit der Kapazität $C = 47\,\text{mF}$ wird über eine Spannungsquelle ($U = 10\,\text{V}$) aufgeladen. Anschließend wird er von dieser getrennt und über eine Spule mit der Induktivität $L = 33\,\text{mH}$ entladen (der gesamte Ohm'sche Widerstand ist vernachlässigbar).

a) Geben Sie die zugehörige Schwingungsgleichung $U(t)$ an.

b) Skizzieren Sie für zwei Perioden das $U(t)$-Diagramm. Die Entladung des Kondensators beginnt zum Zeitpunkt $t = 0$.

F103 Bewegung im homogenen Feld

a) Ein Elektron befindet sich wie in **B1** angedeutet am linken Rand eines homogenen elektrischen Feldes mit der Feldstärke $E = 1000\,\mathrm{V/m}$. Berechnen Sie die Geschwindigkeit, die das Elektron beim Erreichen des rechten Randes hat, sowie die Zeit, die bis dahin verstrichen ist.

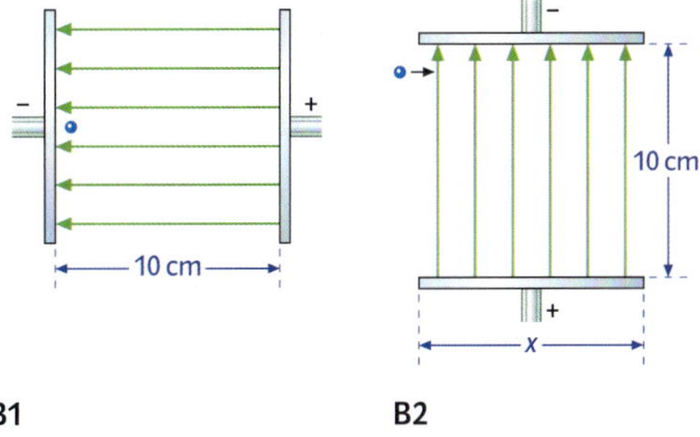

B1 B2

b) Das Elektron tritt wie in **B2** angedeutet mit der in a) berechneten Geschwindigkeit in ein homogenes elektrisches Feld ($E = 1000\,\mathrm{V/m}$) ein. Skizzieren Sie die Bahnkurve des Elektrons in diesem Feld und an einigen ihrer Punkte Kraftpfeile.

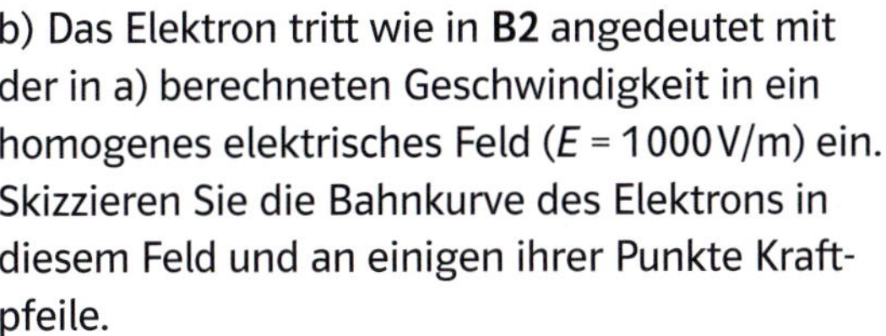

c) Berechnen Sie die Länge x des Feldes in **B2** so, dass das Elektron das Feld gerade noch verlassen kann und nicht auf die untere Platte trifft.

F104 Kraftfelder

In der Physik gibt es den Begriff „Kraftfeld". Damit der Körper in einem solchen Feld eine Kraft $\vec{F}$ erfährt, muss er Träger einer für das Feld charakteristischen Eigenschaft w sein. Es gilt dann die Gleichung:

$\vec{F} = w \cdot \vec{k}$ $\quad \vec{k}$ ist dabei eine das jeweilige Feld beschreibende Größe.

a) Analysieren Sie die Bedeutung von w und $\vec{k}$ in einem Gravitationsfeld bzw. in einem elektrischen Feld.

b) Erläutern Sie den Begriff Spannung im elektrischen Feld.

c) Entwickeln Sie dazu eine Analogie für das Gravitationsfeld.

F105 Dielektrikum im Kondensator

Die Platten eines Plattenkondensators (Fläche einer Platte: $A = 0{,}20\,\mathrm{m}^2$, Abstand der Platten: $d = 10\,\mathrm{mm}$) werden bei der Spannung $U = 3{,}0 \cdot 10^3\,\mathrm{V}$ aufgeladen und danach von der Quelle getrennt. Wird dann der Zwischenraum vollständig mit einem Dielektrikum ausgefüllt, so fällt die Spannung auf $U = 6{,}0 \cdot 10^2\,\mathrm{V}$.

a) Berechnen Sie die Permittivitätszahl des Dielektrikums.

b) Erklären Sie die Entstehung der Permittivität in einem geeigneten Modell.

c) Beurteilen Sie die Bedeutung dieses Effektes für die Technik.

F106 Elektrisches Feld

Zwei Kugeln K_1 und K_2 mit gleichen positiven Ladungen Q_1 und Q_2 befinden sich im Abstand $x\,\mathrm{cm}$ voneinander. Gesucht sind Betrag und Richtung des elektrischen Feldes in einem weiteren Punkt. Zur Bearbeitung werden die beiden geladenen Kugeln als Punktladungen in der x-y-Ebene angenommen. Sie mögen sich in den Punkten (0,0) und (6,0) befinden. K_1 sei in (0,0) lokalisiert, K_2 in (6,0).

a) Ermitteln Sie zeichnerisch Betrag und Richtung der elektrischen Feldstärke im Punkt P (0,4).

b) Die Kugel K_2 mit der Ladung Q_2 wird so verschoben, dass sie sich im Mittelpunkt der Verbindungslinie zwischen dem Punkt P und dem ursprünglichen Ort von K_2 befindet. Ermitteln Sie zeichnerisch Betrag und Richtung der elektrischen Feldstärke in P.

c) Nennen Sie den Betrag der Ladung, den K_1 haben muss, damit die elektrische Feldstärke wieder in die ursprüngliche Richtung zeigt.

F107 **Berechnung der elektrischen Feldstärke**

Zwischen den Platten eines geladenen Kondensators hängt an einem 1 m langen Faden eine leichte Metallkugel. Die Masse der Kugel ist $m = 5\,\text{g}$, ihre Ladung beträgt $Q = 2 \cdot 10^{-9}\,\text{C}$. Die Kugel wird im elektrischen Feld um $s = 4\,\text{cm}$ ausgelenkt. Berechnen Sie den Betrag der elektrischen Feldstärke!

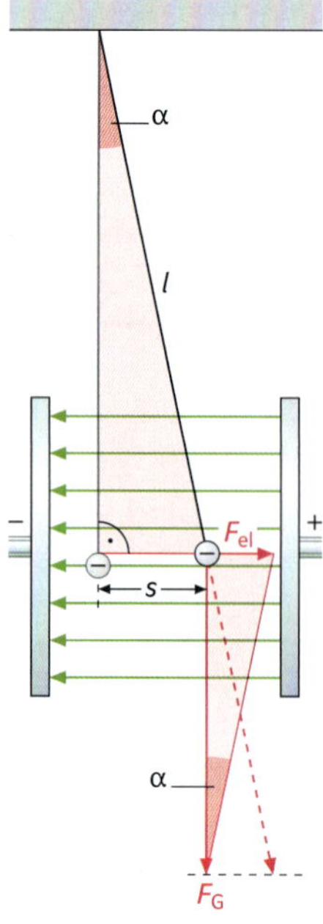

F108 **Bestimmung von ε_0**

Ein Plattenkondensator mit kreisförmigen Platten vom Radius 10 cm wird bei einer Spannung von 200 V geladen und dann von der elektrischen Quelle getrennt. Die Messung der Ladung in Abhängigkeit vom Plattenabstand liefert folgende Messwerte:

Ladung Q in 10^{-8} C	18,0	11,2	6,9
Plattenabstand in mm	0,3	0,5	0,8

Bestimmen Sie aus der Messreihe die elektrische Feldkonstante!

F109 **Fadenstrahlrohr**

Im Fadenstrahlrohr erfahren Elektronen im Magnetfeld die Lorentzkraft.

a) Erklären Sie mit Hilfe der Lorentzkraft, warum sich geladene Teilchen, die senkrecht in das homogene Magnetfeld eintreten, auf einer Kreisbahn bewegen.

b) Auf die Elektronen im Fadenstrahlrohr wirkt ein Magnetfeld der Stärke 0,75 mT. Ihre Beschleunigungsspannung beträgt 200 V.
Leiten Sie eine Beziehung zur Berechnung des Radius des Kreises her und bestimmen Sie ihn.

c) Begründen Sie, dass Elektronen, die schräg zum Feldlinienverlauf in ein homogenes Magnetfeld eintreten, eine Schraubenlinie durchlaufen.

Zusatzinfo: $\frac{e}{m} = 1{,}7588 \cdot 10^{11}\,\frac{\text{C}}{\text{kg}}$

F110 **Der Hall-Effekt 1**

Durch eine Leiterplatte mit der Breite b bewegen sich Elektronen mit der Geschwindigkeit v_D. Die Platte befindet sich wie skizziert in einem homogenen Magnetfeld mit der Flussdichte B. Die magnetischen Feldlinien verlaufen senkrecht zur Bewegungsrichtung der Elektronen und senkrecht zur Leiterplatte. Man misst eine Spannung U_H mit einem wie skizziert angeschlossenen Voltmeter.

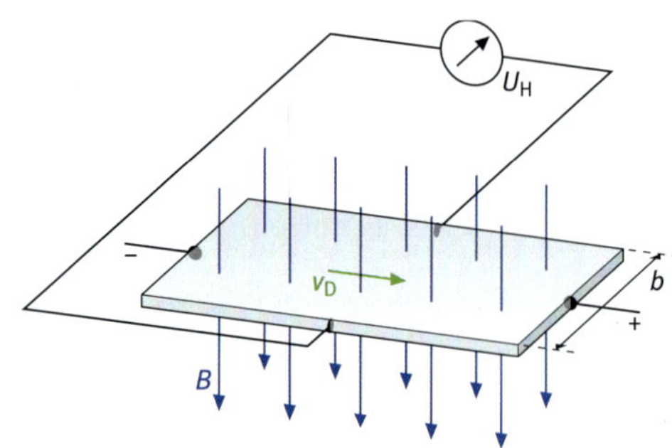

a) Erklären Sie das Zustandekommen dieser Spannung und geben Sie ihre Polung an.

b) Leiten Sie die Beziehung $U_H = B \cdot v_D \cdot b$ her.

F111 Der Hall-Effekt 2

In einer geeigneten Experimentieranordnung lässt sich eine Hallspannung U_H erzeugen. Für die Hallspannung gilt die Gleichung

$$U_H = R_H \cdot \frac{B \cdot I}{d}$$

a) Skizzieren Sie eine passend zur Gleichung beschriftete Experimentieranordnung.

b) Für die Hallkonstante gilt

$$R_H = \frac{1}{c_L \cdot e} \qquad (c_L = \text{Ladungsträgerdichte},\ e = \text{Elementarladung})$$

und für den spezifischen Widerstand eines Materials

$$\varrho = \frac{1}{c_L \cdot e \cdot \mu} \qquad (\mu = \text{Beweglichkeit der Elektronen}).$$

Erläutern Sie die Begriffe „spezifischer Widerstand" und „Beweglichkeit".

c) Entwickeln Sie eine Vorgehensweise zur experimentellen Bestimmung der Elektronenbeweglichkeit in einem Metall.

F112 Elektron im Magnetfeld

Es werden bewegte geladene Körper in einem homogenen Magnetfeld betrachtet.

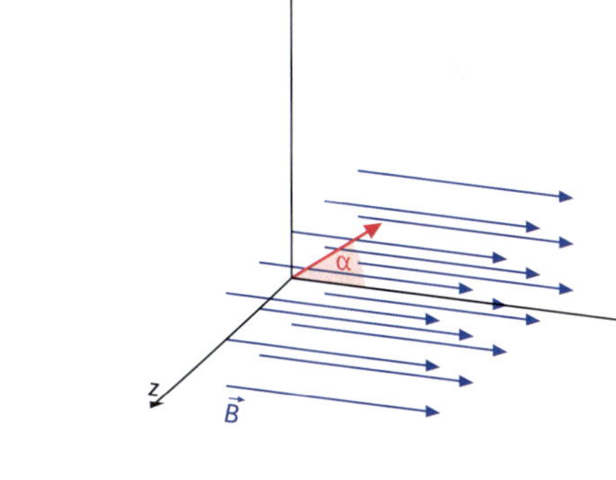

a) Ein geladener Körper mit der Masse m und der Ladung q tritt mit der Geschwindigkeit v senkrecht zu den Feldlinien in ein homogenes magnetisches Feld mit der Feldstärke B ein und beschreibt dort eine Kreisbahn. Leiten Sie eine Formel für die Umlaufzeit T für die Kreisbahn her.

b) Ein Elektron tritt wie in Bild rechts skizziert mit der Geschwindigkeit v unter dem Winkel α in ein homogenes Magnetfeld ein.
Beschreiben Sie die Bahn des Elektrons im Feld. Begründen Sie Ihre Aussagen. Skizzieren Sie die Projektion der Bahn auf die y-z-Ebene (s. Bild rechts unten)

c) 12 cm vom Eintrittspunkt des Elektrons in das Feld entfernt befindet sich ein Leuchtschirm. Berechnen Sie die Zeit, die das Elektron bis zum Auftreffen benötigt.

Daten: $v = 2{,}0 \cdot 10^7 \frac{\text{m}}{\text{s}}$, $\alpha = 60°$, $B = 6{,}0\,\text{mT}$

d) Das Bild zeigt das y-z-Koordinatensystem auf dem Schirm, gesehen aus Richtung der x-Achse. Zeichnen Sie den Auftreffpunkt P_1 des Elektrons aus c) ein.

F113 Induktion 1

Durch Ändern der vom Magnetfeld durchsetzten Fläche einer Spule oder durch Ändern des Magnetfeldes bei konstanter Spulenfläche wird eine Induktionsspannung hervorgerufen.
Beschreiben Sie für beide Fälle jeweils zwei experimentelle Möglichkeiten, eine Induktionsspannung hervorzurufen.

F114 Induktion 2

In einer lang gestreckten, dicht gewickelten Feldspule liegt mit gleicher Spulenachse eine Induktionsspule. In der Feldspule wird die Stromstärke wie im Bild geregelt.

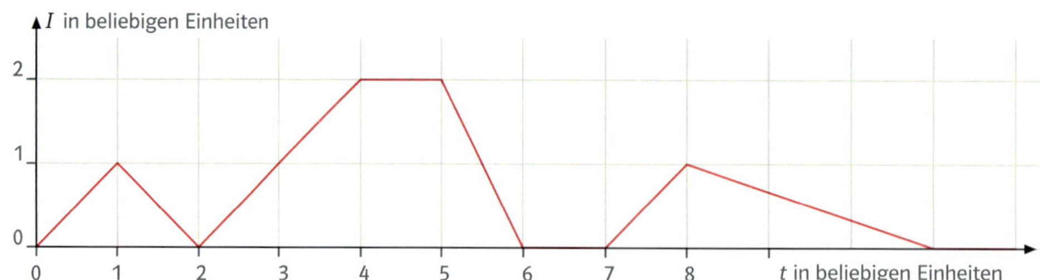

a) Zeichnen Sie den Graphen $U(t)$ der Induktionsspannung, die an der Induktionsspule gemessen werden kann.

b) Für die Induktionsspannung gilt $U_{ind}(t) = -\frac{n \cdot \Delta\Phi}{\Delta t}$.

Entwickeln Sie von diesem Zusammenhang ausgehend eine Gleichung, die den in a) dargestellten Zusammenhang analytisch beschreibt. Geben Sie die Bedeutung der verwendeten Größen an.

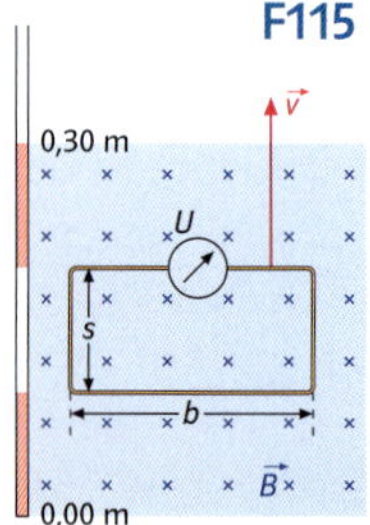

F115 Spule im Magnetfeld

Die am Rand abgebildete rechteckige Spule (100 Wdg.) befindet sich in einem homogenen Magnetfeld ($B = 0{,}2\,\text{T}$). Die Feldlinien stehen senkrecht zur Spulenfläche. Die Spule wird mit der konstanten Geschwindigkeit $v = 0{,}10\,\text{m/s}$ aus dem Magnetfeld herausgezogen.

a) Skizzieren Sie ein t-Φ- und ein t-U_{ind}-Diagramm.

b) Ohne Spannungsmessgerät hat die Spule einen Widerstand von $R = 4{,}0\,\Omega$. Berechnen Sie die Stromstärke in der Spule. Nennen Sie die Bewegungsrichtung der Elektronen und erklären Sie diese.

F116 Lenz'sche Regel

Die Lenz'sche Regel sagt etwas aus über den Zusammenhang zwischen induzierter Spannung bzw. induziertem Strom und dem verursachenden Vorgang.

a) Nennen sie diese Regel.

b) Planen sie einen Versuch zur Veranschaulichung der Lenz'schen Regel. Sie haben dazu zur Verfügung: eine luftgefüllte Spule, ein Amperemeter mit Zeiger-Null in der Skalenmitte, eine Magnetnadel, einen Stabmagneten und eine Batterie.

c) Beschreiben sie Ihren Versuch und die Beobachtungen, die die Lenz'sche Regel belegen.

d) Die Lenz'sche Regel ist nichts anderes als eine Aussage zur Energieerhaltung. Erläutern Sie diese Aussage. Dabei können Sie sich auf das von Ihnen vorgeschlagene Experiment beziehen.

F117 Transformator

Die Primärspule eines Transformators (Primärspule $n_1 = 1200$ Windungen, Sekundärspule $n_2 = 300$ Windungen) wird an eine Wechselspannungsquelle mit dem Effektivwert 220 V angeschlossen.
Der Wirkungsgrad des Transformators beträgt 80 %.

a) Berechnen Sie die Spannung, die an der Sekundärspule induziert wird.

b) Mit dem Transformator soll ein Gerät G ($U = 30\,\text{V}$, $I = 3\,\text{A}$) betrieben werden. Berechnen Sie einen geeigneten Vorwiderstand und fertigen Sie eine Schaltskizze an.

c) Berechnen Sie die Stromstärke, die dann in der Primärspule besteht.

26 – 29 Elektromagnetische Wellen

A Verständnisaufgaben

F118 a) Man sagt, eine Welle ist die Ausbreitung einer Störung.
Was ist damit gemeint? Gib Beispiele zur Entstehung von Wellen an.
Was wird bei der Entstehung einer elektromagnetischen Welle gestört? Verwende für deine Erklärung die Abbildung!

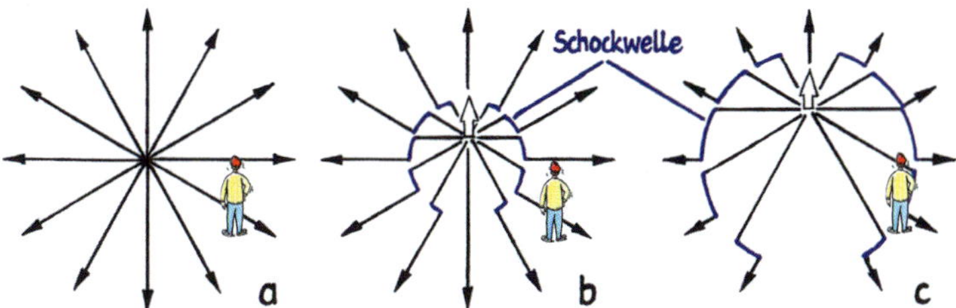

b) Das System Aldis (**A**ustrian **L**ightning **D**etection and **I**nformation **S**ystem) erfasst alle Blitze in Österreich. Wie könnte es vereinfacht gesagt funktionieren? Überlege mit Hilfe der Antwort zu **a**.

c) 1962 wurde 400 km über Hawaii eine Atombombe gezündet, die nordlichtartige Erscheinungen auslöste (siehe Abb.). In Honolulu brannten Sicherungen durch und Alarmanlagen gingen an.
Erkläre diese Effekte mit Hilfe von Frage a.

d) In manchen Physikbüchern gibt es kein Kapitel „Optik", obwohl die Physik des Lichts sehr wohl besprochen wird. Unter welchem Kapitel muss man in diesem Fall nachschlagen? Erkläre in diesem Zusammenhang die Abbildung!

e) MAXWELL konnte berechnen, dass sich die von ihm gefundenen EM-Wellen mit der Geschwindigkeit $c = 1/\sqrt{\varepsilon_0 \cdot \mu_0}$ ausbreiten.
Für die elektrische Feldkonstante gilt

$\varepsilon_0 = 8{,}854\,187817 \cdot 10^{-12}\,\frac{\text{As}}{\text{Vm}}$

und für die magnetische Feldkonstante gilt

$\mu_0 = 4 \cdot \pi \cdot 10^{-7}\,\frac{\text{Vs}}{\text{Am}}$.

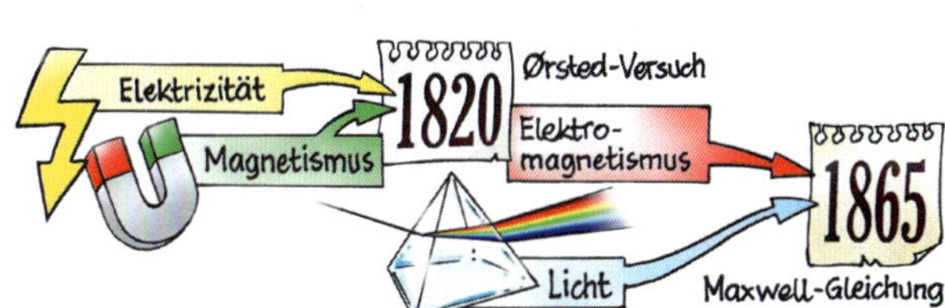

1) Berechne daraus die Lichtgeschwindigkeit (und vergleiche mit dem Wert 299 792 458 m/s).
2) Überprüfe die Einheit von c.

F119 a) Erkläre mit Hilfe der Abbildung, wie ein Schwingkreis funktioniert. Ziehe dabei auch eine Analogie zu einem schwingenden Pendel.

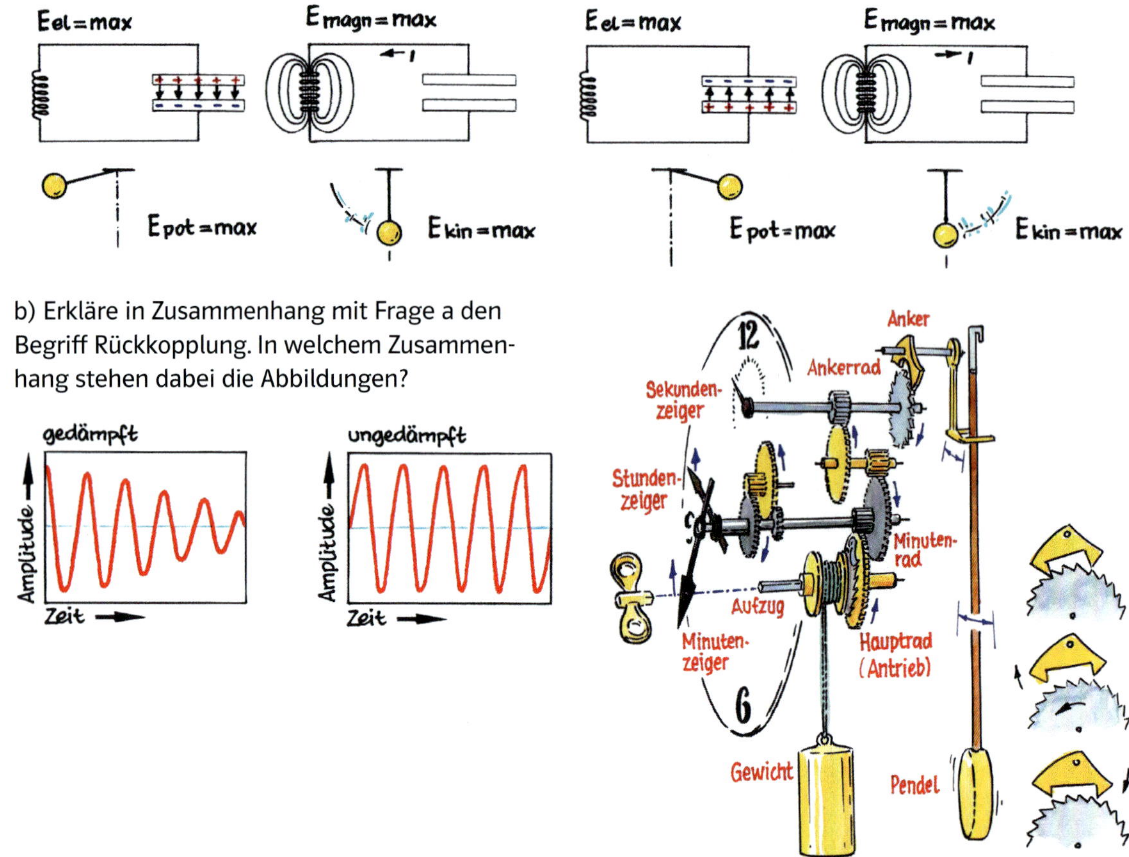

b) Erkläre in Zusammenhang mit Frage a den Begriff Rückkopplung. In welchem Zusammenhang stehen dabei die Abbildungen?

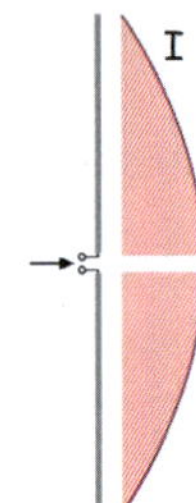

c) Wie lang muss eine Sendeantenne sein, damit man damit den Musiksender Ö3 mit 99,9 MHz übertragen kann? Verwende dazu die Abb. links und die Gleichung $c = \lambda \cdot f$. c ist die Lichtgeschwindigkeit (rund $3 \cdot 10^8$ m/s) und f die Frequenz des Senders. Erkläre in diesem Zusammenhang den Begriff „λ/2-Dipol".

d) Radios können, ohne dass man die Länge der Antenne verändert, alle FM-Sender gut empfangen. Warum ist das in der Praxis wichtig? Überlege, was das für die Dämpfung des Empfängerschwingkreises bedeutet. Verwende die Abb. rechts.

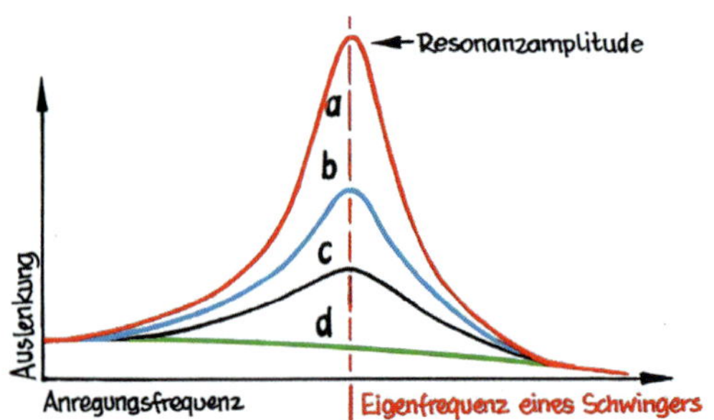

Zusammenhang zwischen Anregungsfrequenz und Amplitude der Schwingung bei verschieden starken Dämpfungen (a = schwache Dämpfung, d = starke Dämpfung)

F120 a) Wie kann man erklären, dass die Lichtgeschwindigkeit in einem Medium gegenüber dem Vakuum absinkt?

b) Beschreibe eine Versuchsanordnung, mit der du den Effekt der Totalreflexion demonstrieren kannst.

c) Leite aus dem Brechungsgesetz

$$\frac{\sin\alpha}{\sin\beta} = \frac{c_1}{c_2} = \frac{\frac{c_0}{n_1}}{\frac{c_0}{n_2}} = \frac{n_2}{n_1}$$

eine allgemeine Formel ab, mit der du den Grenzwinkel α für die Totalreflexion berechnen kannst. Überlege dazu, wie groß β beim Grenzwinkel ist.

F121 a) Denke dir ein geeignetes Experiment aus, mit dem du die Dispersion des Lichts an einem Prisma demonstrieren kannst. Überlege mit Hilfe des Brechungsgesetzes

$$\frac{\sin\alpha}{\sin\beta} = \frac{c_1}{c_2} = \frac{\frac{c_0}{n_1}}{\frac{c_0}{n_2}} = \frac{n_2}{n_1},$$

welcher Zusammenhang zwischen der Geschwindigkeit und den Farben der Lichtstrahlen bestehen muss.

b) In der Abbildung siehst du zwei Diagramme. Welches ist richtig dargestellt? Überlege mit Hilfe der Antwort auf Frage a.

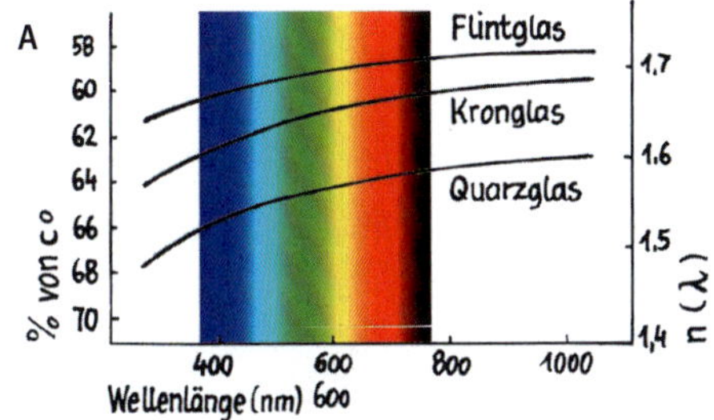

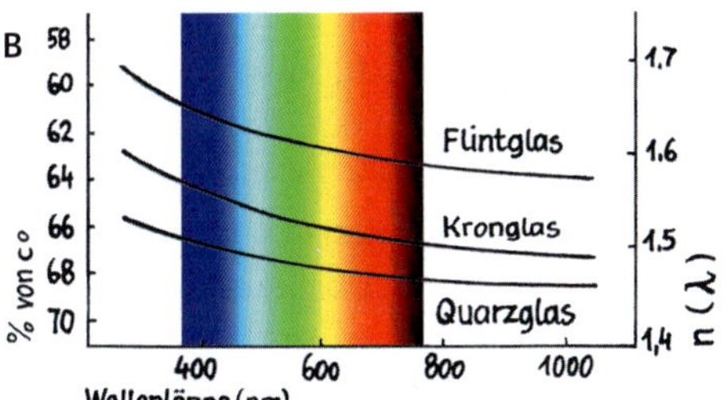

c) Sieh dir die Tabelle an! Warum passt die letzte Spalte nicht mit den Abbildungen in Frage b zusammen? Wie lässt sich dieser Widerspruch erklären?

Material	c absolut [m/s]	% von c_0	$n = c_0/c$
Vakuum	299 792 458	100	1
bodennahe Luft	299 704 944	99,97	1,000 292
Wasser	225 407 863	75,19	1,33
Quarzglas	202 562 471	67,56	1,48
Diamant	123 881 181	41,32	2,42

d) Was könnte man unter Dispersion von Wasserwellen verstehen? Sieh dir dazu das Verhalten der Tiefwasserwellen in der Abbildung an! Stelle einen Zusammenhang zwischen dem Diagramm und dem Entstehen eines Regenbogens her.

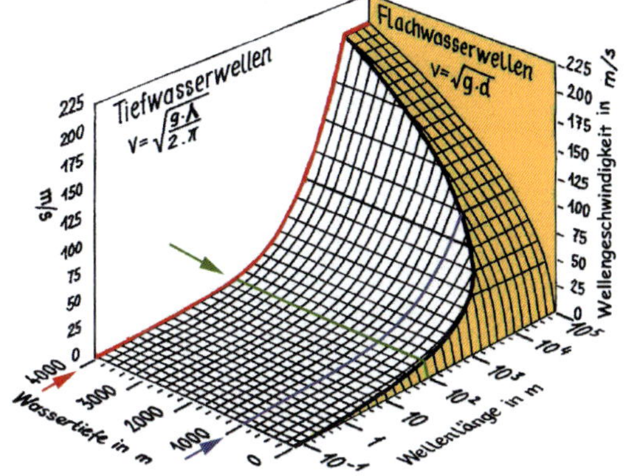

F122 a) Beschreibe in möglichst einfachen Worten, was man unter einem Schwarzen Strahler versteht. Verwende dabei die linke Abbildung. Welcher Zusammenhang besteht zum Foto?

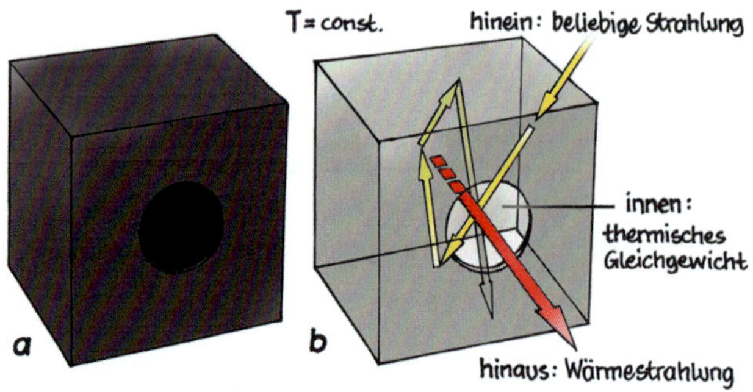

b) „Der Weltraum hat gar keine Temperatur, da der Temperaturbegriff hier versagt." Nimm zu dieser Aussage Stellung und verwende die Abbildung. Erkläre in diesem Zusammenhang auch, wie diese Abbildung entstanden ist.

c) Die Sonne hat eine Oberflächentemperatur von etwa 6 000 K. Woher weiß man das? Verwende für deine Erklärung die Abbildung. Erkläre das Wien'sche Verschiebungsgesetz $\lambda_{max} \cdot T = 2{,}9 \cdot 10^{-3}\,\text{mK}$ und berechne die Wellenlänge des Strahlungsmaximums in nm für ein Objekt mit einer Temperatur von 6 000 K.

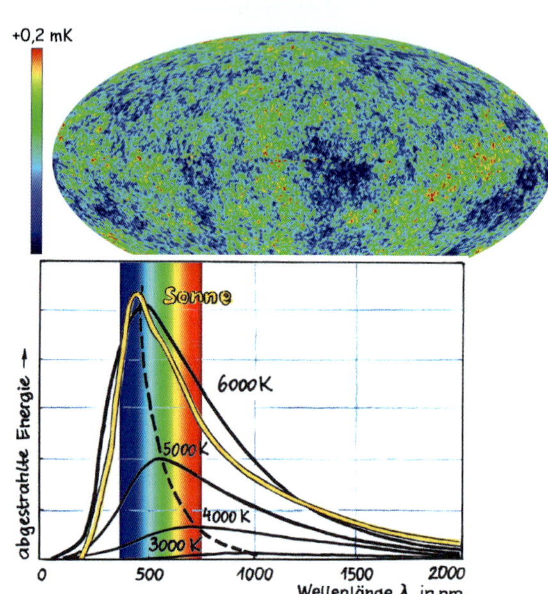

d) Wenn du die Hand über eine heiße Herdplatte hältst, dann spürst du durch die Wärmestrahlung deren Hitze. Wenn du die Hand in den Tiefkühlkasten hältst, spürst du die Kälte, auch ohne die Lebensmittel darin zu berühren. Gibt es daher auch eine Kältestrahlung?

F123 a) Die Erzeugung von Mikrowellen im Mikrowellenherd erfolgt mit einem Magnetron. In diesem sendet eine Kathode Elektronen aus, die sich auf Grund eines Magnetfeldes auf Kreisbahnen bewegen.
Warum kann man auf diese Weise elektromagnetische Wellen erzeugen?
Erkläre in diesem Zusammenhang, was man ganz allgemein unter einer Beschleunigung versteht.

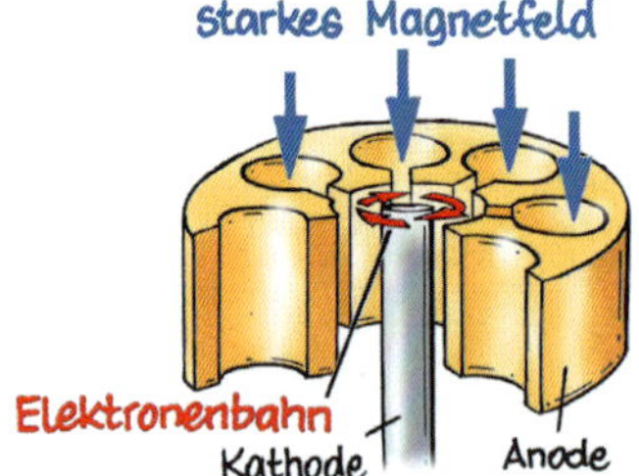

b) Stimmt es, dass Handys Mikrowellenstrahlung aussenden? Von Mikrowellen spricht man, wenn die elektromagnetischen Wellen eine Länge von 1 mm bis 30 cm haben. Berechne mit Hilfe der Gleichung $c = f \cdot \lambda$ und der Tabelle die Wellenlänge von Handystrahlung. Die Lichtgeschwindigkeit c beträgt rund $3 \cdot 10^8$ m.

Generation	Bezeichnung	max. Datenübertragungsrate	Frequenzbereiche
1G ab 1981	AMPS	–	0,88 – 0,96 GHz 1,7 – 1,88 GHz
2G ab 1991	GSM, GPRS und Edge	$2{,}2 \cdot 10^5$ bit/s (220 kbit/s)	
3G ab 2001	UMTS, HSDPA, HSPA+	$1{,}44 \cdot 10^7$ bit/s (14,4 Mbit/s)	1,9 – 2,200 GHz
4G ab 2009	LTE, LTE-A	10^9 bit/s (1 Gbit/s)	Bänder um 0,8 GHz, 1,8 GHz, 2 GHz und 2,6 GHz
5G ab 2019		$20 \cdot 10^9$ bit/s (20 Gbit/s)	viele Frequenzbänder, vor allem aber 3,4 bis 3,8 GHz

c) Manchmal hört man, dass man mit Handys Eier kochen kann. Kann das stimmen? Stelle dazu eine Hypothese auf!

d) Wenn man den Drehteller aus dem Mikrowellenherd nimmt und den Boden mit Marshmallows füllt, dann blähen sich diese nach dem Einschalten unterschiedlich stark auf.
Wie kann man das begründen? Leite daraus die Funktion des Drehtellers ab.

F124 a) Umgangssprachlich wird Infrarot immer mit Wärmestrahlung gleichgesetzt.
Warum ist das nicht korrekt? Erkläre mit Hilfe der Abbildung!

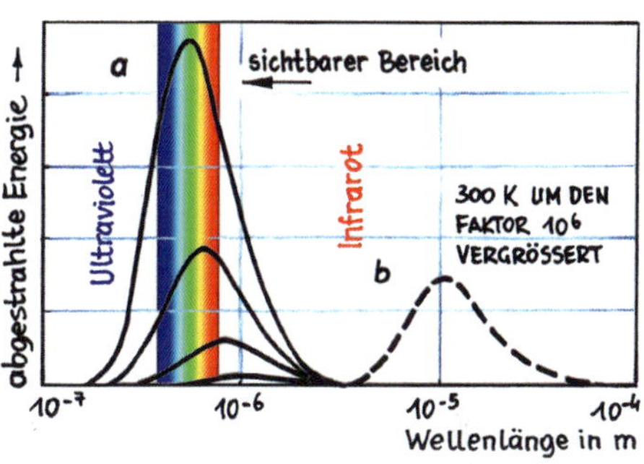

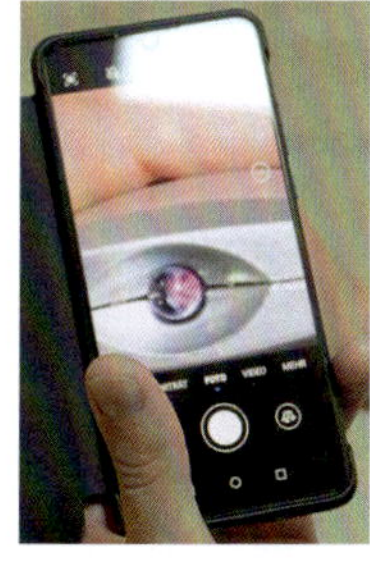

b) Das Leuchten der Leuchtdiode einer Fernbedienung ist mit bloßem Auge nicht sichtbar. Bei manchen älteren Handymodellen kann man aber die Leuchtdioden durch das Display sehen (siehe Abb.). Welche Erklärung könnte es dafür geben?

c) Marathonläufer werden im Ziel oft in spiegelnde Folien eingepackt, um sie vor dem Auskühlen zu schützen. Haben so dünne Folien wirklich Sinn? Mache dazu eine Abschätzung mit dem Gesetz von Stefan und Boltzmann: $I = \sigma \cdot A \cdot T^4$
σ (Sigma) ist die Stefan-Boltzmann-Konstante ($5{,}7 \cdot 10^{-8}$ W/m² · K⁴).

d) Wenn du dich nahe an eine helle Glühlampe setzt, dann gibt diese pro Fläche mehr Energie an deine Haut ab als die prallste Sonne. Trotzdem wirst du keinen Sonnenbrand bekommen! Warum? Begründe mit Hilfe der Tabelle. Beziehe auch den Begriff Photoeffekt in deine Erklärung mit ein.

	Relative Photonenenergie	Wellenlänge in 10^{-7} m	Frequenz 10^{14} Hz
rot	1 – 1,2	6,5 – 7,5	4,0 – 4,6
blau	1,5 – 1,8	4,2 – 4,9	6,1 – 7,1
UV-A	1,9 – 2,3	3,2 – 4,0	7,5 – 9,38
UV-B	2,3 – 2,7	2,8 – 3,2	9,38 – 10,7
UV-C	2,7 – 3,8	2,0 – 2,8	10,7 – 15

e) Die Schwächung der Röntgenstrahlung in Materie durch Absorption und Streuung ist etwa proportional zur 4. Potenz der Ordnungszahl (Z^4).
Berechne, um wie viel Mal stärker Calcium (Z = 20) und Blei (Z = 82) Röntgenlicht absorbiert als Sauerstoff (Z = 8). Was hat das für praktische Konsequenzen?

F125 a) Man spricht vom Rundfunk, wenn man Radioübertragungen meint, und von Funktechnik, wenn man etwa Walky Talkys meint. Woher kommt der Begriff „Funk"? Verwende die Abbildung und erkläre diese.

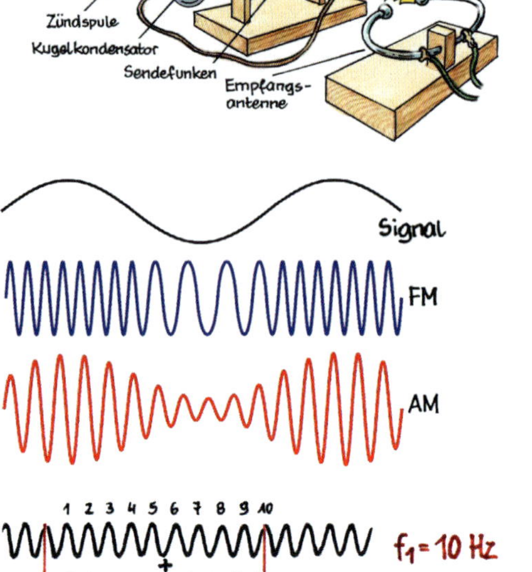

b) Erkläre, was man unter FM versteht und warum jeder FM-Sender eine bestimmte Bandbreite haben *muss*. Verwende dazu die Abbildung! Warum werden Musiksender immer frequenzmoduliert übertragen?

c) Erkläre, was man unter AM versteht und warum jeder AM-Sender eine bestimmte Bandbreite haben *muss*. Verwende dazu die Abbildungen rechts und jene aus Frage b!

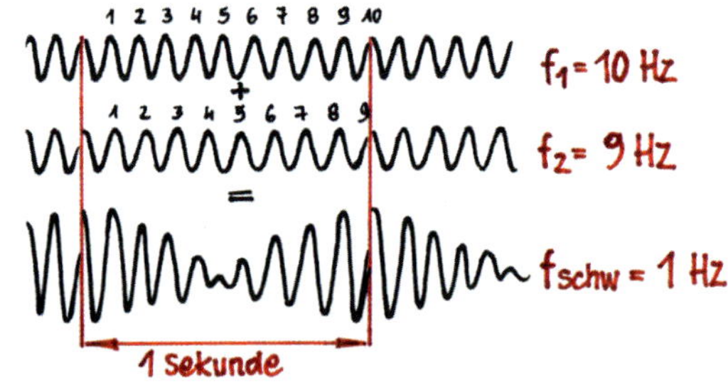

d) Wie viele Sender mit RDS kann man rein theoretisch im Sendebereich von FM unterbringen? Verwende für deine Berechnung die Tabelle!

	Frequenzbereich	Bandbreite	Beispiele für Einsatz
AM	300 kHz – 30 MHz	9 kHz	Amateurfunk, Flugfunk, Sprechradio (Kurz- und Mittelwelle)
FM	88 MHz – 108 MHz	180 kHz	„normales" Musikradio
		400 kHz	Musikradio mit Radio Data System (RDS)

e) Erkläre mit Hilfe der Abbildung, warum man Musiksender immer frequenzmoduliert überträgt.

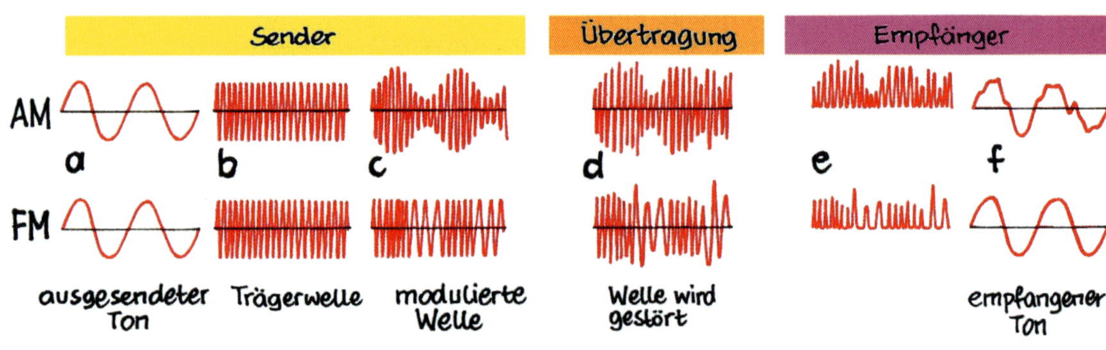

F126 a) Stell dir vor, dein Radio empfängt einen Sender mit genau 100 MHz. Nimm an, es könnte alle anderen Frequenzen ausschließen, auch die, die sehr dicht an 100 MHz liegen.
Würde sich das gut oder schlecht auf den Empfang des Senders auswirken? Und warum?

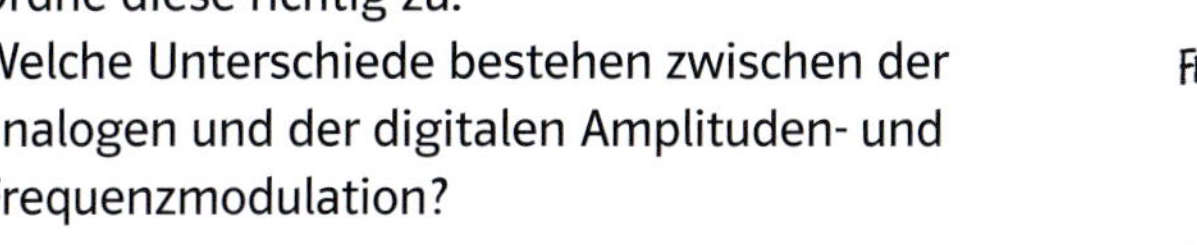

b) In der Abbildung sind drei digitale Modulationsverfahren dargestellt:
FM, AM und PM (Phasenmodulation).
Ordne diese richtig zu.
Welche Unterschiede bestehen zwischen der analogen und der digitalen Amplituden- und Frequenzmodulation?

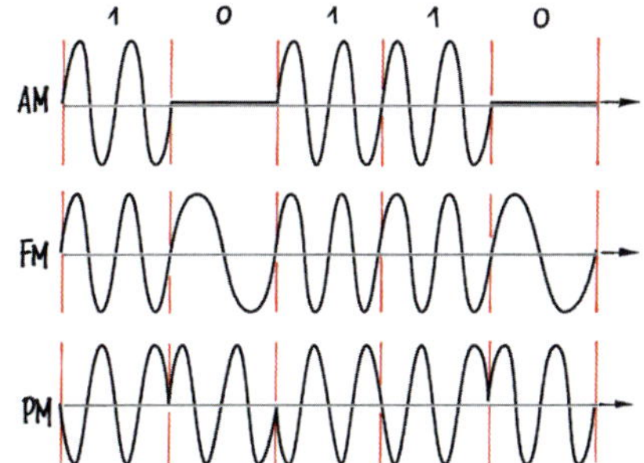

c) Manchmal hört man, dass man mit Handys Eier kochen kann. Stimmt das? Argumentiere mit Hilfe der Tabelle.

	TV-Sender	Radio-Sender	Mobilfunksender	Handy
Leistung	300 kW	100 kW	50 W	2 W
Messabstand	1500 m	1500 m	50 m	3 cm
Leistungsflussdichte	0,02 W/m²	0,05 W/m²	0,001 W/m²	2 W/m²

d) Erläutere und interpretiere die Abbildung. Gehe in deiner Antwort auf die Begriffe SAR-Wert und Elektrosmog ein.

e) Diskutiere die Frage, ob Handys gesundheitsschädlich sind oder nicht und gehe dabei auf den Begriff Nocebo-Effekt ein.

B Trainingsaufgaben

F127 Brechung des Lichtes

Licht fällt unter einem Winkel von 40° auf eine 3 cm dicke Glasplatte (n = 1,61).

a) Zeichnen Sie den Strahlenverlauf mit Hilfe des folgenden Diagramms.
Entnehmen Sie dem Diagramm die Ablenkung des Lichtes aus seiner ursprünglichen Richtung.

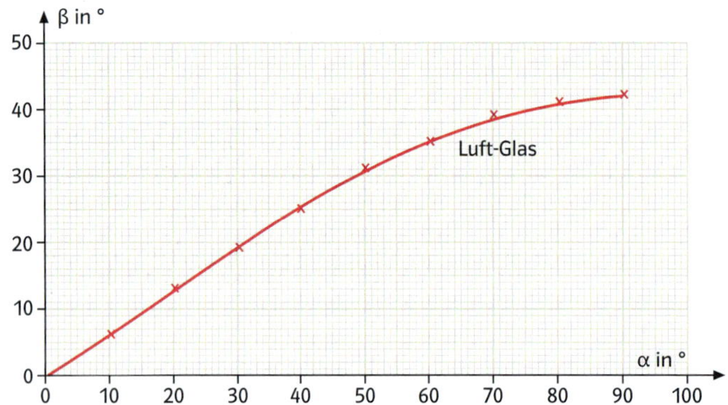

b) Berechnen Sie mittels des Brechungsgesetzes die Ablenkung des Lichtes aus seiner ursprünglichen Richtung.

F128 Farberscheinung dünner Schichten

Weißes Licht trifft senkrecht auf eine Seifenhaut (n = 1,35) der Dicke 750 nm. Berechnen Sie, welche Wellenlängen aus dem Spektrum des sichtbaren Bereichs (400 nm – 800 nm) bei der Reflexion verstärkt, welche gelöscht werden.

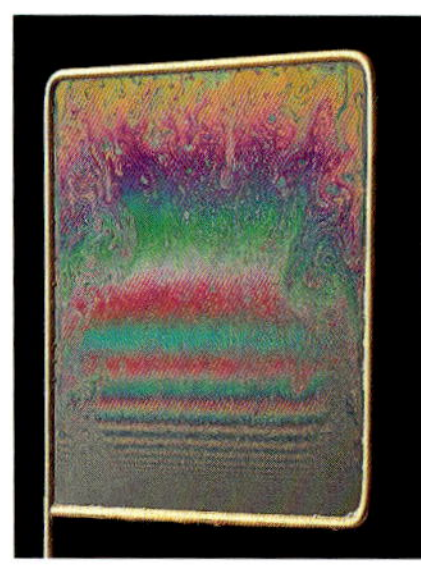

F129 Polarisation

Die Polarimetrie ist ein Verfahren, mit dem man die Konzentration gelöster Stoffe unter Ausnutzung ihres optisch aktiven Verhaltens bestimmen kann. Eine Substanz ist optisch aktiv, wenn die Polarisationsebene des Lichtes gedreht wird. Aus der Größe der Drehung kann man die Konzentration der Substanz, die gelöst wurde, bestimmen. Dabei ist der Drehwinkel proportional zur durchstrahlten Schichtdicke und zur Konzentration der Lösung. Beschreiben Sie einen Versuch, mit dem untersucht werden kann, ob eine Lösung optisch aktiv ist.

F130 Interferometer

In der skizzierten Anordnung sind S und E Sender bzw. Empfänger von Mikrowellen, SP_1 und SP_2 Metallplatten, ST eine Glasplatte, die für Mikrowellen wie für Licht teildurchlässig ist. SP_2 wird in Pfeilrichtung verschoben. Dabei wird die Empfangsintensität in Abhängigkeit von der Verschiebestrecke aufgezeichnet.

a) Begründen Sie das Versuchsergebnis.

b) Bestimmen Sie die Wellenlänge.

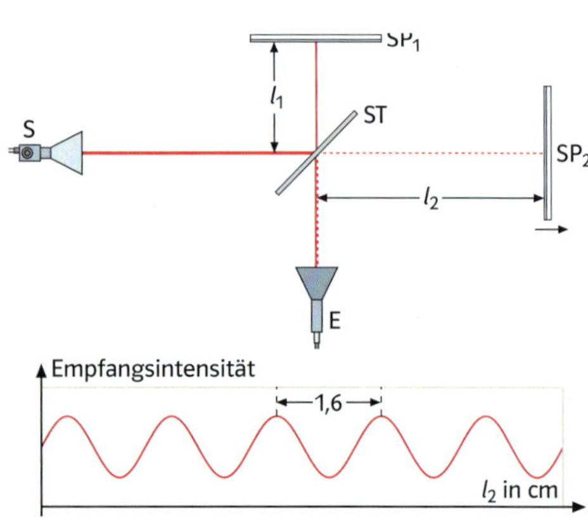

c) SP_2 wird in ein Gefäß mit Wasser gestellt. Skizzieren Sie die erwartete Messkurve, wenn
- das Gefäß samt SP_2,
- SP_2 im ruhenden Gefäß verschoben wird. Begründen Sie!

d) Klären Sie, wo in dem Aufbau stehende Wellen nachzuweisen wären.

F131 Interferenz am Luftkeil

Zwischen zwei planparallele Glasplatten wird an einer Seite Aluminiumfolie gelegt, sodass zwischen ihnen ein Luftkeil entsteht. Wird er mit rotem Licht (λ = 600 nm) beleuchtet, so lassen sich im reflektierten Licht zwischen Keilspitze und Folie 30 helle und 30 dunkle Interferenzstreifen (ohne den Bereich an der Keilspitze) abzählen.

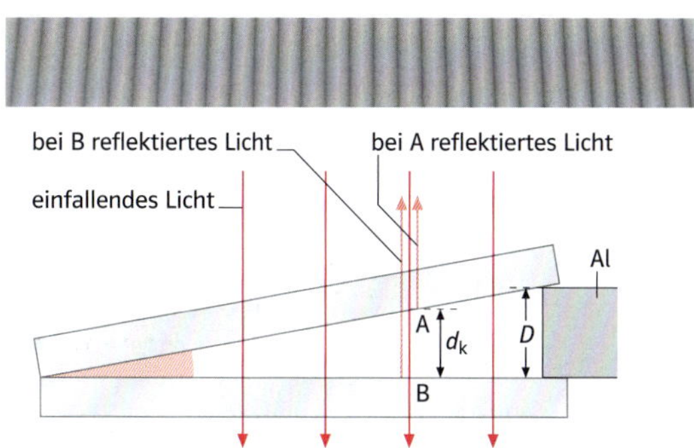

a) Erklären Sie die Entstehung von Interferenz.

b) Begründen Sie, dass die Minima konstanten Abstand voneinander haben.

c) Berechnen Sie die Dicke der Folie.

F132 Schwarzer Strahler

a) Erklären Sie, was man unter einem schwarzen Körper versteht.

b) Die maximale Strahlungsleistung der Sonne liegt bei einer Wellenlänge von λ_{max} = 500 nm. Bestimmen Sie die ungefähre Temperatur der Sonnenoberfläche.

c) 30 % der eingestrahlten Sonnenleistung wird von der Erde sofort reflektiert, 70 % tragen zur Erwärmung der Atmosphäre und der Erdoberfläche bei. Die Solarkonstante hat den Wert S = 1370 W/m^2. Berechnen Sie die mittlere Temperatur der Erde, die sich aus diesen Daten ergibt.
Die tatsächliche Durchschnittstemperatur liegt bei etwa 15 °C. Erklären Sie die Abweichung vom berechneten Wert.

30 – 33 Quantenphysik

A Verständnisaufgaben

F133 a) Der Nobelpreisträger RICHARD FEYNMAN hat einmal gesagt: „Ich gehe davon aus, dass niemand die Quantenmechanik versteht." Was wollte er damit ausdrücken? Was wollte er damit *nicht* ausdrücken?

b) Erkläre das Doppelspaltexperiment von Thomas Young aus dem Jahr 1801 und verwende dabei die Abbildungen. Welchen Ausgang hatte man erwartet und wie ist es tatsächlich? Welchen Schluss konnte man aus diesem Experiment ziehen

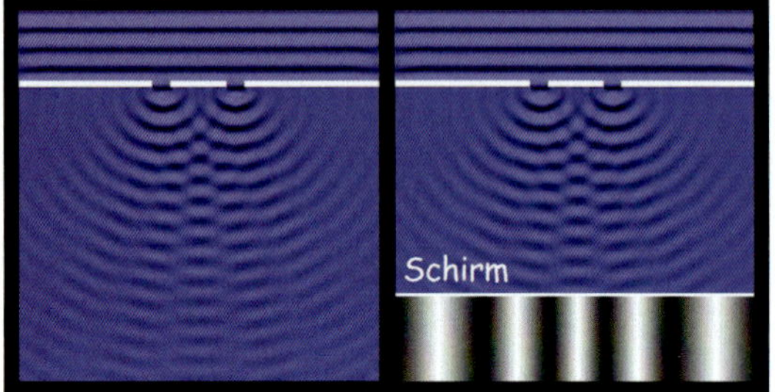

c) Was versteht man unter dem Photoeffekt und welche Erklärung lieferte Einstein 1905 dafür? Verwende für deine Erklärung die Abbildungen. Was war das Irritierende daran? Warum löste diese Erklärung eine Revolution in der Physik aus? Was hat Sonnenbrand mit dem Photoeffekt zu tun?

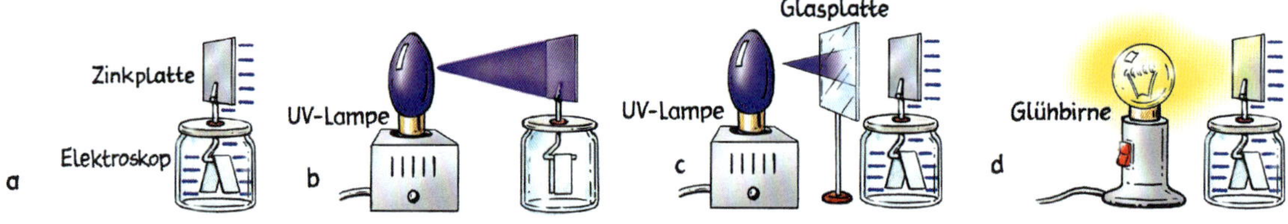

d) Warum kann man um die Ecke hören, aber nicht um die Ecke sehen? Beugung ist doch ein Phänomen, das alle Wellen betrifft!

e) Warum ist die Aussage „Licht ist Teilchen und Welle zugleich" nicht besonders glücklich formuliert? Wie könnte man es besser formulieren?

F134 a) Erkläre die Heisenberg'sche Unschärferelation qualitativ mit Hilfe eines Einzelspalts (Abb. unten) und mit Hilfe einer Wellenfunktion, mit deren Hilfe du ein Photon „modellierst" (rechte Abb.). Welche Bedeutung spielt in diesem Zusammenhang der Begriff Messung?

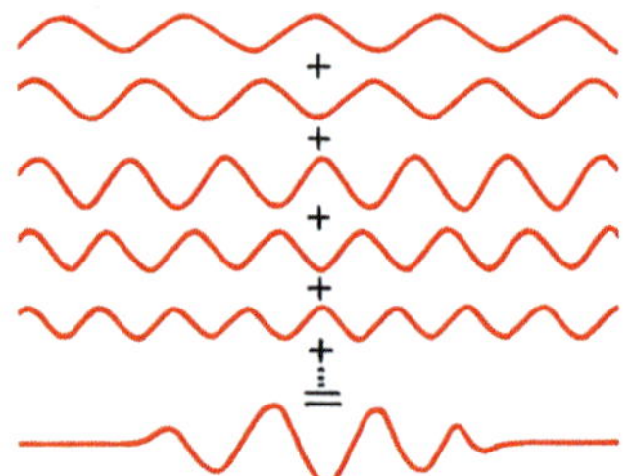

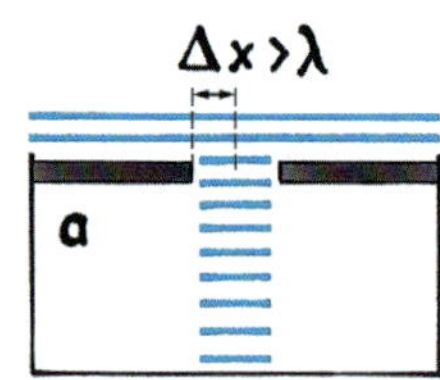

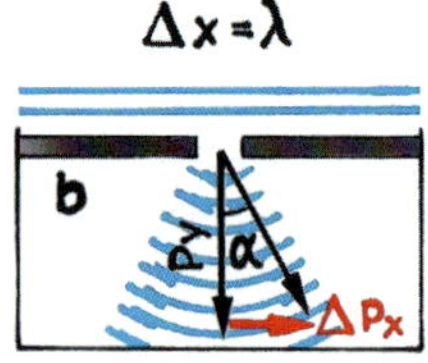

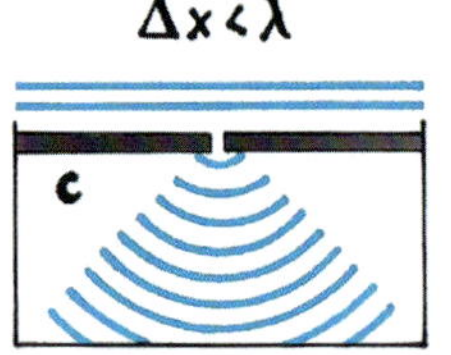

b) Erkläre folgende Aussage: Die Unschärferelation ist eine grundlegende Grenze, was überhaupt gewusst werden kann!

c) Begründe mit Hilfe der Unschärferelation, warum es kein echtes Vakuum geben kann.

d) Schätze zunächst allgemein die maximale Lebensdauer Δt von virtuellen Teilchen anhand ihrer Masse ab. Verwende dazu die Gleichung $E = m \cdot c^2$ und die Heisenberg'sche Unschärferelation für Energie und Zeit. Schätze dann konkret die maximale Lebensdauer eines Elektron-Positron-Paares ab (Gesamtmasse $2 \cdot 10^{-30}$ kg).

F135 a) Was versteht man unter den Begriffen Paradigma und Paradigmenwechsel? Erkläre die Begriffe an Hand der Entwicklung des Atommodells (siehe Tabelle). Gehe dabei genauer auf die Entdeckungen und Erkenntnisse ein, die zur Änderung des Atommodells geführt haben, sowie auf die Modelle selbst.

Atommodell	Jahr	stichwortartige Beschreibung
DEMOKRIT	–400	Atome sind unteilbare Kugeln
Thomson weist die Existenz von Elektronen nach		
THOMSON	1897	Elektronen befinden sich wie Rosinen im positiven Atomkuchenteig
Rutherford weist den positiv geladenen Atomkern nach		
RUTHERFORD	1911	um einen positiven Kern kreisen negative Elektronen auf beliebigen Bahnen
Gase haben Linienspektren		
BOHR	1913	wie Rutherford-Modell, aber Elektronen „dürfen" nur auf bestimmten Bahnen kreisen
Atome strahlen nicht und kollabieren nicht		
HEISENBERG und SCHRÖDINGER	um 1926	Elektronen haben keine Bahnen, sondern Aufenthaltswahrscheinlichkeiten (Orbitale)

b) Welche Probleme ergeben sich aus dem „Kreisen der Elektronen" um den Atomkern? Erkläre in diesem Zusammenhang die Abbildung.

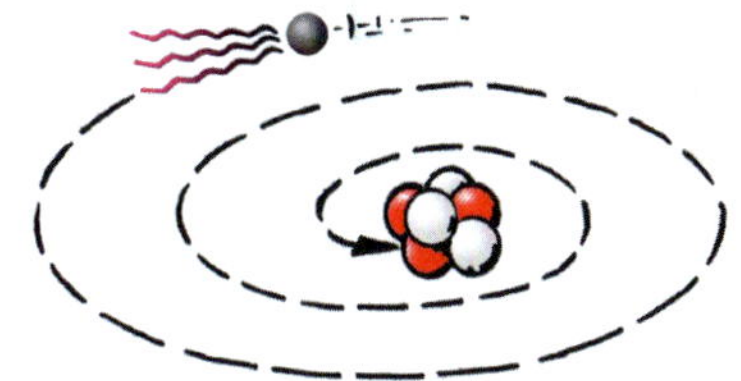

c) Was versteht man allgemein unter einem Streuexperiment? Verwende für deine Erklärung die Abbildung.
Ordne die linke Abbildung der Tabelle in Frage a zu und stelle eine Hypothese auf, was in der rechten Abbildung dargestellt sein könnte.

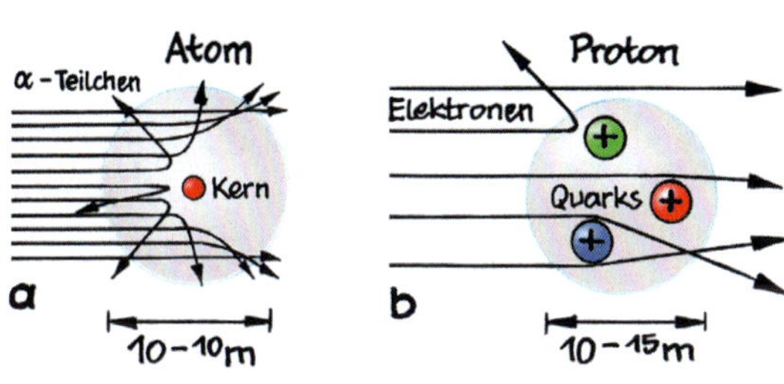

d) In der Abbildung siehst du die Flagge der Internationalen Atom-Energie-Behörde IAEA. Welches Modell wurde dargestellt? Welchen Grund hat das und was sieht man daran?

e) Auf die Frage, wie man sich ein Atom vorstellen soll, hat Werner Heisenberg angeblich einmal geantwortet: „Versuchen Sie es erst gar nicht!" Stelle einen Zusammenhang zwischen diesem Zitat und Frage **d** her.

F136 a) Nimm an, du willst über den Daumen abschätzen, wie viele Kugeln sich im runden Behälter befinden (siehe Abb.), und du gibst das Ergebnis in $x \pm \Delta x$ an. Wie groß kann allgemein gesehen Δx im Vergleich zu x sein, damit deine Aussage noch sinnvoll ist? Es geht nur ums Prinzip, nicht um eine konkrete Zahl! Welcher Zusammenhang zur Quantenmechanik und besonders zur Lokalisationsenergie besteht dabei?

b) Das Volumen der Atome entsteht durch die Ortsunschärfe der Elektronen!
Erkläre diese Aussage, und überlege dabei mit Hilfe der Abbildung, was passiert, wenn ein Elektron auf ein Proton trifft!
Welche Rolle spielt dabei die Lokalisationsenergie? Stelle einen Bezug zu Frage a her.

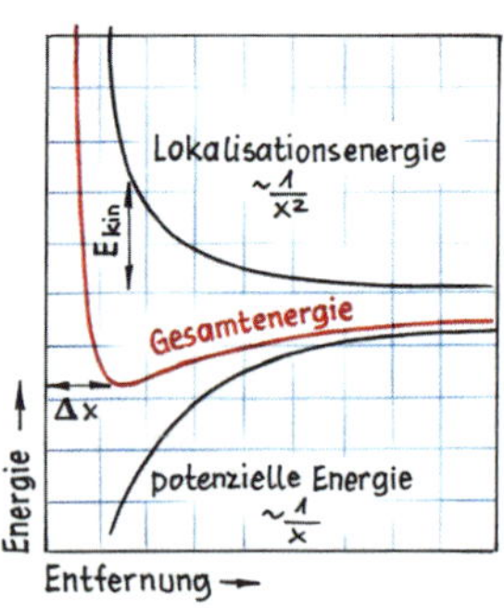

c) Herbert Pietschmann schreibt in seinem Buch „Geschichten zur Teilchenphysik" Folgendes: „In der Quantenwelt haben wir oft keine Wahl. Entweder wir machen uns gar keine Vorstellungen (was für optische Menschen schwierig ist), oder unsere Vorstellungen sind falsch. Der einzige Ausweg ist, sich eine falsche Vorstellung zu machen und immer dazu zu denken, wo sie falsch ist." Wende dieses Zitat auf den Elektronenspin an.

d) Erkläre, wie die Zacken in der Abb. zustande kommen! Warum steigt die Höhe der Zacken immer mehr an? Warum sinkt der Durchmesser der Atome zwischen den Zacken jedoch wieder ab? Warum hat etwa Helium einen kleineren Durchmesser als Wasserstoff?

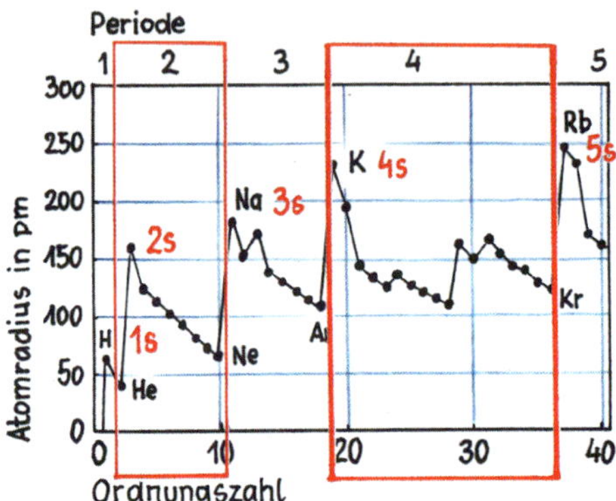

e) Im Internet kursiert folgender Witz: „Some Helium floates into a bar. The bartender says, ‚Sorry, we don't serve noble gases here.' The helium doesn't react." Was ist der physikalische Hintergrund dieses Internetwitzes?

F137 a) Was versteht man unter einem Quantensprung? Warum ist dieser Ausdruck in mehrfacher Hinsicht verwirrend? Erläutere mit Hilfe der Abbildung.

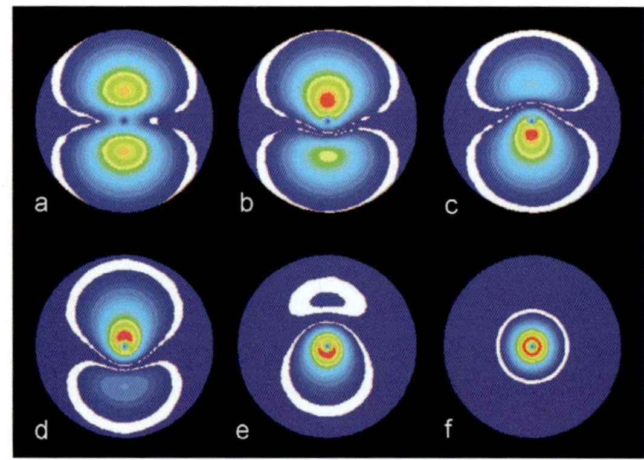

b) Ein Linienspektrum ist eine Art „Fingerabdruck" eines Elements!
Erkläre diese Aussage und verwende dabei die Abbildung.

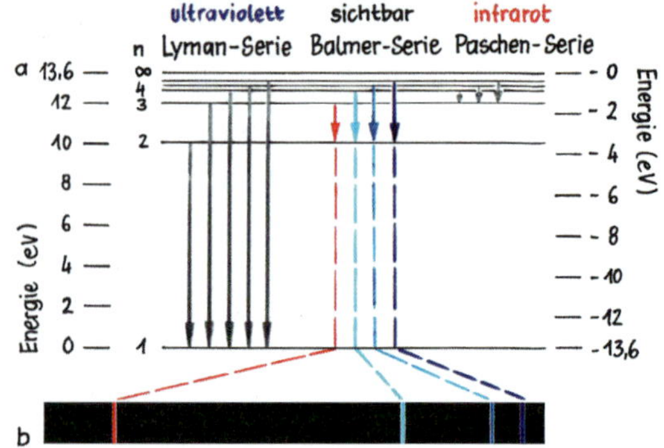

c) Ein großer und heißer Stern leuchtet blau und hat eine typische Oberflächentemperatur von etwa 10 000 K. Eine blaue Reklameleuchte hat natürlich nicht diese Temperatur.
Warum ist das aber so?
Worin liegt der Unterschied in den beiden Spektren?
Verwende für deine Erklärung die Tabelle.

	relativer Druck	Dichte [kg/m³]
Erdatmosphäre	1	1
Sonneninneres	10^{11}	10^5
Eisen	–	10^4

d) In der Abb. siehst du oben das Spektrum einer Nieder- und unten das einer Hochdruck-Natriumdampflampe.
Was ist der Unterschied und wie kommt er zustande? Welcher Zusammenhang besteht zu Frage b?

e) Schätze möglichst einfach ab, wie viele Photonen eine 100-W-Glühlampe pro Sekunde aussendet. Verwende dazu die Gleichung $E = h \cdot f$ und die Tabelle ($h = 6{,}6 \cdot 10^{-34}$ J s).

	relative Photonenenergie	Wellenlänge in 10^{-7} m	Frequenz 10^{14} Hz
rot	1–1,2	6,5–7,5	4,0–4,6
grün	1,3–1,5	4,9–5,8	5,2–6,1
blau	1,5–1,8	4,2–4,9	6,1–7,1
UV-A	1,9–2,3	3,2–4,0	7,5–9,38
UV-B	2,3–2,7	2,8–3,2	9,38–10,7

F138 a) Die Abkürzung Laser steht für „Light Amplification by Stimulated Emission of Radiation".
Was bedeutet das? Verwende für deine Erklärung die Abbildung.

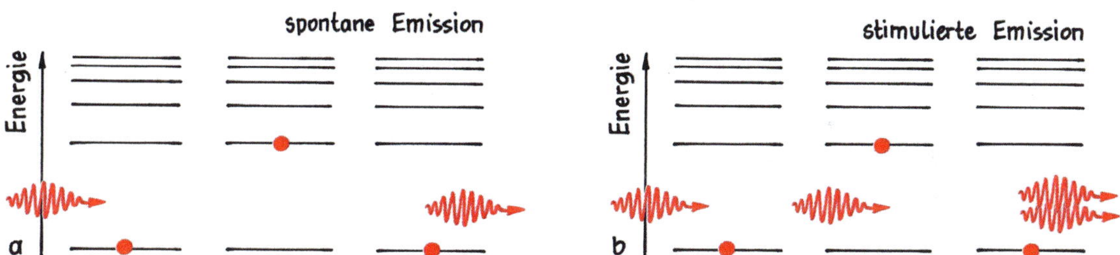

b) Wie könnte man die Lagen der Kugeln in a und b in der linken Abbildung im Vergleich mit c bezeichnen?
Welcher Zusammenhang besteht zu den drei Streichholzschachteln in der Abbildung rechts unten?
Welcher Zusammenhang besteht zum Laser?

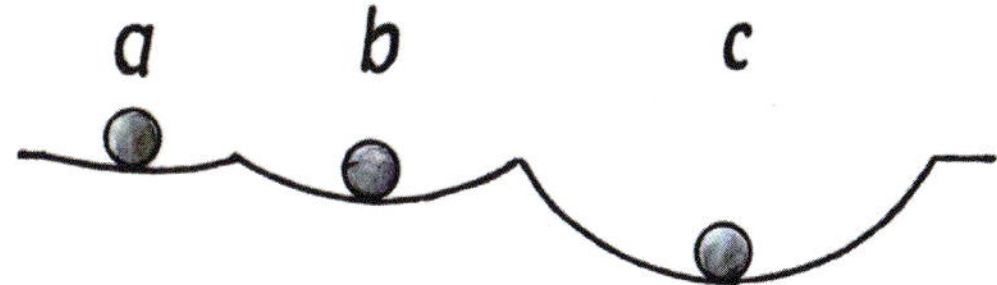

c) Erkläre mit Hilfe der Abbildung die Funktionsweise eines Rubinlasers. Beziehe auch die Antworten auf a und b ein!

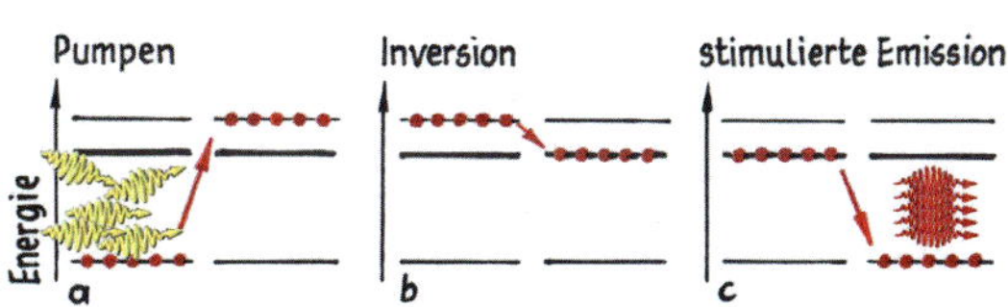

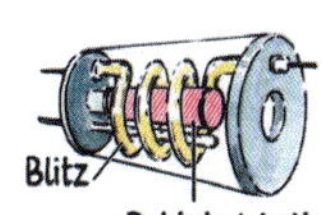

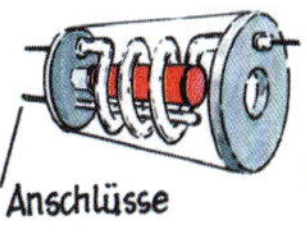

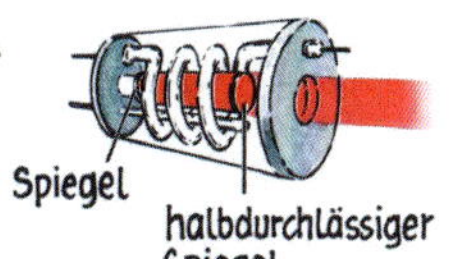

d) Warum hat man sich jahrelang bemüht, einen blauen Halbleiterlaser zu bauen?
Was kann dieser, was ein roter nicht kann?
Verwende für deine Erklärung die Abbildung!

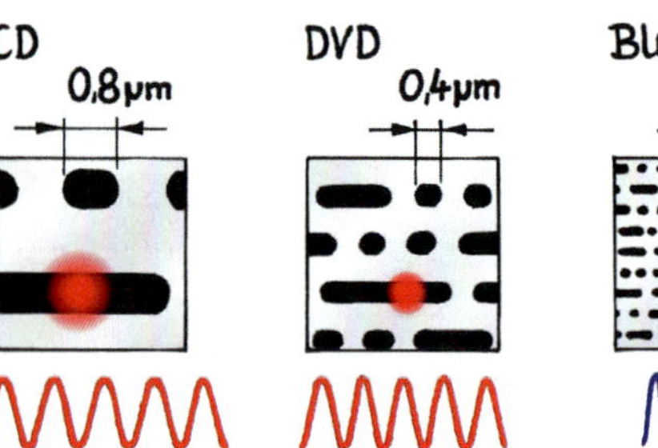

e) Schätze ab, wie viele „Löcher" pro Sekunde beim Brennen in eine DVD gemacht werden? Gehe dabei von einer Schreibgeschwindigkeit von 5 000 Kilobyte pro Sekunde aus.

F139 a) Der Physiker Chad Orzel schreibt in seinem Buch *Schrödingers Hund*: „Die Interpretationen der Quantenphysik sind eine Art ‚Metaphysik', jede liefert einen anderen Blickwinkel auf das Ergebnis eines Experiments, ändert aber das Ergebnis selbst nicht."
Diskutiere dieses Zitat am Beispiel von Schrödingers Katze. Welche gängigen Interpretationen gibt es? Welche Vor- und Nachteile haben sie?

b) Warum spricht man richtigerweise von der Viele-Welten-Interpretation und nicht von einer Theorie? Erläutere außerdem, was der große Nachteil dieses Ansatzes ist.

c) Wenn man einem kleinen Kind eine Überraschung schenkt, dann versteckt man diese oft in einer Faust, hält ihm beide Fäuste hin und sagt: „Rate, in welcher Hand!" Erst wenn das Kind getippt und man die Fäuste geöffnet hat, wird ihm klar, in welcher Hand die Überraschung ist.
Ist es daher legitim zu sagen, dass sich die Überraschung in einem quantenmechanischen Überlagerungszustand zwischen links und rechts befindet, bevor man nachsieht – ähnlich wie die Schrödinger'sche Katze sich in einem Überlagerungszustand zwischen lebend und tot befindet?

d) Wieso verhält sich die normale Welt so „hartnäckig klassisch"? Warum kann man im normalen Alltag keine Überlagerungszustände finden? Wovon sind die Dekohärenzzeiten abhängig? Überlege mit Hilfe der Tabelle.

	freies Elektron	**Staubteilchen 10 µm**	**Bowlingkugel 1,6 kg**
Umweltbedingungen	Dekohärenzzeiten t_D in Sekunden		
300 K, Normaldruck	10^{-12}	10^{-18}	10^{-26}
300 K, Ultrahochvakuum	10	10^{-4}	10^{-12}
Sonnenlicht (auf der Erde)	10^{9}	10^{-10}	10^{-18}
Kosmische Hintergrundstrahlung (2,73 K)	10^{9}	10^{-7}	10^{-18}

Typische Dekohärenzzeiten
(E. Joos et al.: Decoherence and the Appearance of a Classical World in Quantum Theory, Springer 2003)

e) Die Kopenhagener Interpretation hat verschiedene Varianten oder Ausprägungsformen. In der „extremsten" Variante erfordert der Kollaps der Wellenfunktion nicht nur eine makroskopische Messapparatur, sondern auch einen „bewussten Beobachter".
Welche absurde Konsequenzen für den Alltag hätte es, wenn das stimmen würde?

F140 a) Begründe den Tunneleffekt einerseits mit Hilfe der Unschärferelation und andererseits mit Hilfe der Wellenfunktion (siehe Abb.). Warum tritt der Tunneleffekt nur bei Quanten, aber nicht bei alltäglichen Objekten auf? Warum kann eine „Quantenmurmel" durch eine Potenzialschwelle, aber eine echte Murmel nicht durch ein Buch?

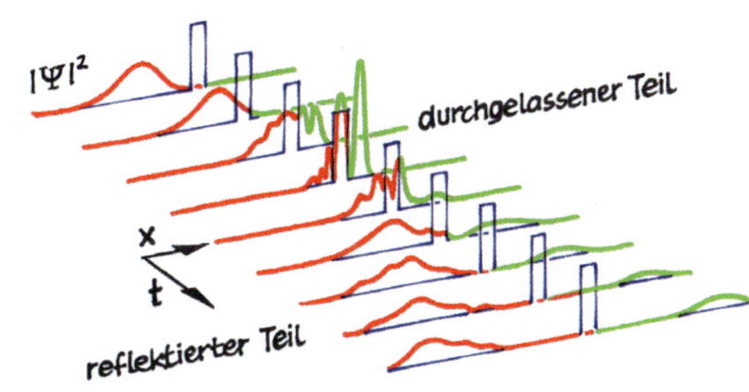

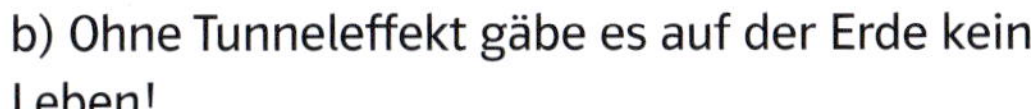

b) Ohne Tunneleffekt gäbe es auf der Erde kein Leben!
Erkläre diese Feststellung! Beziehe die Abbildung in deine Antwort mit ein. Diese zeigt exemplarisch den Potenzialverlauf, wenn man ein einzelnes Proton mit einem Kern fusioniert.

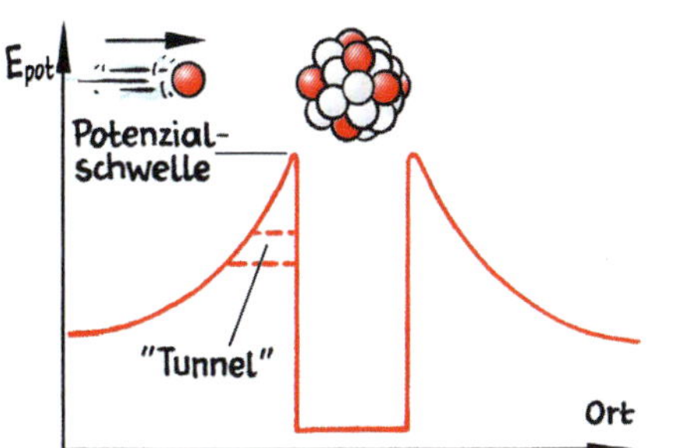

c) Die Tabelle rechts zeigt die Tunnelwahrscheinlichkeit bei der Kernfusion (letzte Spalte) für den Fall, dass sich zwei Protonen zentral bis auf einen bestimmten Abstand annähern (erste Spalte).
Welcher Zusammenhang besteht zwischen der Tunnelwahrscheinlichkeit und der Energie des Protons? Es wird hier angenommen, dass die Kernkraft bei 10^{-15} m zu wirken beginnt. Klassisch gesehen wäre für eine Fusion etwa 1 MeV nötig. In der mittleren Spalte ist die Energie angegeben, die das aufprallende Proton benötigt, um auf den Abstand x an das andere Proton heranzukommen.
Erkläre qualitativ den Zusammenhang zwischen der Energie und der Tunnelwahrscheinlichkeit.

Abstand x in 10^{-12} m	Energie in keV	Tunnelwahrscheinlichkeit
0,2	14	$9 \cdot 10^{-7}$
0,5	5,8	$1{,}6 \cdot 10^{-10}$
1	2,9	$9 \cdot 10^{-15}$
2	1,4	$9 \cdot 10^{-21}$

Tunnelwahrscheinlichkeit (letzte Spalte) in Abhängigkeit des Abstands der beiden Protonen (erste Spalte) (Quelle: Lehrstuhl für Didaktik der Physik der LMU München, milq.tu-bs.d)

d) Wie funktioniert ein Rastertunnelmikroskop? Erkläre in diesem Zusammenhang auch die Abbildung. Dort siehst du Eisenatome auf einer Kupferunterlage.
Wie kommt es zu den eigenartigen Wellen innerhalb und außerhalb des „Stadions"? Welche Bedeutung hat in diesem Zusammenhang die Wahrscheinlichkeitsdichte $|\Psi|^2$?

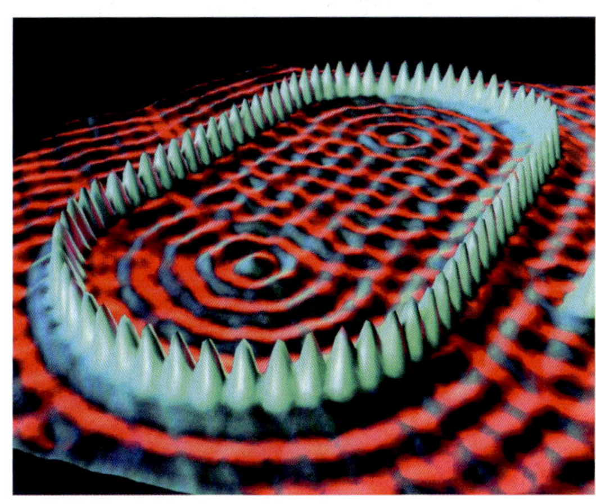

B Trainingsaufgaben

F141 **Doppelspaltinterferenz mit Ultraschall**

In der Anordnung nach **B1** wird ein Zweifachspalt mit dem Spaltabstand $d = 4\,\text{cm}$ mit Ultraschall bestrahlt. Ein Empfänger ist auf die Mitte zwischen beiden Spalten gerichtet und wird auf einem Kreisbogen bewegt.
Man erhält Empfangsmaxima symmetrisch zur Mittelsenkrechten bei folgenden Winkeln: 0°, 12°, 25°, 38°.

a) Bestimmen Sie aus dem Versuchsergebnis die Wellenlänge des verwendeten Ultraschalls sowie seine Frequenz.

b) Stellen Sie den Versuch und sein Ergebnis in einer geeigneten Skizze dar. Vergleichen Sie mit **B2**, das mit Wasser erzeugt wurde.

B1

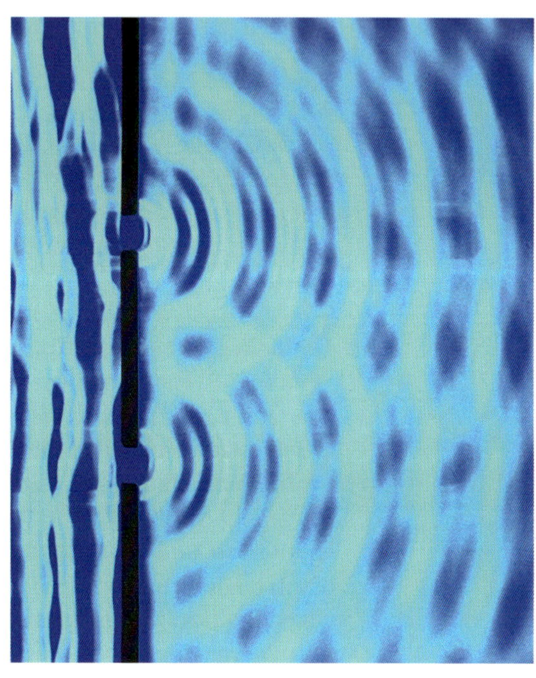

B2

F142 **Interferenz am Einfachspalt**

Ein Einfachspalt wurde mit einem Grünlicht-Laser mit der Wellenlänge $\lambda = 532\,\text{nm}$ beleuchtet. Das Bild zeigt das Interferenzbild auf einem 10 cm breiten Schirm. Der Abstand zwischen Spalt und Schirm betrug 4,80 m.

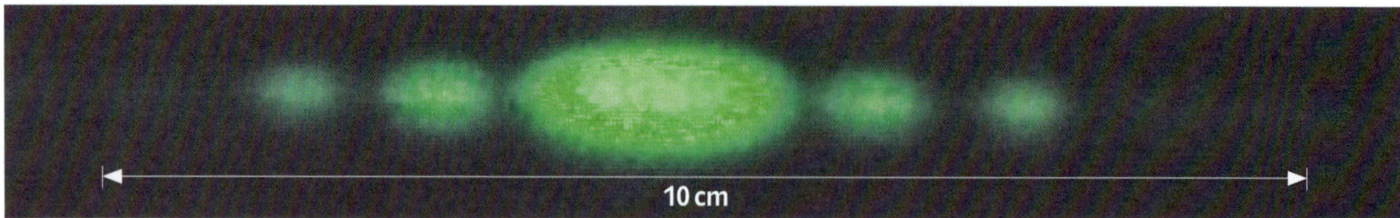

a) Stellen Sie die Lichtintensität in Abhängigkeit vom Ort in einem Diagramm dar. Begründen Sie die unterschiedliche Intensität in den Maxima.

b) Für die Minima gilt $\sin\alpha_k = \frac{k \cdot \lambda}{b}$. Geben Sie die Bedeutung der Variablen in dieser Gleichung an.

c) Bestimmen Sie die Breite b des verwendeten Spalts.

F143 **Doppelspalt**

Ein Doppelspalt wird mit parallelem monochromatischen Licht (λ = 546 nm) beleuchtet. Die Spaltöffnungen sind so eng, dass man sie als Zentren von Elementarwellen ansehen kann. Auf einem 2 m entfernten Schirm zeigt sich ein Interferenzbild. Die Minima 4. Ordnung sind 2 cm voneinander entfernt.

a) Berechnen Sie den Abstand der beiden Spaltmitten.

b) Beschreiben Sie, wie sich der Abstand der Minima verändert, wenn man den Abstand der Spaltmitten verkleinert oder vergrößert.

c) Berechnen Sie die Anzahl der Maxima, die man auf einem 30 cm breiten Schirm beobachten kann.

F144 **Bragg-Reflektion**

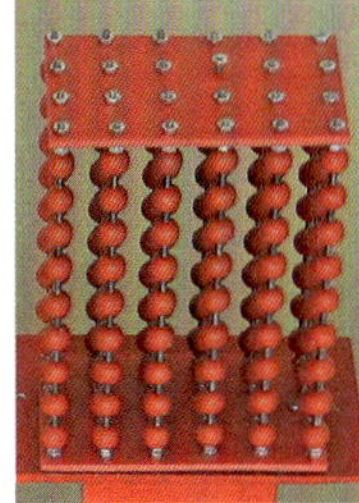

In einem Kristall sind Atome, Moleküle oder Ionen in bestimmten regelmäßigen Strukturen angeordnet. Die Abbildung links zeigt ein Modell, in dem die Bausteine durch Holzkugeln dargestellt sind. Im Experiment (siehe Abbildung rechts) wird ein solcher Modellkristall mit Ultraschall bestrahlt. Die Intensität der vom Kristall ausgehenden Wellen wird von einem Empfänger registriert. Man beobachtet Maxima und Minima, was auf Interferenz hindeutet. Im Folgenden sollen anhand verschiedener Vereinfachungen Vorhersagen formuliert werden.

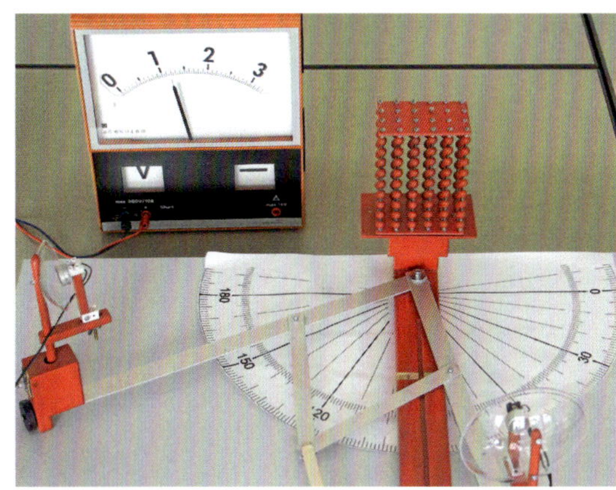

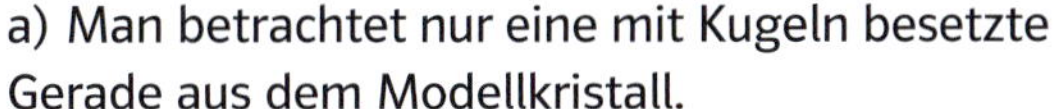

a) Man betrachtet nur eine mit Kugeln besetzte Gerade aus dem Modellkristall.
Betrachten Sie diese als Ausgangspunkt von Elementarwellen. Zeigen Sie, dass für $\vartheta = \vartheta^*$ konstruktive Interferenz beim Empfänger zu erwarten ist.
Untersuchen Sie, ob dies bei festem ϑ auch für andere Werte von ϑ^* erwartet werden kann.

b) In nebenstehender Abbildung wird berücksichtigt, dass im Kristall mehrere parallele Ebenen vorhanden sind. Leiten Sie für den Fall $\vartheta = \vartheta^*$ die Bragg-Bedingung $2a \cdot \sin \vartheta_k = k \cdot \lambda$ her. Dabei bezeichnet ϑ_k die Winkel, bei denen konstruktive Interferenz auftritt, a ist der Abstand zweier Kugeln, der sogenannte Netzebenenabstand.

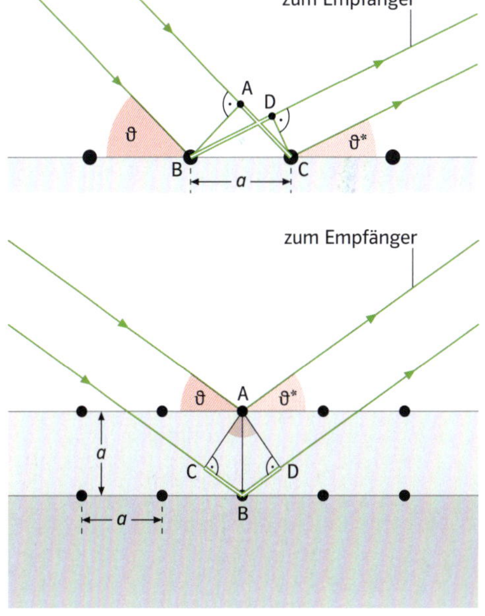

c) Die Frequenz des Ultraschallsenders ist f = 40 kHz. Im Experiment ermittelt man: $\vartheta_2 = 18°$, $\vartheta_3 = 31°$, $\vartheta_4 = 44°$. Bestimmen Sie den Netzebenenabstand a.

F145 **De-Broglie-Wellenlänge**

De Broglie stellte 1924 in seiner Dissertation die Hypothese auf, dass jedem bewegten Teilchen eine Welle mit der Wellenlänge $\lambda = h/p$ zugeordnet werden kann. 1927 gelang Davisson und Germer in Amerika und G.P. Thomson in Schottland die Beugung von Quantenobjekten an Kristallgittern.
Elektronen durchlaufen eine Spannung von 54,0 V und treffen auf die Oberfläche eines Nickelkristalls mit der Gitterkonstanten $a = 215\,\text{pm}$.

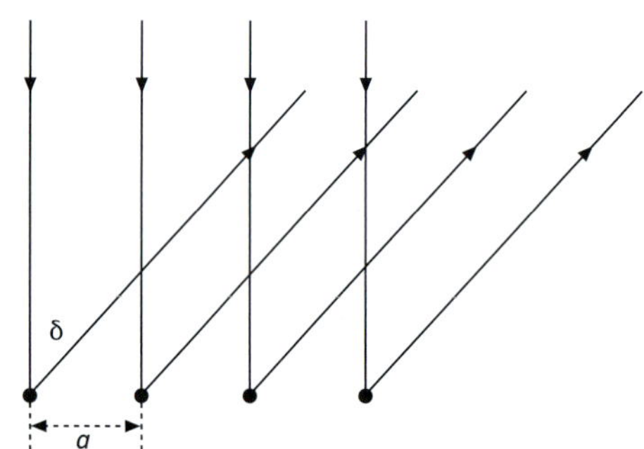

a) Berechnen Sie die De-Broglie-Wellenlänge.

b) Zeigen Sie: Treffen Wellen der Wellenlänge λ auf die Oberfläche eines Kristalls, dann entstehen bei einem Gangunterschied $\Delta l = k \cdot \lambda = a \cdot \sin\delta$ Interferenzmaxima.

c) Berechnen Sie die Wellenlänge für den Fall, dass das erste Maximum bei 50° gemessen wird. Vergleichen Sie das Ergebnis mit a).

Zusatzinfo:
Ruhemasse des Elektrons: $m_e = 9{,}11 \cdot 10^{-31}\,\text{kg}$
Elementarladung: $e = 1{,}60 \cdot 10^{-19}\,\text{C}$

F146 **Fotoeffekt 1**

Deuten Sie das Ergebnis des folgenden Versuches: Eine negativ aufgeladene Zinkplatte, die mit UV-Licht bestrahlt wird, verliert ihre Ladung. Eine Bestrahlung mit sichtbarem Licht hat keine Wirkung. Bei positiver Aufladung bleibt die Ladung der Zinkplatte in jedem Fall erhalten.

F147 **Fotoeffekt 2**

Eine Fotozelle wird mit Licht der Wellenlänge $\lambda = 540\,\text{nm}$ beleuchtet. Bei einer Gegenspannung von $U_G = 0{,}34\,\text{V}$ sind alle Elektronen, die durch das Licht aus der Kathode herausgelöst wurden, gerade auf die Geschwindigkeit null abgebremst.

a) Berechnen Sie die Energie E_{ph} der Photonen, die Bewegungsenergie E_B der Elektronen, die Austrittsarbeit E_A und die Grenzfrequenz f_G des Kathodenmaterials.

Ermitteln Sie, aus welchem Material die Kathode gefertigt sein könnte. In der folgenden Tabelle sind die Austrittsarbeiten für einige Stoffe angegeben.

Stoff	E_A in eV	Stoff	E_A in eV
Aluminium	4,2	Gold	4,71
Barium	2,52	Kupfer	4,48
Caesium	1,94	Wolfram	4,54

b) Berechnen Sie die Geschwindigkeit, mit der die Elektronen die Kathode verlassen.

c) Überprüfen Sie, ob Licht der Wellenlänge $\lambda = 720\,\text{nm}$ bei dem verwendeten Kathodenmaterial den Fotoeffekt auslösen könnte. Die Grenzfrequenz beträgt $f_G = 4{,}74 \cdot 10^{14}\,\text{Hz}$. Begründen Sie ihre Entscheidung.

d) Bestrahlt man eine Kathode mit Licht der Wellenlänge $\lambda = 540\,\text{nm}$, erhalten die ausgelösten Elektronen eine Bewegungsenergie von 0,34 eV.
Berechnen Sie, welche Wellenlänge das Licht haben müsste, damit die Elektronen eine doppelt so große Bewegungsenergie erhalten.

F148 **Unbestimmtheitsrelation**

Nach der Heisenberg'schen Unbestimmtheitsrelation ist es nicht möglich, gleichzeitig den Ort x und den Impuls p eines Quantenobjektes mit beliebiger Genauigkeit zu bestimmen. Für die Unbestimmtheiten $\overline{\Delta x}$ des Ortes und des Impulses $\overline{\Delta p_x}$ gilt:

$$\overline{\Delta x} \cdot \overline{\Delta p_x} \geq \frac{h}{4\pi}$$

a) Ein Ball der Masse $m = 200\,\text{g}$ und ein Elektron bewegen sich jeweils mit der Geschwindigkeit 250 m/s. Die Unbestimmtheit der Geschwindigkeit ist 0,01 %. Berechnen Sie $\overline{\Delta x}$ für beide Objekte. Vergleichen Sie die Ergebnisse.

b) Im Fadenstrahlrohr bewegen sich Elektronen auf einer Kreisbahn.
Berechnen Sie den Impuls p eines Elektrons bei einer Beschleunigungsspannung $U_B = 200\,\text{V}$.
Durch die Anode wird ein Strahl der Breite $b = 1\,\text{mm}$ ausgeblendet. Ermitteln Sie $\overline{\Delta p_x}$.
Vergleichen Sie das Ergebnis mit dem Impuls p. Welche Bedeutung hat die Unbestimmtheitsrelation für dieses Experiment?

Zusatzinfo: $h = 6{,}63 \cdot 10^{-34}\,\text{Js}$

$m_e = 9{,}11 \cdot 10^{-31}\,\text{kg}$

$e = 1{,}60 \cdot 10^{-19}\,\text{C}$

F149 **Zustandsfunktion**

Die Eigenschaften von Quantenobjekten lassen sich mit den anschaulichen Vorstellungen als Teilchen oder Wellen nur unzureichend erfassen. Es bleibt nur eine mathematische Beschreibung. Man ordnet einem Quantenobjekt eine Zustandsfunktion (man sagt auch Wellenfunktion, Wahrscheinlichkeitsamplitude oder ψ-Funktion) zu. Im Folgenden werden nur lineare zeitunabhängige Vorgänge betrachtet.

a) Beschreiben Sie die physikalische Bedeutung von $\psi(x)$ und $\psi^2(x_0) \cdot \Delta x$.

b) Erläutern Sie die Bedeutung der Gleichung

$$\psi_{12}^2 = (\psi_1(x) + \psi_2(x))^2$$

für die Beschreibung der Interferenz an einem Doppelspalt.

c) Das Diagramm zeigt eine Wahrscheinlichkeitsdichte für ein Elektron in einem Potenzialtopf. Welche Aussagen lassen sich über das Elektron machen?

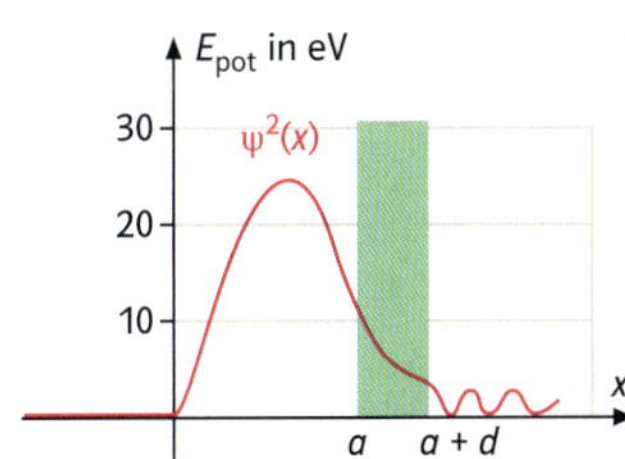

F150 **Rutherford'sches Atommodell**

a) Nennen Sie die wesentlichen Aussagen des Rutherford'schen Atommodells und erläutern Sie, durch welche Beobachtungen sie nahegelegt werden.

b) Ein α-Teilchen der Energie $E_{kin} = 8{,}0\,\text{MeV}$ bewegt sich aus größerer Entfernung kommend auf einen Goldkern $^{197}_{79}\text{Au}$ zu und wird um 180° abgelenkt. Schätzen Sie aus diesen Daten den Durchmesser des Atomkerns ab.

Konstanten: $h = 4{,}14 \cdot 10^{-15}\,\text{eVs} = 6{,}63 \cdot 10^{-34}\,\text{Js}$;

$m_e = 9{,}11 \cdot 10^{-31}\,\text{kg}$, $\varepsilon_0 = 8{,}85 \cdot 10^{-12}\,\frac{\text{C}}{\text{V} \cdot \text{m}}$;

$e = 1{,}60 \cdot 10^{-19}\,\text{C}$

F151 Rutherford'scher Streuversuch

Rutherford beschoss eine sehr dünne Goldfolie mit α-Teilchen und registrierte die Anzahl der gestreuten Teilchen in Abhängigkeit vom Streuwinkel.

a) Stellen Sie die Bedeutung der Rutherford'schen Streuversuche für die Entwicklung von Vorstellungen über das Atom dar.

b) Der Rutherford'sche Versuch kann mit einem Computer simuliert werden. Erläutern Sie die nachfolgenden Programmzeilen. Nennen Sie die Größen, für die beim Start des Programms Anfangswerte bekannt sein müssen.

Wiederhole:

1 $R = \sqrt{(x_{neu}^2 + y_{neu}^2)}$

2 $F = 4\pi \cdot \varepsilon_0 \cdot \frac{q_1 \cdot q_2}{R^2}$

3 $F_x = F \cdot \frac{x}{R}, \quad F_y = F \cdot \frac{y}{R}$

4 $a_x = \frac{F_x}{m_\alpha}, \quad a_y = \frac{F_y}{m_\alpha}$

5 $v_{x,\,neu} = v_{x,\,alt} + a_x \cdot \Delta t, \quad v_{y,\,neu} = v_{y,\,alt} + a_y \cdot \Delta t$

6 $x_{neu} = x_{alt} + v_{x,\,neu} \cdot \Delta t, \quad y_{neu} = y_{alt} + v_{y,\,neu} \cdot \Delta t$

7 $t = t + \Delta t$

c) Diskutieren Sie die Rolle dieser Simulation bei der Überprüfung einer Hypothese.

d) In den Zeilen 5 und 6 des obigen Programms wird ein Bewegungsablauf iterativ beschrieben. Begründen Sie die Vorgehensweise und geben Sie die zugrunde liegenden Annahmen an.

F152 Spektrum und Emission von Strahlung

a) Das Spektrum einer Leuchtstofflampe ist ein kontinuierliches Spektrum, bei dem sich einige farbige Linien verstärkt abheben. Erläutern Sie, wie die Linien zustande kommen.

b) Eine Natriumflamme (NaCl in Bunsenbrennerflamme) wird mit einer Natriumdampflampe und mit einer Quecksilberdampflampe beleuchtet.
Erklären Sie, warum die Flamme auf dem Schirm einmal als Schatten sichtbar wird und einmal nicht.

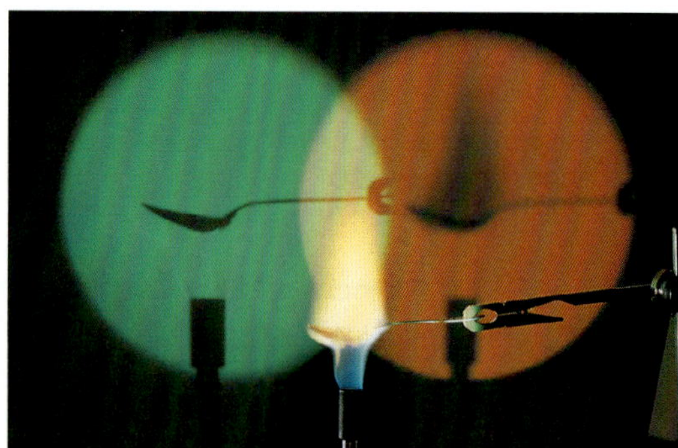

Na-Licht erzeugt Schatten der Flamme.

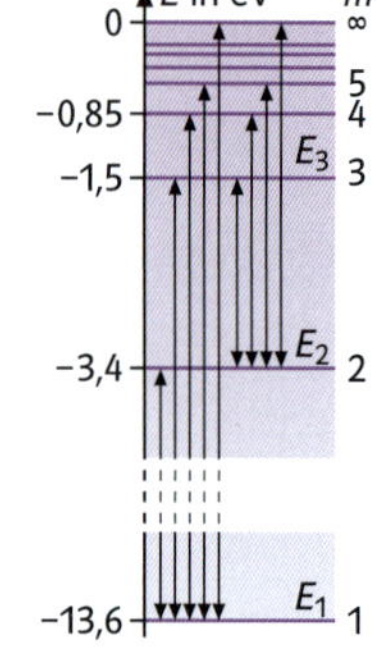

Übergänge im Wasserstoffatom

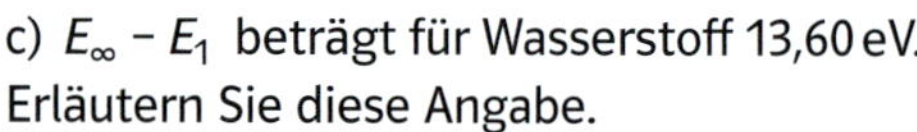

c) $E_\infty - E_1$ beträgt für Wasserstoff 13,60 eV. Erläutern Sie diese Angabe.

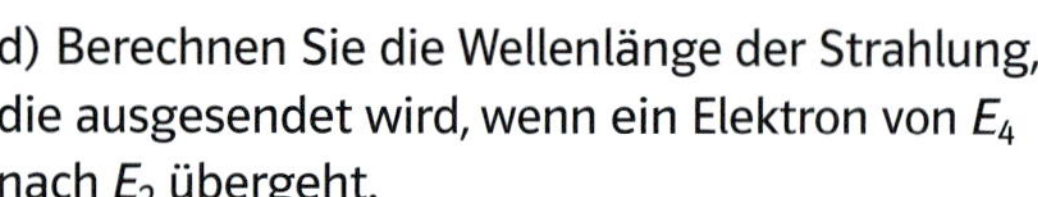

d) Berechnen Sie die Wellenlänge der Strahlung, die ausgesendet wird, wenn ein Elektron von E_4 nach E_2 übergeht.

e) Wasserstoffatome sollen durch Bestrahlung mit Licht der Wellenlänge 110 nm ionsiert werden. Überprüfen Sie, ob das möglich ist.

F153 **Franck-Hertz-Versuch**

a) Fertigen Sie eine Schaltskizze zum Franck-Hertz-Versuch an und beschreiben Sie kurz die Versuchsdurchführung.

b) Das Franck-Hertz-Rohr ist mit Quecksilberdampf gefüllt. Erläutern Sie die Vorgänge im Rohr mit Hilfe des U_B-I-Diagramms.

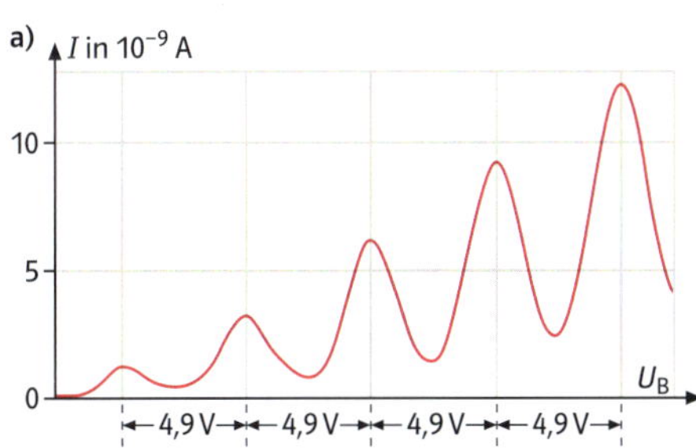

F154 **Laser**

a) Erläutern Sie die Begriffe spontane Emission und stimulierte Emission.

b) Argon-Ionen lassen sich zur Erzeugung von Laserlicht verwenden.
Durch Elektronenstoß werden die Argon-Atome zunächst ionisiert und anschließend durch einen weiteren Stoß auf das 4 p-Energieniveau gehoben. Das Laserlicht entsteht beim Übergang vom 4 p- in den 4 s-Zustand.
Berechnen Sie die Geschwindigkeit, die ein Elektron mindestens haben muss, um ein Argon-Ion auf das Laserniveau zu heben.

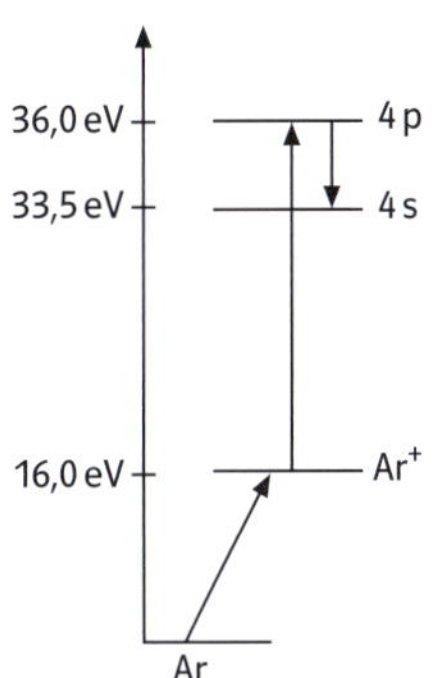

c) Ermitteln Sie die Wellenlänge des Laserlichtes. Konstanten: $h = 6{,}63 \cdot 10^{-34}\,\text{Js} = 4{,}14 \cdot 10^{-15}\,\text{eVs}$; $m_e = 9{,}11 \cdot 10^{-31}\,\text{kg}$; $c = 3{,}00 \cdot 10^{8}\,\text{m/s}$; $e = 1{,}60 \cdot 10^{-19}\,\text{C}$

F155 **Bohr'sches Atommodell**

Niels Bohr

Hinweise: Hier sind die Bilder als Hilfe gedacht. Vielleicht empfinden Sie das nicht so und sind in der Lage, die Bohr'sche Theorie zunächst unabhängig zu entwickeln. Dann können Sie die Einordnung auch danach vornehmen.
Die Abbildungen weisen auf wichtige Stationen auf dem Weg zur Bohr'schen Theorie von der Emission des Lichtes hin.

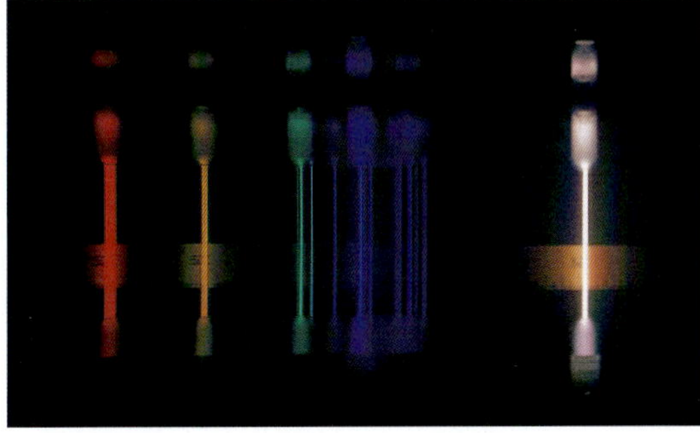

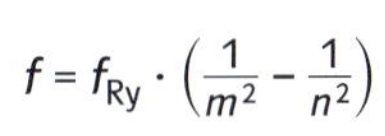

$$f = f_{Ry} \cdot \left(\frac{1}{m^2} - \frac{1}{n^2}\right)$$

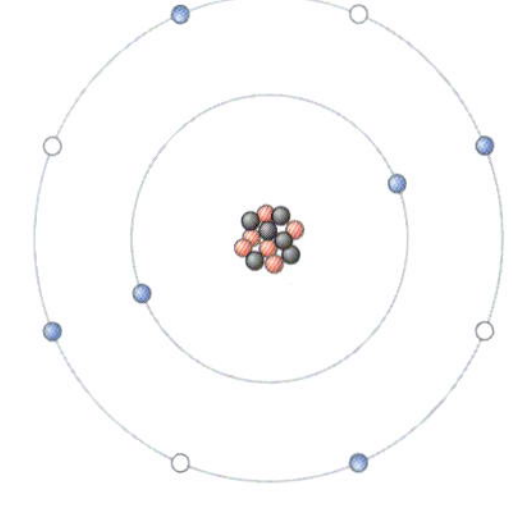

a) Ordnen Sie die Bilder ein und stellen Sie die wesentlichen Schritte zur Entwicklung der Bohr'schen Theorie dar.

b) Man findet heute gelegentlich die Aussage, dass die Bohr'sche Theorie falsch sei. Beurteilen Sie diese Aussage.

F156 **Das Röntgenspektrum**

In einer Röntgenröhre treffen Elektronen, die bei einer Spannung U_B beschleunigt wurden, auf eine Anode aus Metall. Es wird Röntgenstrahlung ausgesandt.

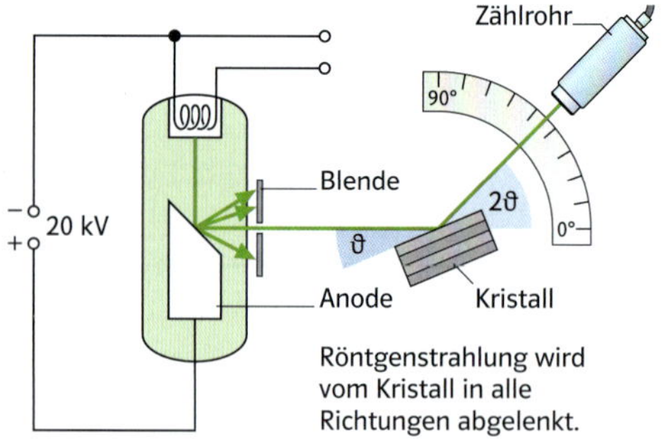

Röntgenstrahlung wird vom Kristall in alle Richtungen abgelenkt.

a) Erklären Sie die Entstehung der Röntgenstrahlung.
In der dargestellten Anordnung trifft die Röntgenstrahlung auf einen NaCl-Kristall und dringt dann in ein Zählrohr ein. Ab einem bestimmten Winkel ϑ_{grenz} misst man eine erhöhte Zählrate.

Der Winkel ϑ_{grenz} hängt von der Beschleunigungsspannung U_B ab. Das Diagramm zeigt Messergebnisse für verschiedene Spannungen U_B.

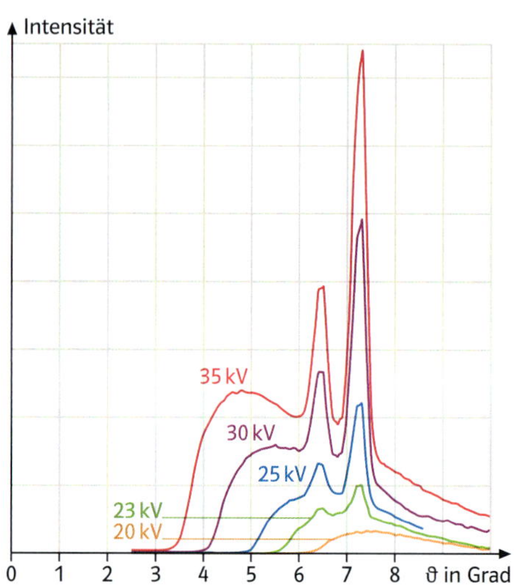

Zwischen dem Grenzwinkel, dem Netzebenenabstand a des Kristalls und der Wellenlänge der Röntgenstrahlung besteht die Bragg'sche Beziehung $2 \cdot a \cdot \sin\vartheta_{grenz} = k \cdot \lambda$ mit $k = 1$.

b) Bestimmen Sie aus dem Diagramm und der Braggbeziehung für $a = 278\,\text{pm}$ die zu ϑ_{grenz} gehörende Wellenlänge λ_{grenz} und Frequenz f_{grenz}.

c) Begründen Sie die Existenz einer Grenzfrequenz und ihre Abhängigkeit von der Beschleunigungsspannung U_B.

d) Ermitteln Sie aus den vorliegenden Daten die Planck'sche Konstante h.

F157 **Anregung und Emission**

Ein Elektronenstrahl kann sichtbar gemacht werden, indem man ihn durch ein verdünntes Gas schickt.

a) Stellen Sie den Vorgang der Lichtemission für diesen Fall auf der Grundlage eines geeigneten Modells dar.

b) Der in nebenstehender Grafik dargestellte Kondensator befindet sich in einem geeigneten Gas. Man lenkt einen Elektronenstrahl wie skizziert in das homogene elektrische Feld zwischen den Platten, sodass sich die Elektronen auf einer Parabel bewegen. Zwischen A und B beobachtet man verschiedene Farben, im Bereich des Parabelscheitels S ist der Strahl nicht sichtbar. Erklären Sie die Beobachtung. Nennen Sie eine mögliche Farbanordnung im Bereich zwischen A und B.

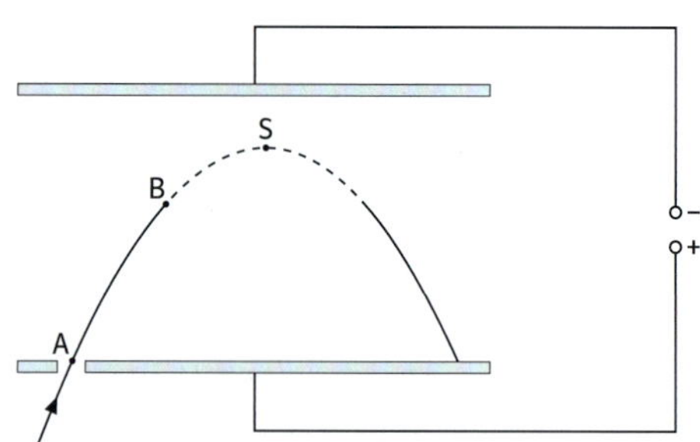

F158 **Gebundende Elektronen**

In einem Farbstoffmolekül kann man sich ein Elektron in einem linearen Potenzialtopf der Länge L mit unendlich hohen Potenzialwänden eingeschlossen denken.

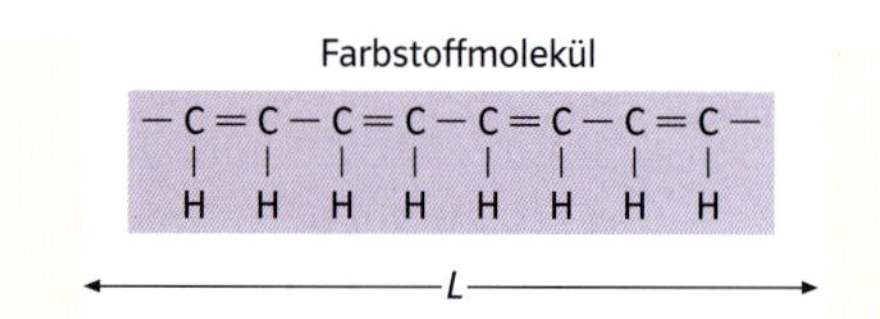

a) Begründen Sie, dass in diesem Modell Elektronen nur bestimmte Energieniveaus E_n besetzen können.

Leiten Sie die Formel $E_n = \frac{h^2 \cdot n^2}{8 \cdot m \cdot L^2}$, $n = 1, 2, 3 \ldots$ zur Berechnung dieser Niveaus her.

b) Berechnen Sie die Länge eines solchen Topfes für den Fall, dass beim Übergang aus dem ersten angeregten Zustand in den Grundzustand ein Photon im Bereich des sichtbaren Lichtes ausgesandt wird.

c) Die Frequenzen des von Wasserstoff emittierten Lichtes können aus der empirisch gefundenen Formel $f = f_{Ry} \cdot \left(\frac{1}{m^2} - \frac{1}{n^2}\right)$ $(m, n = 1, 2, \dots m < n)$ berechnet werden.

Beurteilen Sie die Brauchbarkeit des für Farbstoffmoleküle verwendeten Modells für die Beschreibung der Lichtemission beim Wasserstoff.

F159 Quanten

Die Abbildung zeigt einen Strahlteiler. Mit geeigneten Sensoren misst man an beiden Ausgängen die Lichtintensität I_1 bzw. I_2 und findet:

$$I_1 = I_2 = \frac{1}{2} I_0$$

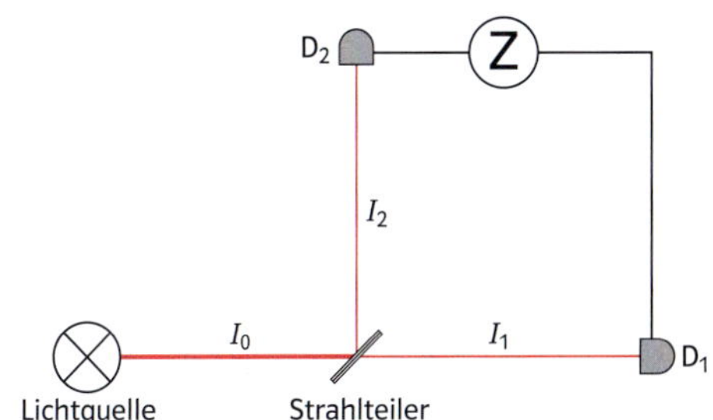

Man führt jetzt das Experiment mit einzelnen Photonen durch. D_1 und D_2 sind Detektoren, die einzelne Photonen registrieren können.
Z ist ein Koinzidenzzähler, der nur anspricht, wenn D_1 und D_2 gleichzeitig etwas registrieren.

a) Beschreiben Sie das Versuchsergebnis, das bei mehrfacher Wiederholung mit jeweils einem Photon zu erwarten ist.

b) Nennen Sie die Merkmale von Quanten, die bei diesem Experiment eine Rolle spielen.

Richard Feynman formuliert: *„Sie sehen, die Natur lässt sich nicht in die Karten schauen. Versuchen wir, mithilfe von Instrumenten dahinter zu kommen, welchen Weg das Licht von Fall zu Fall nimmt, lässt sie uns das zwar getrost herausfinden. Dafür unterschlägt sie uns aber die wunderbaren Interferenzeffekte.“*

c) Geben Sie die Merkmale von Quanten an, die Feynman in dieser Aussage anspricht. Beschreiben Sie ein geeignetes Experiment, mit dem diese Merkmale verdeutlicht werden können.

F160 Interferenz bei Quanten

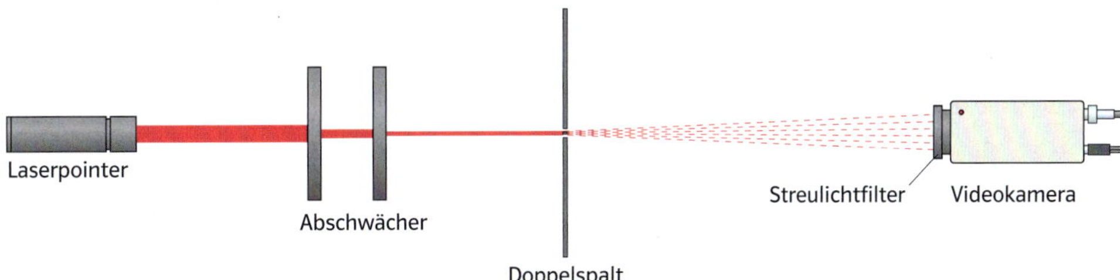

Die Abbildung zeigt sehr schematisch den Doppelspaltversuch. In der theoretischen Behandlung werden im einfachsten Fall die beiden Spalte als Lichtquellen betrachtet. Tatsächlich erhalten beide das Licht von einer einzigen Lichtquelle, in diesem Falle dem Laserpointer. Nahezu alle Experimente zur Interferenz bei Licht sind nach diesem Prinzip aufgebaut.

a) Begründen Sie die Verwendung eines Laserpointers mit Doppelspalt statt zweier Laserpointer.

Der folgende Text stammt aus dem Internet von der Seite Physik 2000 der Uni Bonn. Ein Experte „E“ und ein Fragender „F“ unterhalten sich über eine Simulation zu Photonen.

E: *Auf dem Foto siehst du links ein kleines schwarzes Stäbchen; das ist die Lichtquelle, hier aus praktischen Gründen ein Laserpointer. Der Lichtstrahl läuft nach rechts und wird mit geschwärzten Glasplatten so stark abgeschwächt, dass sich im Mittel immer nur ein einzelnes Lichtteilchen auf den Doppelspalt zu bewegt.*
F: *Fragt etwas zur Videokamera.*

E: *Na ja, das ist nicht irgendeine Videokamera, sondern eine ganz besonders empfindliche (und teure!), die einen sogenannten Bildverstärker besitzt, eine Art Nachtsichtgerät (so etwas kennst du vielleicht aus manchen Nachtszenen in Actionfilmen, wo die entsprechenden Bilder dann grünlich aussehen). Überraschenderweise ist es gar nicht so schwer, ein Kamerasystem zu bauen, welches das Eintreffen einzelner Lichtteilchen registrieren kann. Die Hauptschwierigkeit ist, ein System zu bauen, bei dem vor lauter Empfindlichkeit nicht auch schon irrtümlich ein Signal entsteht, obwohl gar kein Lichtteilchen angekommen ist. Solche „Fehlstarts" würden natürlich das Beugungsbild völlig verwaschen.*
F: *Sehen deshalb auch die Bilder, die mit Nachtsichtgeräten aufgenommen werden, immer so körnig aus?*
E: *Genau. Aber schauen wir uns einfach mal an, was die Kamera in diesem Experiment wirklich sieht. Hier sind 100 Einzelbilder für jeweils eine 50stel Sekunde lang belichtet und anschließend zu einem kleinen Film zusammenmontiert worden. Jedes der weißen Pünktchen entspricht einem einzelnen auftreffenden Lichtteilchen.*
F: *Aber man kann ja gar kein Streifenmuster erkennen!*

b) Deuten Sie den letzten Satz des Fragenden. Beschreiben Sie als Experte eine Vorgehensweise, das erwartete Streifenmuster sichtbar zu machen.

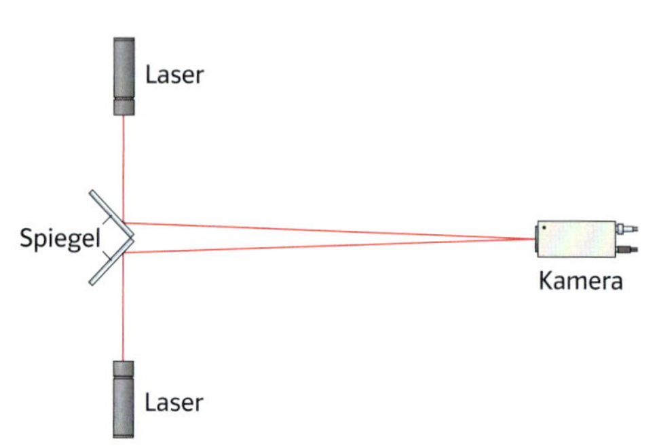

c) Im Zuge der Lösung der Teilaufgaben a) und b) überlegt jemand: Wenn man zwei ganz helle Lichtquellen hat und von beiden das Licht so wie in der Abbildung auf eine Kamera schickt, die mit ganz kurzer Belichtungszeit ein Bild machen kann, dann müsste man auch in diesem Fall ein Interferenzmuster erhalten.
Bewerten Sie diese Überlegung.

34 – 39 Relativitätstheorie

A Verständnisaufgaben

F161 a) Du kennst die Geschichte von Newton und dem Apfel.
Was ist der springende Punkt daran?
Warum hat Newton mit seinen Erkenntnissen den Himmel „entzaubert"?

b) Ein altes Argument *gegen* das heliozentrische Weltbild war folgendes: Stell dir vor, du lässt eine Münze auf den Boden fallen. Während der dafür benötigten Zeit bewegt sich die Erde jedoch weiter, wodurch die Münze nicht *vor*, sondern zum Beispiel *auf* deinem Fuß landen müsste. Gegenstände fallen aber bekanntlich senkrecht. Das war ein Argument dafür, dass sich die Erde nicht um die Sonne drehen kann.
Wie kann man dieses Argument entkräften?

c) Wie kann man die sonderbaren kurvenartigen Bahnen mancher Planeten am Himmel erklären. In der Abbildung siehst du zum Beispiel die Bahn des Mars.
Erkläre mit Hilfe einer Skizze!

d) Du fliegst unbeschleunigt mit einem Raumschiff im Weltall. Rundherum nichts!
Kannst du deine Geschwindigkeit feststellen?
Und wenn ein anderes Raumschiff an dir vorbeifliegt, kannst du dann feststellen, wie schnell du fliegst und wie schnell das andere fliegt?
In 3 bis 4 Milliarden Jahren wird unsere Milchstraße mit dem Andromeda-Nebel (siehe Abb.) zusammenstoßen. Treiben wir auf ihn zu oder treibt er auf uns zu? Oder treiben wir beide aufeinander zu? Was haben die Fragen miteinander zu tun?

e) Die spezielle Relativitätstheorie vereinigt Ruhe und unbeschleunigte Bewegungen.
Was ist damit gemeint? Verwende für deine Erklärung die Begriffe „äquivalent", „relative Geschwindigkeit", „Inertialsystem" sowie „klassisches und modernes Relativitätsprinzip". Verwende für deine Erklärung außerdem die Abbildung.

du anderes Raumschiff

F162 a) Bis zum Beginn des 20. Jh. stellte man sich die Situation im Universum so vor, wie in der Abbildung dargestellt.
Wozu war der Äther nötig?
Welche widersprüchlichen Eigenschaften müsste er besitzen? Wie sollte man ihn daher messen können?

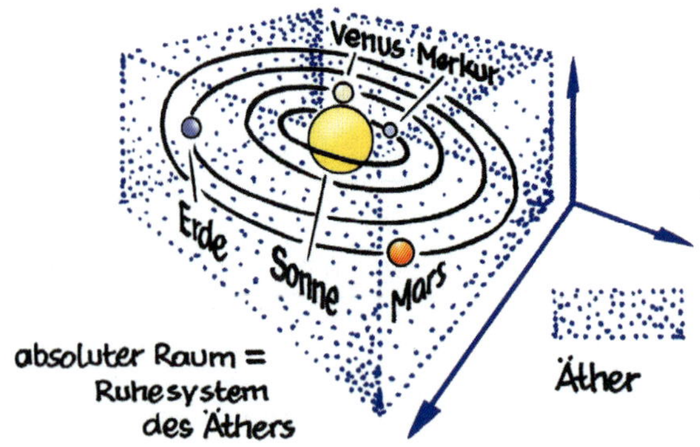

b) Zwei gleich gute Radfahrer bestreiten ein Rennen (Abbildung links). Sie fahren gleich lange Strecken (SAS = SBS), aber in verschiedene Richtungen. Bei Windstille sind sie natürlich gleich schnell.
Wie ist das, wenn der Wind aus der eingezeichneten Richtung kommt? Welcher Zusammenhang besteht zur mittleren und rechten Abbildung? Welcher Zusammenhang besteht zur Abbildung oben?

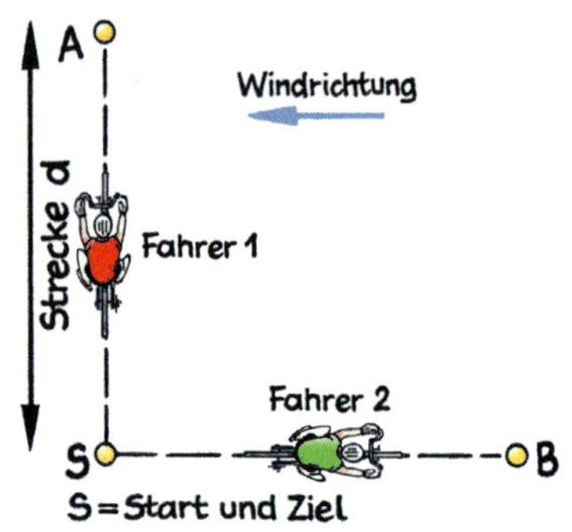

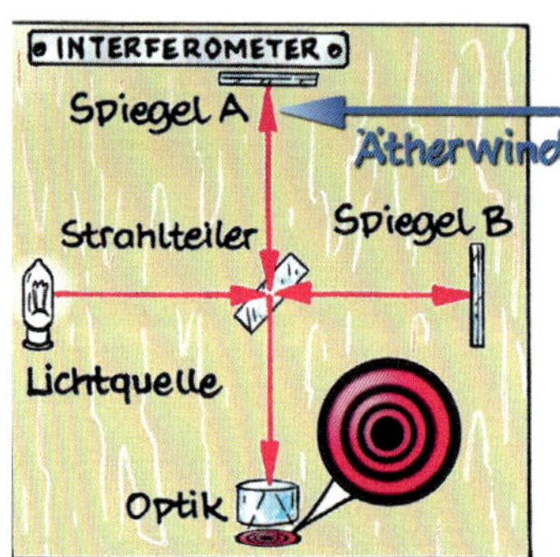

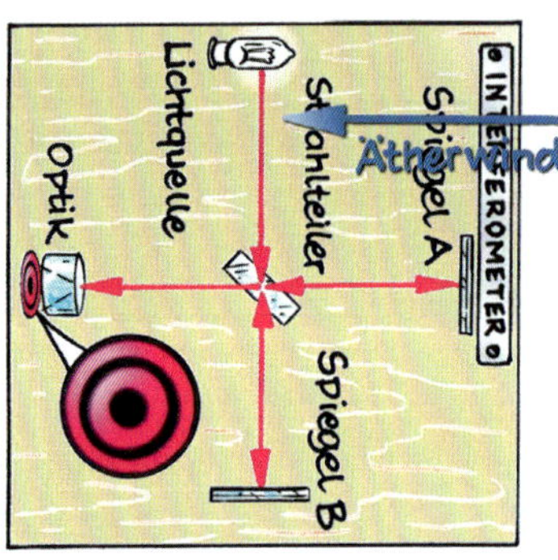

c) Im Jahr 1905 formulierte Albert Einstein in seinem Aufsatz *Von der Elektrodynamik bewegter Körper* – in den Annalen der Physik später als Spezielle Relativitätstheorie bekannt geworden – Folgendes: „Die Gesetze, nach denen sich die Zustände der physikalischen Systeme ändern, sind unabhängig davon, auf welches von zwei relativ zueinander in gleichförmiger Translationsbewegung befindlichen Koordinatensystemen diese Zustandsänderungen bezogen werden."
Was hat er damit gemeint? Welcher Zusammenhang besteht zu Frage b?

d) Der Ruhezustand ist nichts anderes als ein Sonderfall der Bewegung! Was ist mit dieser Aussage gemeint?

e) Die spezielle Relativitätstheorie vereinheitlicht Ruhe und Bewegung mit Elektrizität und Magnetismus.
Was ist damit gemeint? Verwende für deine Erklärung die Abbildung!

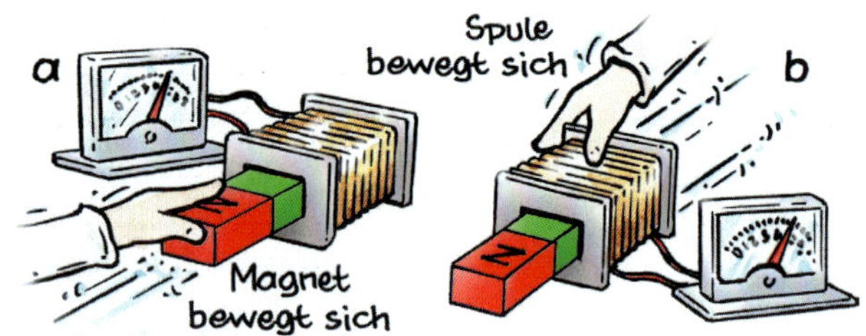

F163 a) Warum brauchte man 1905 plötzlich den Äther nicht mehr, um die Lichtausbreitung durchs Vakuum zu erklären? Auf welche Entdeckung ist das zurückzuführen? Warum verbindet diese Entdeckung in gewisser Weise Quantenmechanik und Relativitätstheorie?

b) Du leuchtest in einem fliegenden Flugzeug in und gegen die Flugrichtung.
Kannst du einen Geschwindigkeitsunterschied feststellen? Kommen die beiden Strahlen gleich schnell vorne und hinten an, wenn du in der Mitte sitzt? Warum? Wie ist das für einen Beobachter außerhalb? Warum? Wie kann man diesen scheinbaren Widerspruch lösen?

c) In der Abbildung siehst du eine virtuelle Fahrt durch Tübingen mit 0,95 c. Wie kann man die Verzerrungen erklären? Welcher Zusammenhang besteht zur mittleren und zur rechten Abbildung?

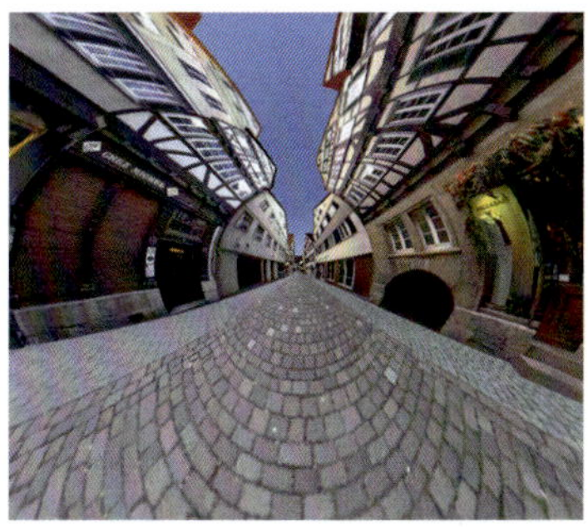

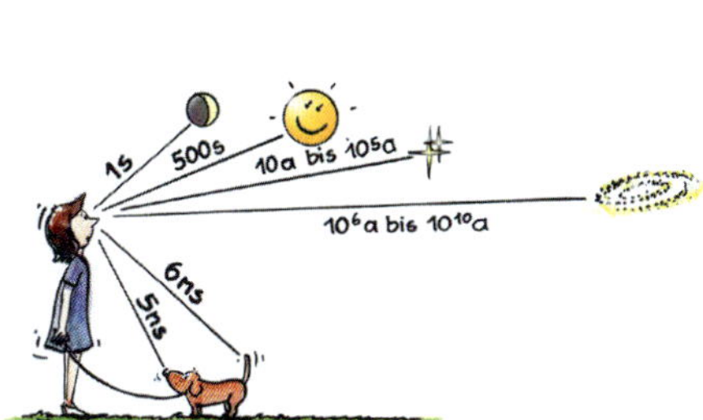

d) Während du auf der Terrasse sitzt und frühstückst, siehst du, wie sich der Mond Io vor den Jupiter schiebt. Was kannst du beobachten? Welcher Zusammenhang besteht zu Frage c?

e) Bereits im Alter von 16 Jahren stellte sich Einstein angeblich die Frage, was passieren würde, wenn er einem Lichtstrahl nacheilen und ihn schließlich einholen würde. Im Rahmen seiner Speziellen Relativitätstheorie konnte er sich diese Frage dann später selbst beantworten.
Wie würde die Antwort lauten? Verwende dafür die Abbildung.

F164 a) Definiere den Begriff Gleichzeitigkeit mit Hilfe der Abbildung! Was würde mit den Uhren aus deiner Sicht passieren, wenn du dich nach links oder rechts an dieser Versuchsanordnung vorbeibewegst? Was folgt daraus?

b) Ein Freund lässt einen Stab so fallen, dass dessen Enden gleichzeitig aufkommen (Abb. links). In der rechten Abbildung bewegt sich der Freund nach rechts an dir vorbei.
Begründe den dargestellten Effekt.
Was ist nicht richtig dargestellt beziehungsweise nicht berücksichtigt?

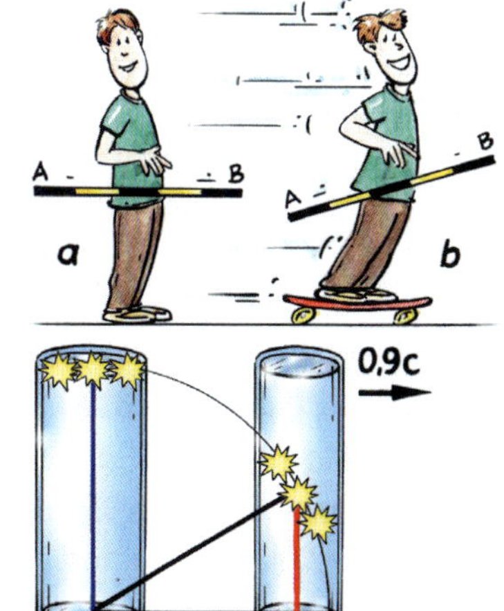

c) In der Abbildung siehst du eine ruhende Lichtuhr und eine, die sich mit 0,9 c an dir vorbeibewegt. Eine Lichtwelle wird dann gestartet, wenn sich beide Uhre auf gleicher Höhe befinden.
Erkläre, woran man an dieser Abbildung die Relativität der Gleichzeitigkeit erkennen kann.

d) Ob zwei Ereignisse an verschiedenen Orten gleichzeitig stattfinden oder nicht, hängt vom Bewegungszustand des Beobachters ab.
Wieso kann aber die Reihenfolge von Ereignissen, zwischen denen ein Kausalzusammenhang besteht, *nicht* umgedreht werden?
Warum kann zum Beispiel eine Tasse, die vom Tisch fällt und zerbricht, für einen vorbeirasenden Beobachter nicht zerbrechen, bevor sie ihm runterfällt?

e) Warum ist es sehr wichtig für das „Funktionieren" des Universums, dass kausal zusammenhängende Ereignisse nicht umgedreht werden können? Was könnte sonst passieren? Verwende das Beispiel mit der Tasse aus d und denk dir ein noch drastischeres aus!

F165 a) Begründe die Zeitdilatation mit Hilfe der Abbildungen. Wie kann man diesen Effekt mit den Grundannahmen der SRT qualitativ ableiten?

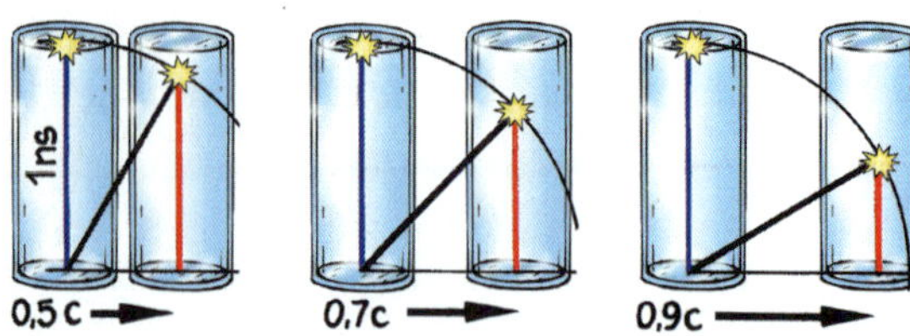

b) Begründe mit Hilfe der Formel $t_b = t_r \sqrt{1 - \frac{v^2}{c^2}}$, warum man die Zeitdilatation im Alltag nicht bemerken kann! Verwende dazu die Geschwindigkeit 30 m/s (108 km/h) und rechne allgemein, ohne die Wurzel aufzulösen! Nimm für c den Wert $3 \cdot 10^8$ m/s!

c) Was ist in der Abbildung rechts dargestellt? Welcher Zusammenhang besteht zu Frage b?

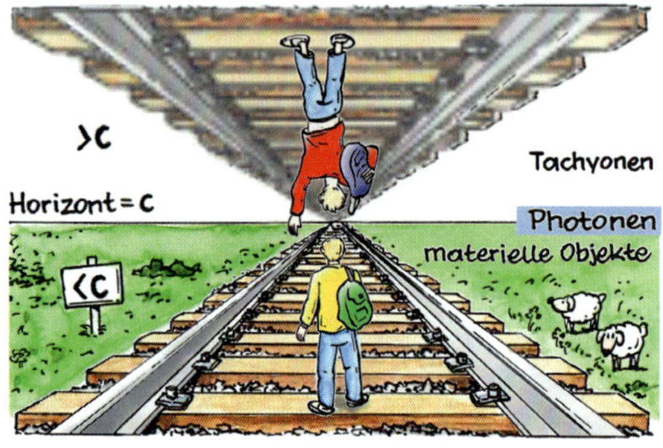

d) 2011 wurde im Rahmen des OPERA-Experimentes scheinbar gemessen, dass sich Neutrinos etwas schneller als Licht bewegen. Später konnte dieses Ergebnis auf einen Messfehler zurückgeführt werden. Nach der vermeintlichen Entdeckung kursierte im Internet unter anderem folgender Neutrinowitz: „Neutrino!" – „Wer ist da?" – „Toc, toc.". Worauf wird hier angespielt? Verwende Frage b und c.

e) Erkläre, was man unter Tachyonen versteht und welche bemerkenswerten Eigenschaften sie haben müssten. Welche Paradoxien würden entstehen, würde man Tachyonen zur Kommunikation einsetzen?

F166 a) Erkläre zunächst, was man unter der Zeitdilatation versteht. Gehe dann auf das Zwillingsparadoxon ein.

b) Was ist in der Abbildung rechts dargestellt? Warum hat man für die Messung Myonen verwendet? Welcher Zusammenhang besteht zu Frage a?

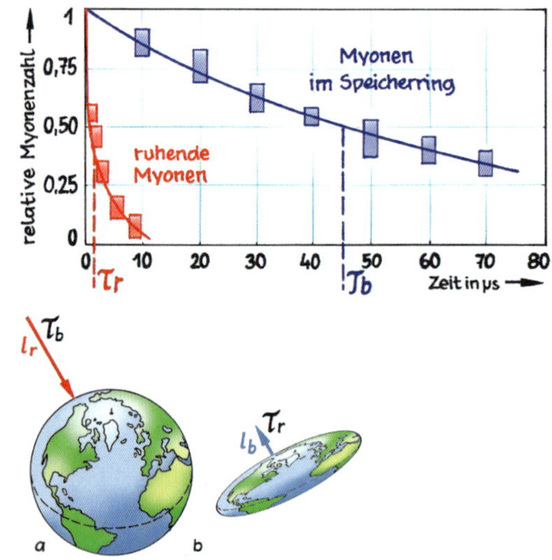

c) Durch das Aufprallen kosmischer Strahlung auf die Atmosphäre entstehen in etwa 10 km Höhe Myonen, die mit fast c auf die Erde rasen. Wegen ihrer kurzen Halbwertszeit sollte eigentlich nur ein winziger Bruchteil die Erde erreichen. Tatsächlich stellt man wesentlich mehr fest. Erkläre den Effekt aus Sicht der Erde und der Myonen. Was folgt daraus?

d) Ein Auto ist im Ruhezustand 4 m lang. Welche Länge hat es, wenn es sich mit 0,8 *c* an dir vorbeibewegt?

Verwende die Gleichung $l_b = l_r \sqrt{1 - \frac{v^2}{c^2}}$.

Wenn es nun zum Beispiel durch eine 2,5 m lange Garage fährt, könnte man kurz vorne und hinten deren Türen schließen. Aber wie ist es aus der Sicht des Autofahrers? Für ihn ist doch die Garage geschrumpft? Wie kann man diese Paradoxie auflösen? Mach dazu eine Skizze aus Sicht des Ruhesystems Auto!

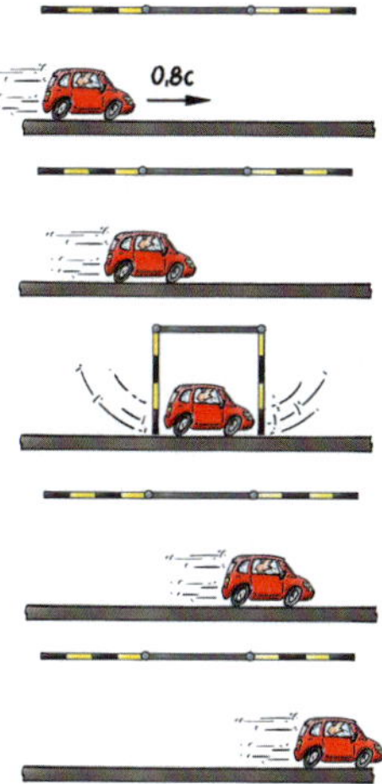

F167 a) Was versteht man unter der Masse? Kann man Masse mit Materie gleichsetzen? Was soll man sich unter der Massenzunahme vorstellen?

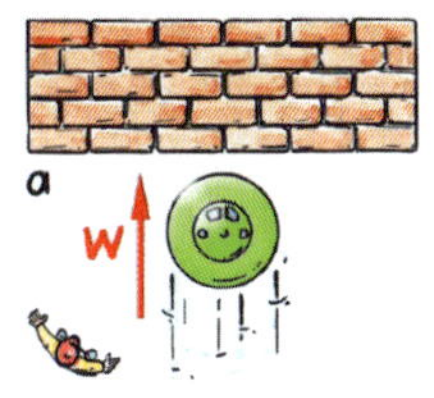

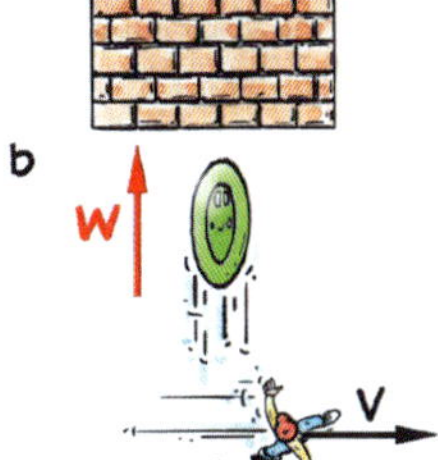

b) Begründe mit Hilfe der Abbildung die Massenzunahme bei hohen Geschwindigkeiten. Welche Rolle spielt dabei die Zeitdilatation?

c) Warum wird die relativistische Massenzunahme durch einen ringförmigen Teilchenbeschleuniger wie den LHC bestens bestätigt? Verwende für deine Erklärung die Abbildung und die Gleichung für die Zentripetalkraft: $F_{zp} = \frac{m \cdot v^2}{r}$

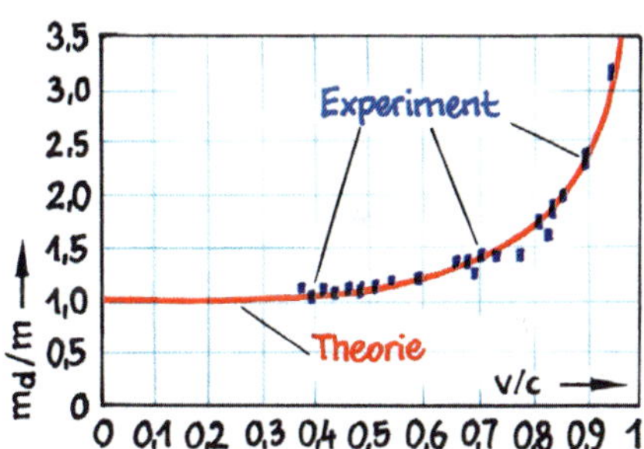

d) Ein strombetriebener O-Bus und ein umweltfreundliches Auto mit superhochleistungsfähigem Elektromotor beschleunigen auf fast Lichtgeschwindigkeit und fahren dann über eine Waage. Ist ihre Masse gestiegen? Welche Verbindung zu Frage c besteht?

e) Welche Eigenschaften müssen Photonen, die sich mit Lichtgeschwindigkeit bewegen können, haben?
Oder anders gefragt: Was dürfen sie *nicht* haben? Begründe mit Hilfe der Formel $m_d = \frac{m}{\sqrt{1 - \frac{v^2}{c^2}}}$.

F168 a) Stell dir vor, in einem abgeschlossenen System prallen zwei Raumgleiter aufeinander. Die kinetische Energie wandelt sich in Wärme um und die Gesamtenergie bleibt erhalten.
Wie ist das aber mit der Masse? Vor dem Aufprall ist sie wegen der relativistischen Massenzunahme größer als nachher. Wo hält sich die Masse nach dem Aufprall „versteckt"?

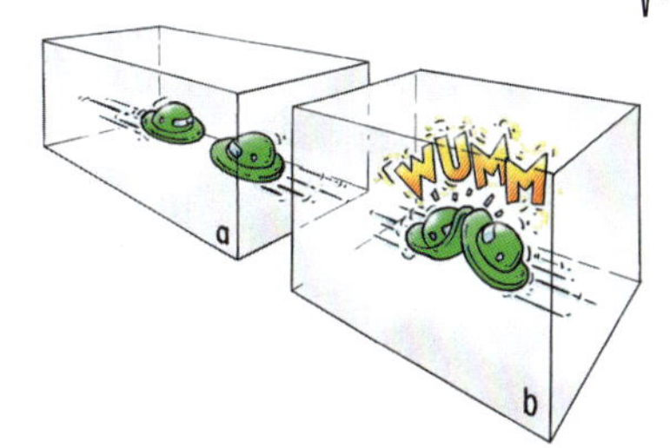

b) Welcher Zusammenhang besteht zwischen den drei linken und der rechten Abbildung? Wie kann man diese Ereignisse begründen? Wie sind sie mit der Erhaltung der Masse zu vereinbaren?

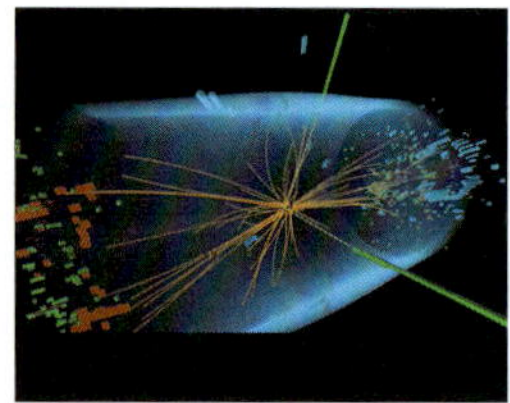

c) Warum hat eine leere Batterie weniger Masse als eine volle? Warum kann man diese und andere Massenänderungen im Alltag nicht bemerken? Begründe mit Hilfe von $E = m \cdot c^2$. Nimm für c den Wert $3 \cdot 10^8$ m/s an und berechne, welche Masse verloren geht, wenn aus einer AA-Batterie 10^4 Joule geflossen sind.

d) Wie funktioniert ein PET-Scanner und was hat er mit der berühmten Gleichung aus Frage c zu tun? Welche SciFi-Phantasie-Technik funktioniert nach demselben Prinzip?

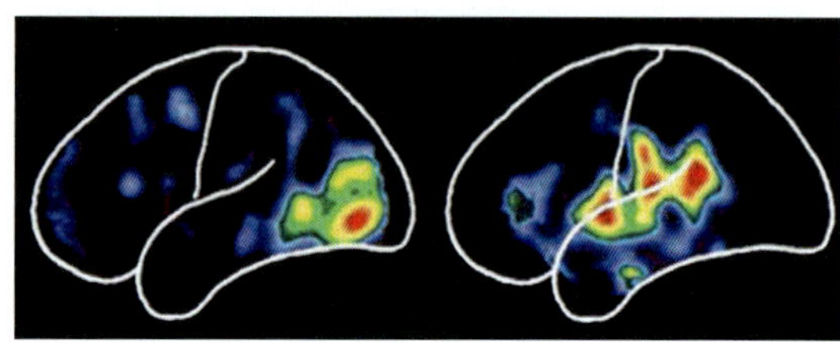

Aktive Hirnbereiche beim Hören (rechts) und beim Sehen (links)

F169 a) Dein Raumschiff wird von einem Meteor verfolgt (1). Wie verändern sich dessen Relativgeschwindigkeit und Energie, wenn du das Raumschiff beschleunigst?
Dein Raumschiff wird von einem Photon verfolgt (2). Wie ist es in diesem Fall?

b) Wieso vermutet man im Zentrum der Galaxie M87, die etwa 54 Millionen Lichtjahre von der Erde entfernt ist, ein gigantisches Schwarzes Loch? Erkläre qualitativ mit Hilfe der Abbildung, durch welche Messdaten man diese Vermutung untermauern konnte. Welcher Effekt spielt dabei eine Rolle?

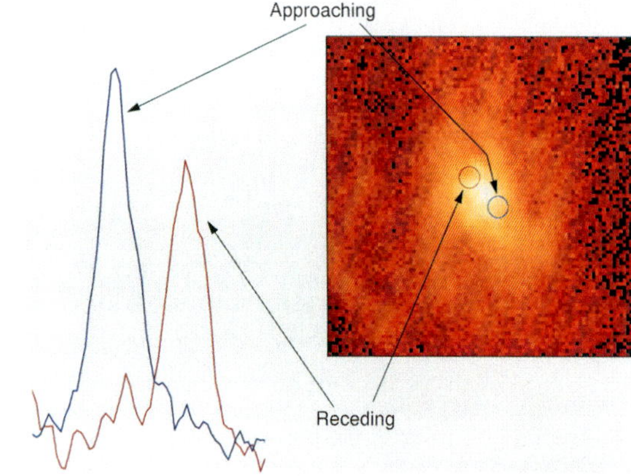

Spektrum der Gasscheibe in der aktiven Galaxie M87

c) Kommentiere folgendes Zitat (Quelle: www.gym-vaterstetten.de): „Betrachtet man das Licht von entfernten Galaxien, so stellt man fest, dass alle charakteristischen Linien (z. B. die Linien des Wasserstoffs) in den Spektren zu niedrigen Frequenzen (in den roten Bereich) verschoben sind, und zwar um so mehr, je weiter die Galaxien von uns entfernt sind. Ähnlich wie die Frequenz des Huptons eines Autos bei Bewegung auf uns zu höher und bei Bewegung von uns weg tiefer wird, sinkt auch die Frequenz des Lichtes, wenn sich eine Lichtquelle von uns entfernt, und zwar um so mehr, je schneller sich die Lichtquelle entfernt (Dopplereffekt)."

d) Auf dem Heck eines Autos siehst du einen roten Sticker (siehe Abb.).
Worauf wird hier angespielt? Argumentiere qualitativ.

IF THIS STICKER
IS BLUE, THEN YOU ARE
DRIVING TOO FAST!

F170 a) Nimm an, ein Raumschiff bewegt sich relativ zu seinem Bezugssystem mit $0{,}6\,c$ (1). Und jetzt nimm an, du bewegst dich relativ zu diesem Bezugssystem ebenfalls mit $0{,}6\,c$ (2).
Wie schnell ist dann das Raumschiff aus deiner Sicht? Es kann ja nicht $1{,}2\,c$ haben?! Argumentiere qualitativ.
Überlege weiters, warum die Abbildung eigentlich nicht richtig gezeichnet ist.

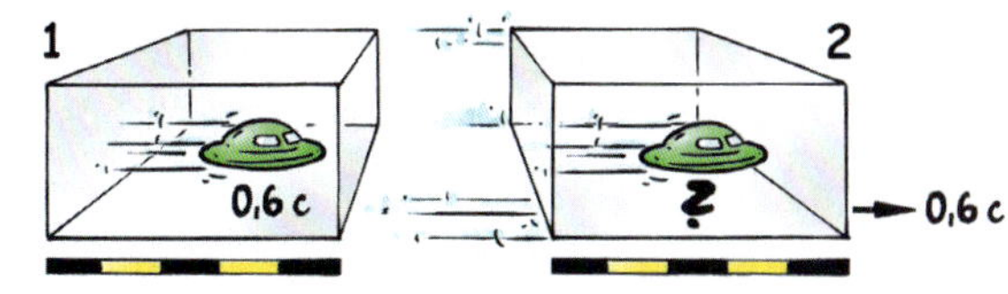

b) Erkläre zunächst die Gleichung $w = \frac{u + v}{1 + \frac{u \cdot v}{c^2}}$. Begründe dann mit ihrer Hilfe Frage a quantitativ!

c) Eine der beiden Grundannahmen der Speziellen Relativitätstheorie ist die Konstanz der Lichtgeschwindigkeit. Überprüfe diese Grundannahme, indem du in der Gleichung aus Frage b die Geschwindigkeit $v = c$ setzt. Was folgt daraus?

d) Eine Stewardess geht mit 5 km/h in Richtung Cockpit. Das Flugzeug selbst fliegt mit 900 km/h an dir vorbei.
Wie schnell bewegt sich daher die Stewardess an dir vorbei? Wie groß ist die Differenz zum Wert, den man in der klassischen Mechanik erhält? Verwende einen Taschenrechner, der mit einer großen Stellenanzahl rechnet oder ein Tabellenkalkulationsprogramm. Nimm für c den Wert 1 079 252 849 km/h. Interpretiere das Ergebnis.

F171 a) Auf www.physikfuerkids.de steht: „Du hast bestimmt schon Bilder von im Raumschiff umherschwebenden Astronauten gesehen. Sie fallen nicht nach unten, weil es keine Schwerkraft gibt." Warum ist das nicht korrekt formuliert? Wie entsteht Schwerelosigkeit tatsächlich? Verwende die Abbildung!

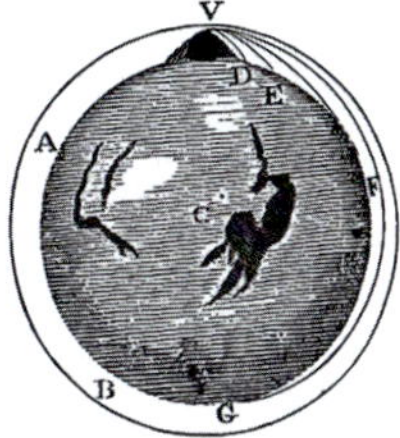

b) In der linken Abbildung siehst du, wie Wasser aus einer Plastikflasche mit Loch rinnt. Was passiert mit dem Strahl, wenn du die Flasche fallen lässt und warum? Stelle einen Zusammenhang zu Frage a und zur rechten Abbildung her!

c) Du siehst, dass die Zentrifugalkraft nur für einen rotierenden Beobachter existiert. Man nennt sie daher auch eine Scheinkraft. Damit meint man generell Kräfte, die nur in bestimmten Bezugssystemen existieren und die man durch Änderung des Bezugssystems wegtransformieren kann.
Begründe, warum das für die Gravitation im Rahmen der ART unter bestimmten Bedingungen gilt. Welchen Unterschied gibt es zu einer „normalen" Scheinkraft?

d) Ein Photon fliegt quer durch eine Rakete, während diese senkrecht nach oben beschleunigt.
Begründe, warum aus dem Äquivalenzprinzip direkt folgt, dass Licht im Gravitationsfeld abgelenkt wird! Versuche dazu eine Skizze zu machen.

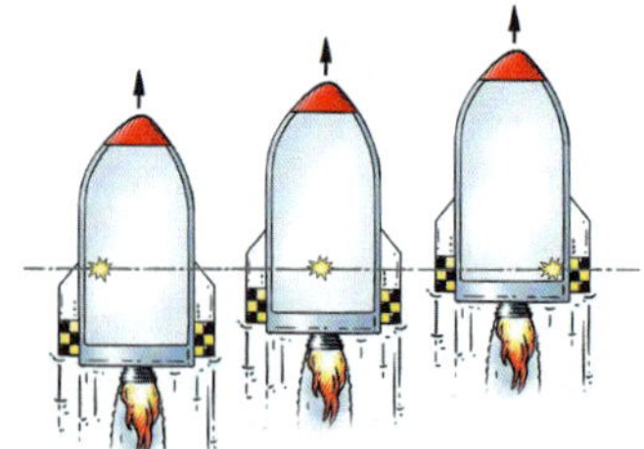

e) Durch Gleichsetzen des Gravitationsgesetzes $F = m_S \cdot \frac{G \cdot M_S}{r^2}$ mit dem 2. Newton'schen Grundgesetz $F = m_T \cdot a$ und Auflösen nach a erhält man $a = \frac{m_S}{m_T} \cdot \frac{G \cdot M_S}{r^2}$.

Was bedeuten die Indizes S und T? Was verdeutlicht diese Gleichung?

F172 a) Erkläre, was man unter der gravitativen Rot- und Blauverschiebung versteht. Verwende für deine Antwort die Abbildung.

b) Uhren in der Nähe einer Masse gehen langsamer. Begründe mit Hilfe der Abbildung. Verwende für deine Erklärung die Formel $E = h \cdot f$ und den Begriff Hebearbeit.

c) Schätze ab, um wie viele Sekunden dein Kopf im Laufe eines Lebens schneller altert als deine Füße. Schätze ab, um wie viele Sekunden jemand im Laufe seines Lebens langsamer altert, wenn er am Meer wohnt und nicht auf 2 000 m Seehöhe. Kann man den Effekt subjektiv bemerken?

Verwende die Gleichung $T_A = T_B \cdot \left(1 - \frac{g \cdot H}{c^2}\right)$.

d) Auf de.answers.yahoo.com schreibt ein User: „Einstein sagt mit seiner Theorie, dass die Zeit mit höhere Geschwindigkeit langsamer vergeht. Weil die GPS Satelliten mit hoher Geschwindigkeit die Erde umkreisen und die Navigation mit Zeitinformationen funktioniert, muss der relativistische Effekt berücksichtigt werden."
Kommentiere das Zitat und verwende dafür Abbildung und Legende.
Schätze die absolute Größe des Gesamteffekts und die relative Größe der Effekte zueinander ab. Die Satelliten bewegen sich relativ zur Erdoberfläche mit 3 874 m/s. In welcher Höhe würden sich die Effekte genau aufheben?

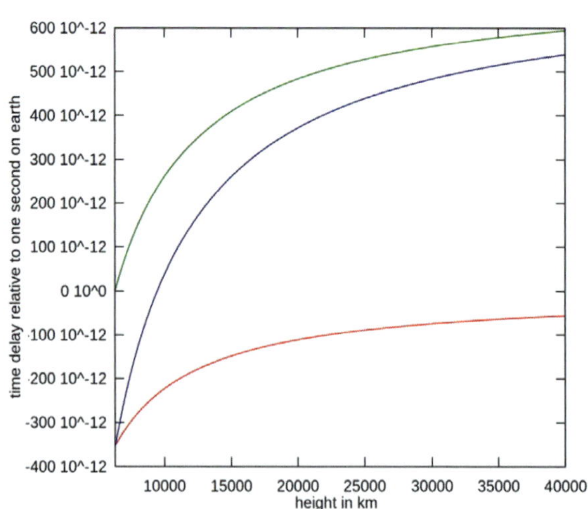

Relativistic time delay relative to 1 sec on earth. Upper curve (green): delay due to gravitation; lower curve (red): neg. delay due to moving; middle (blue): total effect. GPS orbit relative to earth center: approx 27 000 km; Quelle: Wikipedia

F173 a) Du vermisst Durchmesser und Umfang der Erdbahn und legst die Schnüre später irgendwo im Weltall, abseits von großen Massen, auf. Wie würden diese dann aussehen (1, 2 oder 3 in der unteren Abbildung) und warum? Welcher Zusammenhang besteht zur rechten Abbildung?

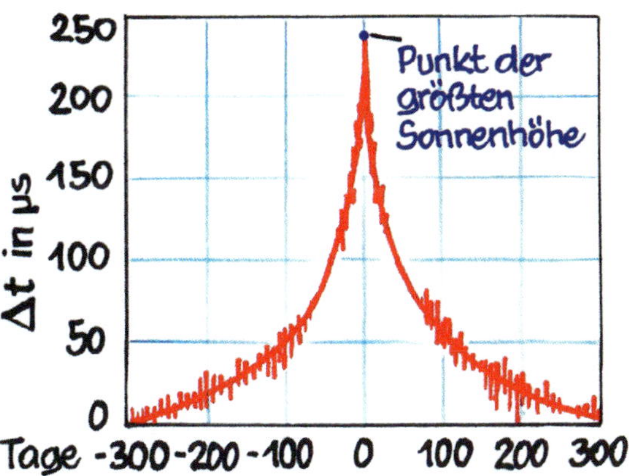

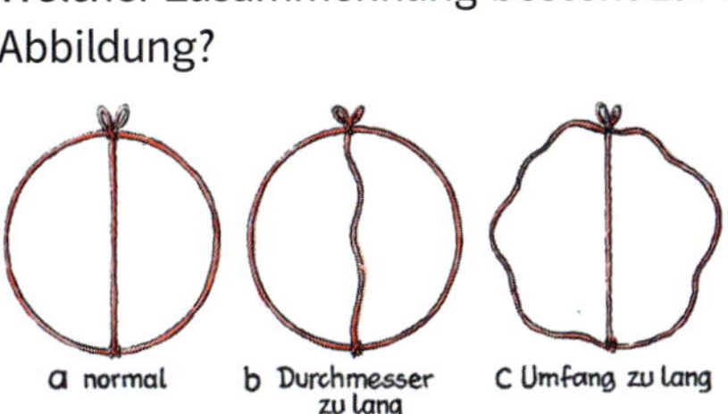

b) Berechne mit Hilfe der Abbildung oben rechts, um wie viel länger der Weg von der Erde zur Venus durch die „Raumbeule" der Sonne ist als klassisch erwartet. Nimm für c den Wert $3 \cdot 10^8$ m/s.

c) In der Abbildung siehst du die Simulation eines masselos angenommenen Begleitsterns (rot) hinter einem Neutronenstern (blau). Geometrie und Farbgebung der dargestellten Szene sind astrophysikalisch völlig unrealistisch. Sie wurde aber so gewählt, damit der Effekt deutlich zu sehen ist. Wie kannst du diesen Effekt qualitativ erklären?

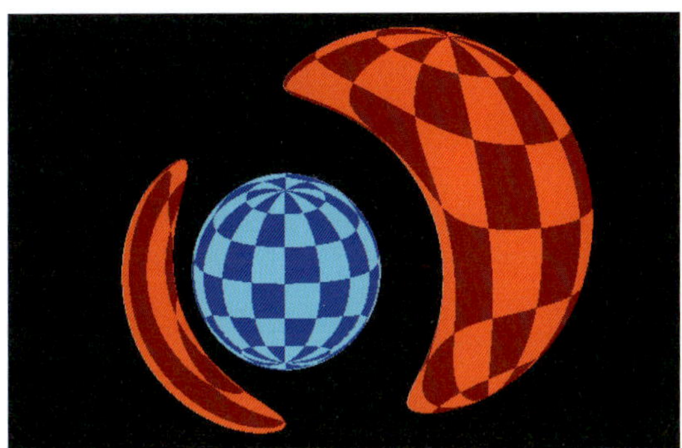

Corvin Zahn, Universität Hildesheim, https://www.tempolimit-lichtgeschwindigkeit.de/

d) Auf de.answers.yahoo.com schreibt ein User: „Ein Wormhole (Wurmloch) ist eine Abkürzung im All. Licht wird durch Magnetfelder im All abgelenkt und kann eine Kurve bilden. So kann man Zeiten verkürzen." Erkläre zunächst, was man unter einem Wurmloch versteht und kommentiere dann das Zitat. Verwende dabei die Abbildung.

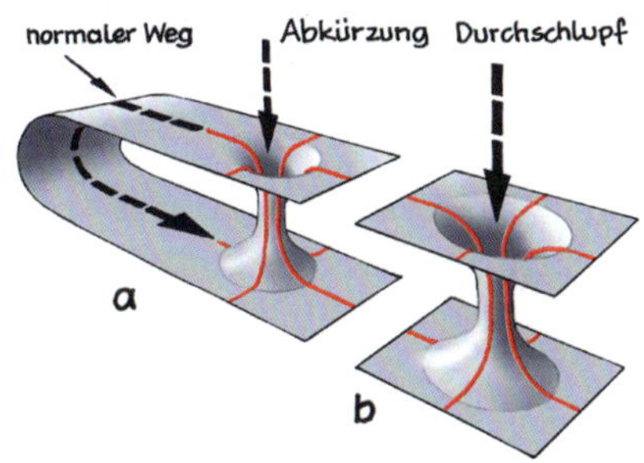

e) Die Sonne ($m = 2 \cdot 10^{30}$ kg) kann niemals ein Schwarzes Loch werden. Aber einmal angenommen, sie wäre eines: Wie groß wäre dann ihr Radius? Um welchen Faktor wäre die Sonne dann kleiner? Ihr aktueller Radius liegt bei $7 \cdot 10^8$ m. Verwende die Gleichung $R_S = \frac{2G \cdot M}{c^2}$.

B Trainingsaufgaben

F174 Brechungsindex von CO_2

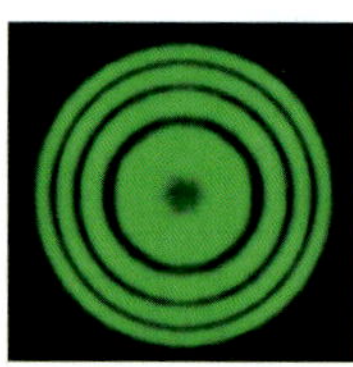

Interferenzbild

In einem Arm eines Michelson-Interferometers befindet sich eine rechteckige Glasküvette, deren innere Breite $s = 1{,}30\,\text{cm}$ beträgt. Als Lichtquelle dient ein grüner Laser ($\lambda = 543{,}5\,\text{nm}$).
Wird die Küvette vom Boden her langsam mit CO_2 gefüllt, so beobachtet man in der Mitte der kreisförmigen Interferenzfigur 7 hervorquellende vollständige Hell-Dunkelperioden. ($n_{\text{Luft}} = 1{,}000\,296\,9$)

a) Skizzieren Sie die Versuchsanordnung.

b) Erläutern Sie die Beobachtungen.

c) Berechnen Sie den Brechungsindex von CO_2.

F175 Relativität

Neutrale Pionen sind Elementarteilchen, die nach sehr kurzer Lebensdauer in zwei γ-Quanten bzw. Röntgenphotonen zerfallen. Beide bewegen sich in entgegengesetzte Richtungen. 1964 berichteten Filippas und Fox über ein Experiment mit solchen Pionen. In einem bestimmten Prozess lassen sich solche Pionen erzeugen.

„In diesem Experiment entstanden also neutrale Pionen in einem wohl definierten Prozess und es ist bekannt, dass die Pionen nach ihrer Entstehung eine Geschwindigkeit von 20 % der Lichtgeschwindigkeit haben. Filippas und Fox stellten nun zwei Detektoren auf, mit denen beide Gamma-Quanten des selben Pions gemessen werden konnten.“

a) Skizzieren Sie die beschriebene Situation. Gehen Sie dabei davon aus, dass sich ein γ-Quant in Richtung des Pions bewegt.

b) Das Experiment wurde durchgeführt, um eine wichtige Aussage der Relativitätstheorie zu überprüfen. Analysieren Sie das Experiment unter dieser Fragestellung.

c) Geben Sie die hier überprüfbare Aussage an und nennen Sie das Versuchsergebnis, das eine Bestätigung bedeuten würde.

F176 Myonen

a) Ein Myon wird 6 000 m über der Erdoberfläche durch Höhenstrahlung gebildet. Seine mittlere Lebensdauer beträgt $2 \cdot 10^{-6}\,\text{s}$. Es bewegt sich mit der Geschwindigkeit $v = 0{,}998\,c$ in Richtung Erdoberfläche. Untersuchen Sie, ob ein solches Myon die Erdoberfläche erreichen kann.

b) Ruhende Myonen haben die Halbwertszeit $T_H = 1{,}5 \cdot 10^{-6}\,\text{s}$. Die Untersuchung ihrer Häufigkeit ergab, dass sich bei Messungen in 400 m Höhe über dem Meeresspiegel noch 75 % der Teilchen nachweisen lassen, die auf dem Gipfel eines Berges in 2 200 m gemessen wurden. Man wertet dies als einen experimentellen Beleg für die Relativitätstheorie. Begründen Sie diese Einschätzung.

F177 Relativistische Effekte

a) Man kann die Lebensdauer t von Elementarteilchen bestimmen, indem man ihre Geschwindigkeit v und den während dieser Zeit zurückgelegten Weg s misst. Für ein Myon gilt z. B. $v = 0{,}75\,c$ und $s = 8{,}5\,\text{m}$. Berechnen Sie die Lebensdauer im Laborsystem und im Ruhesystem des Myons.

b) In einem Beschleuniger wird ein Elektron auf die Geschwindigkeit von $0{,}8\,c$ beschleunigt. Anschließend durchfliegt es eine Strecke von 10 m mit der konstanten Endgeschwindigkeit.
Berechnen Sie die Streckenlänge im Ruhesystem eines Elektrons.

c) Geben Sie an, von welcher Größenordung v/c für ein Auto im Stadtverkehr ist. Nennen Sie Konsequenzen, die das Ergebnis für die Relativitätstheorie hat.

F178 **Massenspektrograph**

$m = m(v)$ ist die von der Geschwindigkeit abhängige träge Masse eines Körpers.

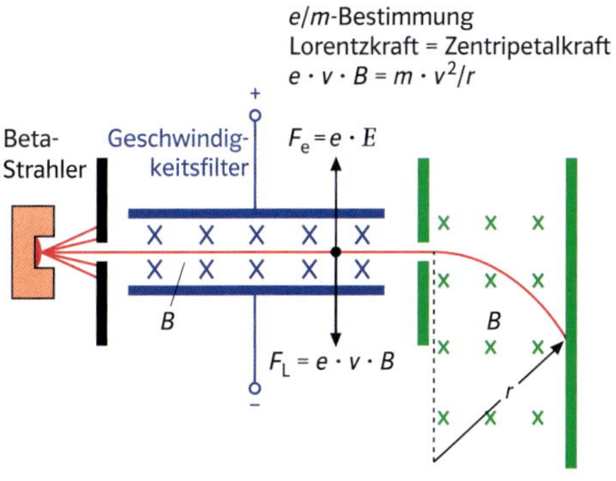

a) Beschreiben Sie das abgebildete Experiment. Aus welchem Ergebnis kann auf die Geschwindigkeitsabhängigkeit der Masse geschlossen werden?
Gegeben sind die folgenden experimentellen Daten: Elektrische Feldstärke $E = 7{,}2 \cdot 10^6$ V/m, magnetische Flussdichte $B = 0{,}030$ Vs/m² und $r = 7{,}6$ cm. Berechnen Sie die Masse m des Elektrons am Ende des Kondensators.
Berechnen Sie aus der Bedingung „Lorentzkraft = Zentripetalkraft" die spezifische Ladung der Elektronen und vergleichen Sie Ihr Ergebnis mit dem Tabellenwert $e/m_0 = 1{,}7588 \cdot 10^{11}$ C/kg.

b) Elektronen ($m_0 = 9{,}11 \cdot 10^{-31}$ kg) werden aus der Ruhe durch eine Spannung von 300 kV beschleunigt. Berechnen Sie die Endgeschwindigkeit der Elektronen.

F179 $\boldsymbol{E = m \cdot c^2}$

Elektronen werden in einem elektrischen Feld bei einer Spannung U beschleunigt. Kurve 1 in dem Diagramm zeigt den berechneten Zusammenhang zwischen Spannung und Geschwindigkeit, wenn man das Elektron als klassisches Teilchen betrachtet.

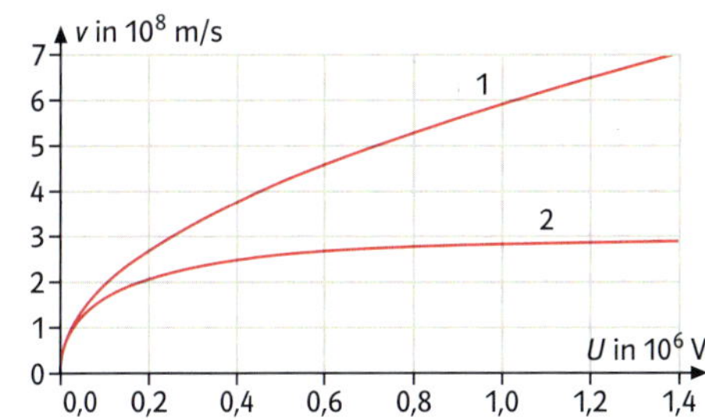

a) Leiten Sie eine Gleichung her, welche die Kurve 1 beschreibt.

b) Messungen führen zur Kurve 2. Begründen Sie deren Verlauf. Erläutern Sie in diesem Zusammenhang die Gleichungen

$$E = m \cdot c^2 \quad \text{und} \quad m = \frac{m_0}{\sqrt{1 - \frac{v^2}{c^2}}}$$

c) Die Energie der Sonnenstrahlung wird aus der Kernreaktion $4 \cdot {}^1_1\text{H} \rightarrow {}^4_2\text{He} + 2 \cdot {}^0_1e$ bereitgestellt. Berechnen Sie die bei dieser Reaktion frei werdende Energie.

d) Die Strahlungsleistung der Sonne beträgt $3{,}82 \cdot 10^{26}$ W. Bestimmen Sie den Massenverlust pro Jahr (1 Jahr = 365 Tage). Vergleichen Sie mit der Sonnenmasse.

40 – 43 Kern- und Teilchenphysik

A Verständnisaufgaben

F180 a) Schätze die Dichte eines Atomkerns ab. Nimm dazu exemplarisch ein Proton ($1{,}7 \cdot 10^{-27}$ kg), also einen Wasserstoffkern, und verwende die Gleichung für den Radius eines Atomkerns:

$r \approx 1{,}2 \cdot 10^{-15} \cdot \sqrt[3]{A}$ m. Es gilt $\varrho = m/V$, und das Kugelvolumen berechnet man mit $V = \frac{4r^3 \cdot \pi}{3}$.

b) Was versteht man unter Neutronensternen und wie entstehen sie? Neutronensterne haben Dichten in der Größenordnung von $10^{17}\,\mathrm{kg/m^3}$. Warum ist ein solcher Wert sehr logisch? Hilf dir mit der Antwort auf Frage a.

c) Rutherford hat einmal bemerkt: „Es war so ziemlich das unglaublichste Ereignis, das mir je in meinem Leben widerfahren ist. Es war so unglaublich, wie wenn man eine 15-Zoll-Granate auf ein Stück Seidenpapier abgefeuert hätte, und diese wäre zurückgeprallt und hätte den Schützen getroffen".
Wovon sprach Rutherford? Was folgerte er aus seinem Experiment? Verwende für deine Erklärung die Abbildung.

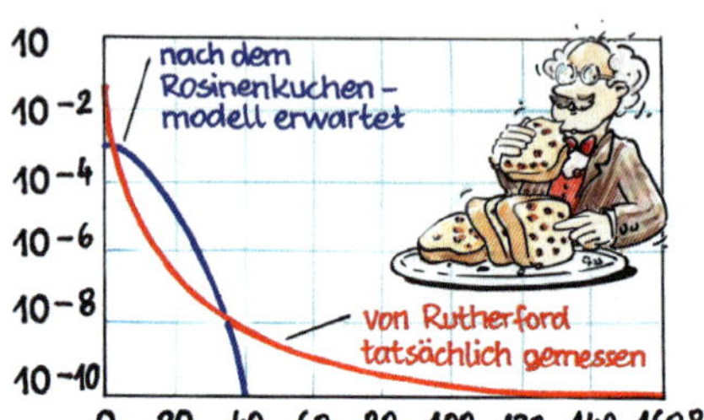

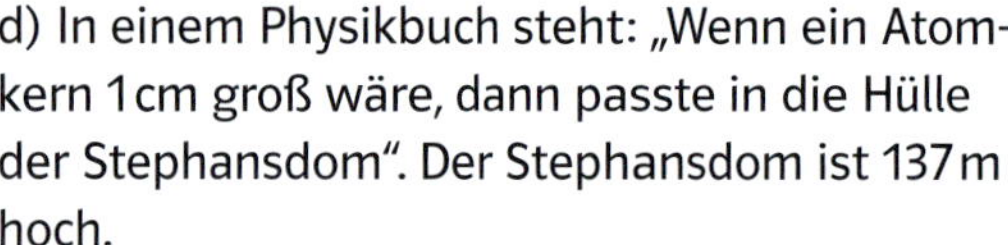

d) In einem Physikbuch steht: „Wenn ein Atomkern 1 cm groß wäre, dann passte in die Hülle der Stephansdom". Der Stephansdom ist 137 m hoch.
Überprüfe, ob die Aussage größenordnungsmäßig stimmen kann. Nimm dazu ein Wasserstoffatom und hilf dir mit der Formel aus Frage a und der Abbildung rechts. Es gilt: $1\,\mathrm{pm} = 10^{-12}\,\mathrm{m}$, $1\,\mathrm{fm} = 10^{-15}\,\mathrm{m}$.

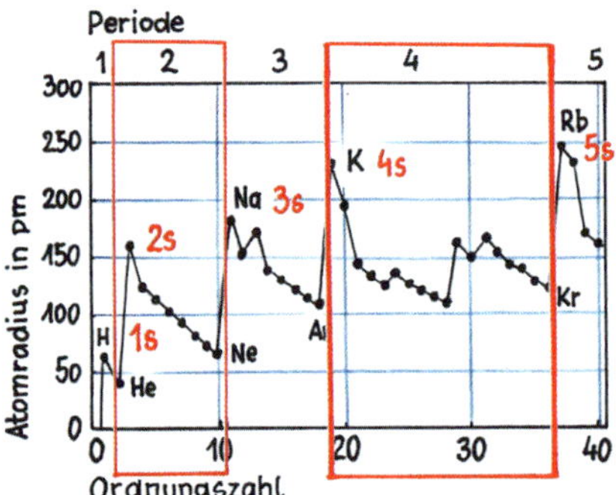

e) Wie lassen sich die Zacken in der Kurve erklären? Stelle eine Hypothese auf!

F181 a) In einem mit Wasser gefüllten Schnapsglas befinden sich größenordnungsmäßig 10^{24} Wassermoleküle. Wie viele Deuteriumatome befinden sich daher in diesem Glas? Verwende die Tabelle!

	Masse in u	Kernladungszahl Z	Neutronenzahl N	Nukleonenzahl A	relative Häufigkeit
$^{1}_{1}H$	1,007 83	1	0	1	0,999 85
$^{2}_{1}H$	2,014 10	1	1	2	0,000 15
$^{12}_{6}C$	12,000 00	6	6	12	0,988 9
$^{13}_{6}C$	13,003 35	6	7	13	0,011 1
$^{14}_{6}C$	14,003 24	6	8	14	$1{,}3 \cdot 10^{-12}$

b) Wie viele Protonen und Neutronen haben ein H-2- bzw. C-12-Atom? Um wie viele Male massereicher müsste daher ein C-12-Atom eigentlich sein? Vergleiche mit der Tabelle oben und argumentiere, wie die Differenz zustande kommt.

c) In der Abbildung links findet man die übliche Darstellung eines Atomkerns. Warum ist sie streng genommen nicht richtig? Warum ist diese Darstellung trotzdem verzeihlich? Wo tritt in der Atomphysik ein ähnliches Problem auf?

d) Erkläre qualitativ die Funktionsweise eines Kernspintomographen mit Hilfe der Abbildung.

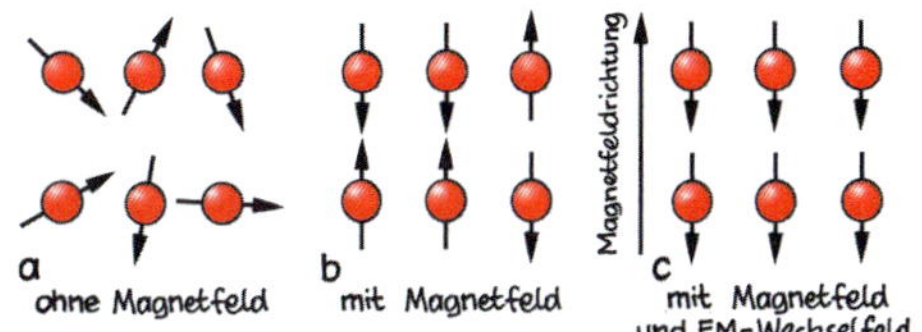

e) Erkläre mit Hilfe der Tabelle oben, wie durch Kernfusion Energie freigesetzt wird.

F182 a) Warum sind manche Stoffe radioaktiv und manche nicht? Was ist quasi die Grundvoraussetzung dafür? Die radioaktiven Zerfälle sind sehr unterschiedlich. Sie haben aber drei Gemeinsamkeiten. Welche sind das?

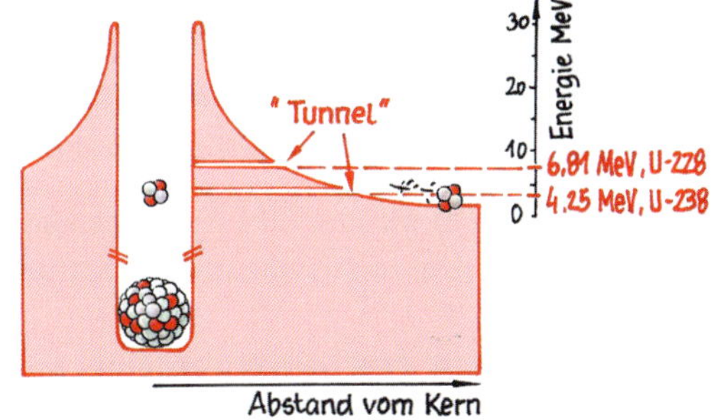

b) Erkläre qualitativ, warum U-228 eine so viel geringere Halbwertszeit aufweist als U-238. Verwende für deine Erklärungen die Abbildung.

c) Beim radioaktiven Zerfall eines bestimmten Isotops wird immer exakt dieselbe Energiemenge frei. Deshalb müssen die Bewegungsenergie und auch die Geschwindigkeit des ausgesendeten Teilchens immer gleich groß sein. Bei α-Teilchen ist das auch so. Bei β-Teilchen ist aber die gemessene Geschwindigkeit fast immer geringer als die erwartete (Abb. oben).
Wo gehen Impuls und somit auch Energie „verloren"? Erkläre mit Hilfe der unteren Abbildung.

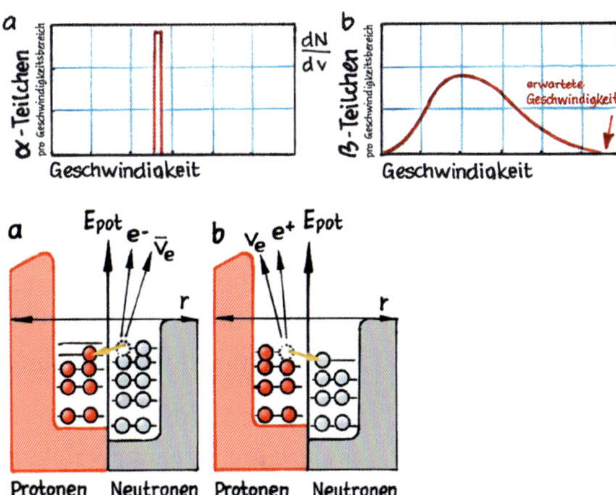

d) In der Comic-Serie „Hulk" bekommt Dr. Bruce Banner eine normalerweise tödliche Dosis γ-Strahlen ab und wird dadurch zu einem großen grünen Monster mit Superkräften!
Was passiert, wenn der Körper verstrahlt wird? Wie realistisch ist diese Handlung?

e) Der Begriff γ-Zerfall ist historisch bedingt. Warum ist der Begriff nicht günstig gewählt?

F183 a) Wie gelangt das Isotop C-14 in unseren Körper? Wieso kann man mit seiner Hilfe Altersbestimmungen durchführen? Verwende für deine Erklärung die Abbildung.

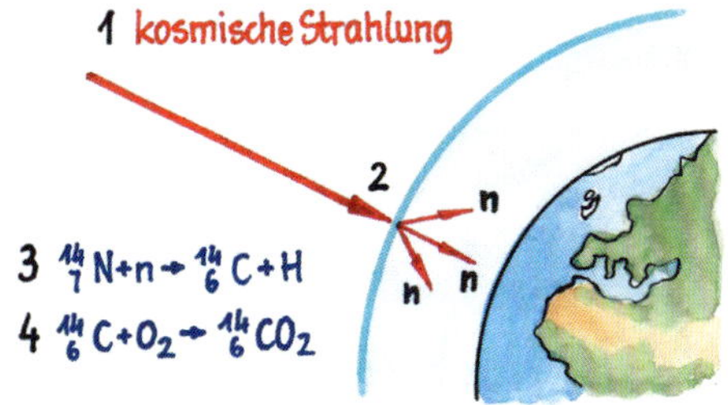

b) Die Halbwertszeit von C-14 beträgt etwa 5700 Jahre. Die C-14-Methode kann nur für Altersbestimmungen bis zu etwa 55 000 Jahren verwendet werden.

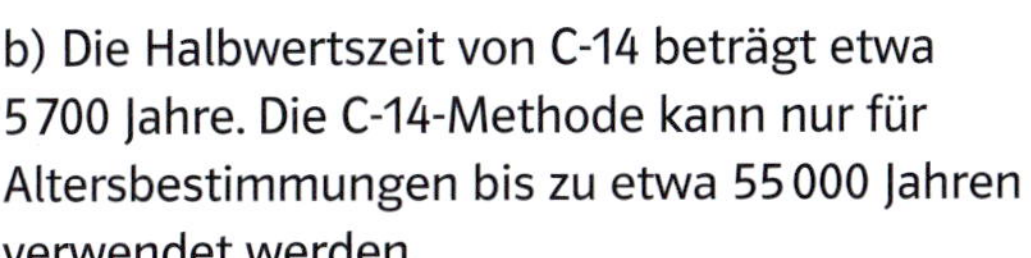

Auf welchen Wert ist der ursprüngliche C-14-Gehalt in der Probe nach dieser Zeit gesunken? Schätze möglichst einfach ab und begründe mit dem Ergebnis die Grenze in der Altersbestimmung.

c) Aus der Zeitung „Kurier" vom 19.06.2012: „Das Wiener AKH und die MedUni Wien werden das neue Gamma-Knife ‚Perfexion' in Betrieb nehmen. [...] Das neue, rund 5,5 Millionen Euro teure, von Bund und Stadt Wien finanzierte Gerät wird das einzige in Österreich bleiben."
Aus der Zeitung „Die Presse" vom 14.11.2008: „Vernichtend fällt der am Donnerstag veröffentlichte Bericht des Wiener Kontrollamtes zum neuen Riesenrad-Vorplatz im Prater aus: Verdoppelung der Bau- und Errichtungskosten auf mindestens 60 Millionen Euro."
Wie funktioniert, kurz erklärt, ein Gamma-Knife? Was erstaunt, wenn man die beiden Zitate gegenüberstellt.

d) Es gibt den metaphorisch gemeinten Spruch: „Das Wissen in der Medizin hat eine Halbwertszeit von 6 Jahren." Wie kann man diese Aussage interpretieren?

e) Mit der C-14-Methode kann man maximal auf etwa 55 000 Jahre rückdatieren. Warum? Stelle eine Hypothese auf.

F184 a) Was passiert bei einer Kernspaltung bzw. wie wird sie ausgelöst? Bei Kernspaltungen werden auch immer Neutronen frei. Überlege mit Hilfe der Abbildung, warum das so ist.

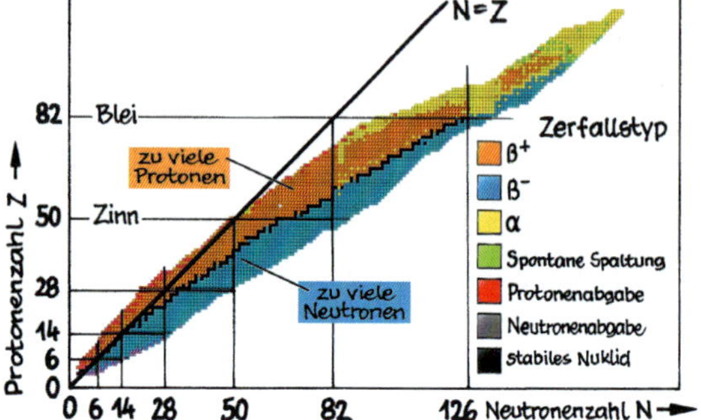

b) Beschreibe möglichst einfach die Funktionsweise eines Atomkraftwerks. Gehe weiters auf folgende Frage auf gutefrage.net ein (Originaltext): „Guten tag von meinem Fenster aus kann ich das Atomkraftwerk Grohnde betrachten. Es kommt grad unheimlich viel Rauch aus dem Akw muss ich mir sorgen machen? und ist der rauch schädlich?" Was kommt aus dem Kraftwerk? Muss man sich unter normalen Umständen Sorgen machen? Welcher Zusammenhang besteht zur einleitenden Frage?

c) Was versteht man unter dem Massendefekt? Erkläre mit Hilfe der Abbildung, warum bei Kernspaltung Energie freigesetzt wird.

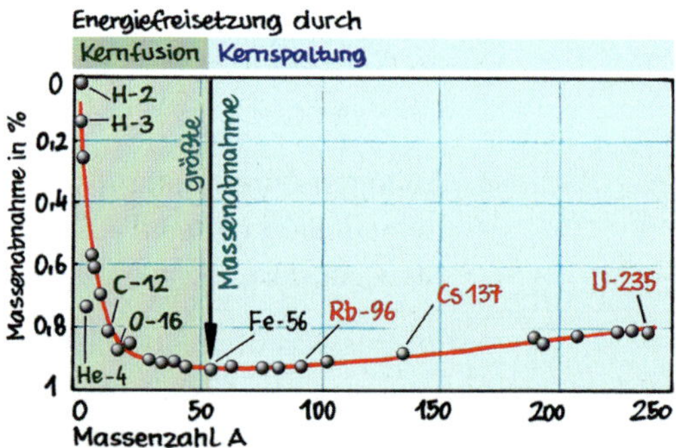

d) Erläutere kurz, wie es zu den Katastrophen in Tschernobyl und Fukushima kam.
Erkläre, welche weiteren Probleme im Zusammenhang mit Kernenergie auftreten können. Verwende für deine Erklärung die Abbildung.

F185 a) Du verdankst dein Leben einem quantenmechanischen Effekt!
Begründe diese Aussage mit Hilfe der Abbildung sowie dem Text und der Tabelle in Frage c.

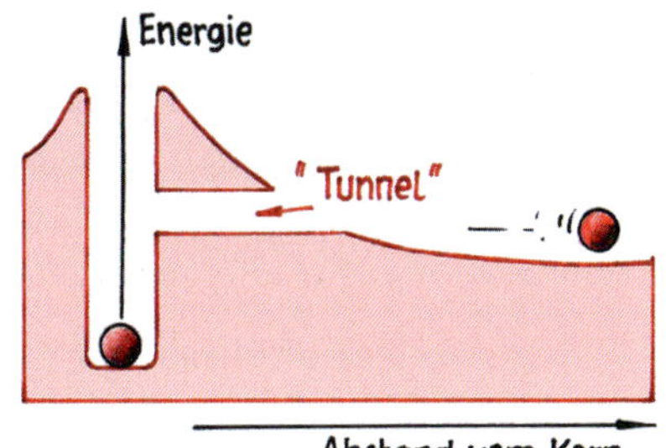

b) Der Fusionsreaktor Sonne hat die unfassbare Leistung von rund 10^{26} Watt. Berechne den Massendefekt pro Sekunde. Wie groß wäre ein „Wasserwürfel" mit derselben Masse? Rechne mit $c = 3 \cdot 10^8\,m/s$.

c) Die Tabelle zeigt die Tunnelwahrscheinlichkeit für den Fall, dass sich zwei Protonen zentral bis auf einen bestimmten Abstand annähern. In der mittleren Spalte ist die Energie angegeben, um an diesen Abstand heranzukommen. Es wird hier angenommen, dass die Kernkraft bei $10^{-15}\,m$ zu wirken beginnt. Klassisch gesehen wäre für eine Fusion eine Energie von etwa 1 MeV nötig, sie liegt aber tatsächlich nur in der Größenordnung von 10 keV.
Welcher Zusammenhang besteht zwischen der Tunnelwahrscheinlichkeit und der Energie des Protons? Was kann man daraus schließen?

Abstand *x* in $10^{-12}\,m$	Energie in keV	Tunnelwahrscheinlichkeit
0,2	14	$9 \cdot 10^{-7}$
0,5	5,8	$1,6 \cdot 10^{-10}$
1	2,9	$9 \cdot 10^{-15}$
2	1,4	$9 \cdot 10^{-21}$

d) In einem Internetforum stellt ein User die Frage: „Kernfusion bei 200 000 000 Grad? Wie kann man sich das vorstellen? In Gefäßen aus welchem Material ist das möglich?" Erkläre, wie man versucht, Kernfusion technisch umzusetzen und gehe in diesem Zusammenhang auch auf das Zitat ein.

F186 a) HERBERT PIETSCHMANN schreibt in seinem Buch „Geschichten zur Teilchenphysik" Folgendes: „In der Quantenwelt haben wir oft keine Wahl. Entweder wir machen uns gar keine Vorstellungen (was für optische Menschen schwierig ist), oder unsere Vorstellungen sind falsch. Der einzige Ausweg ist, sich eine falsche Vorstellung zu machen und immer dazu zu denken, wo sie falsch ist."
Wende dieses Zitat auf den Elektronenspin an.

b) Welche Werte kann der Teilchenspin annehmen? Erkläre in diesem Zusammehang die Abbildung und stelle einen Bezug zu Frage a her.

c) Wie würde sich das Universum verändern, wenn es das Pauli-Verbot nicht gäbe? Stelle dazu eine Hypothese auf.

d) Welche Probleme werden bei der technischen Umsetzung eines Lichtschwerts auftreten? Überlege, was an dem folgenden Zitat aus Wikipedia „problematisch" ist: „Da die Jedi traditionell nur das Lichtschwert als Waffe benutzen, in einer Welt die hauptsächlich von Schusswaffen regiert wird, mussten sie ihre übernatürlichen Fähigkeiten soweit schulen, dass sie die Schüsse dieser Waffen ablenken oder zurückwerfen konnten."

F187 a) Lange Zeit war nicht klar, ob sich Neutrinos mit Lichtgeschwindigkeit bewegen oder nicht. Dann entdeckte man, dass sich Neutrinos ineinander umwandeln können. Damit war klar, dass sich Neutrinos *nicht* mit c bewegen können. Warum? Verwende für deine Erklärung die Gleichung

$t_b = t_r \sqrt{1 - \frac{v^2}{c^2}}$ aus der SRT.

b) Stelle einen Zusammenhang zwischen der Tabelle, dem Δ^{++}-Teilchen und der Abbildung her!

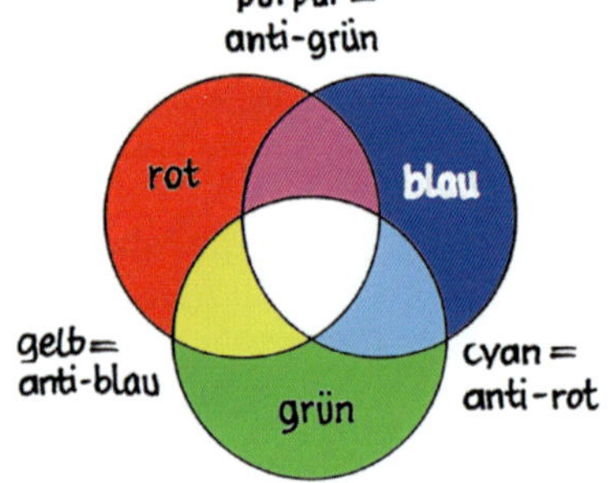

Quarks, Spin 1/2

„Geschmack"	Ladung	entdeckt	Ruhemasse MeV/c^2	
Up u	+2/3	≈1970	3	normale Materie
Down d	- 1/3	≈1970	6	

c) Die Folge „In der Hand von Terroristen" aus der Serie Star Trek wird auf de.memory-alpha.org folgendermaßen beschrieben: „Die Enterprise dockt an der Remmler-Phalanx an, um eine überfällige Säuberung des Schiffes von Baryon-Partikeln durchführen zu lassen. Diese entstehen durch den Warpkern und sind eine normale Begleiterscheinung der Funktionen eines Raumschiffs."
Was ist zu dieser Handlung zu sagen? Überlege dir dazu mit Hilfe der Abb., woraus Baryonen bestehen und welche die „prominentesten" sind.

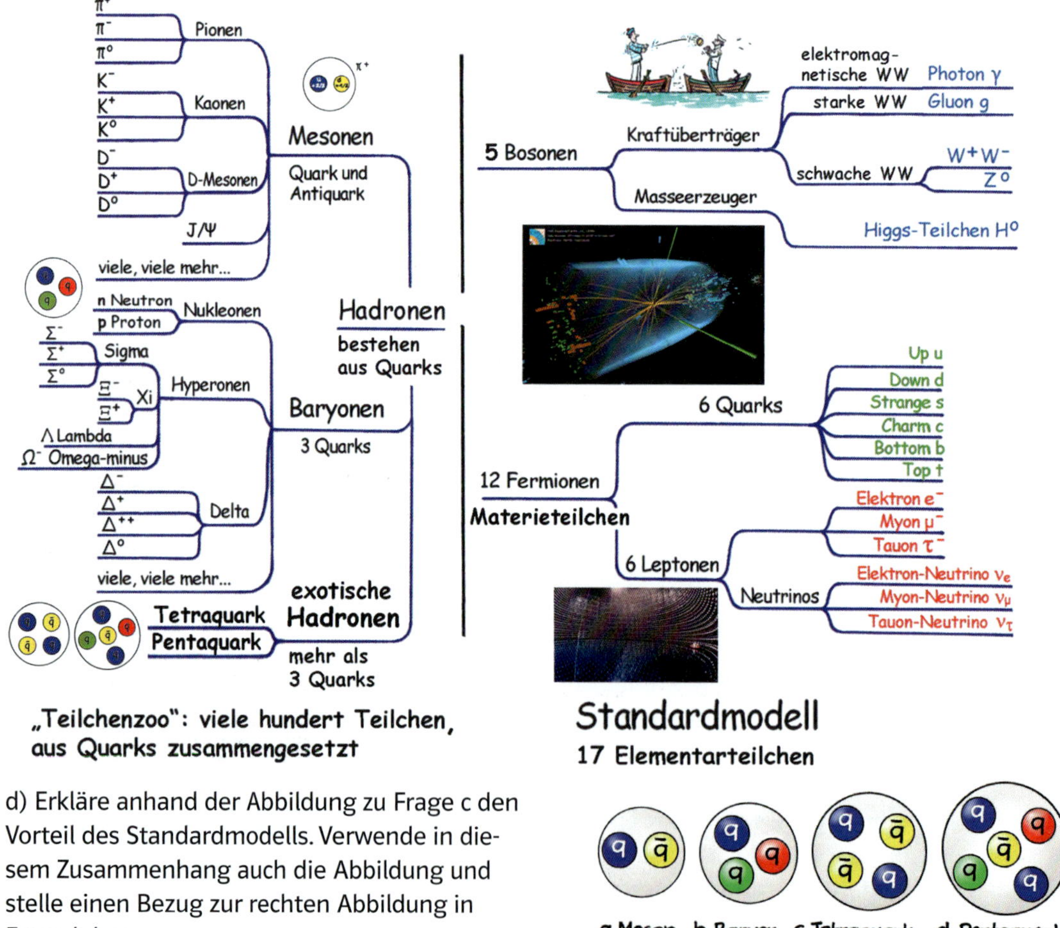

d) Erkläre anhand der Abbildung zu Frage c den Vorteil des Standardmodells. Verwende in diesem Zusammenhang auch die Abbildung und stelle einen Bezug zur rechten Abbildung in Frage b her.

F188 a) Erkläre mit Hilfe der Abbildung kurz und überblicksmäßig, wie in der Vergangenheit bereits die Vereinheitlichung von Kräften gelungen ist und was noch offen ist.

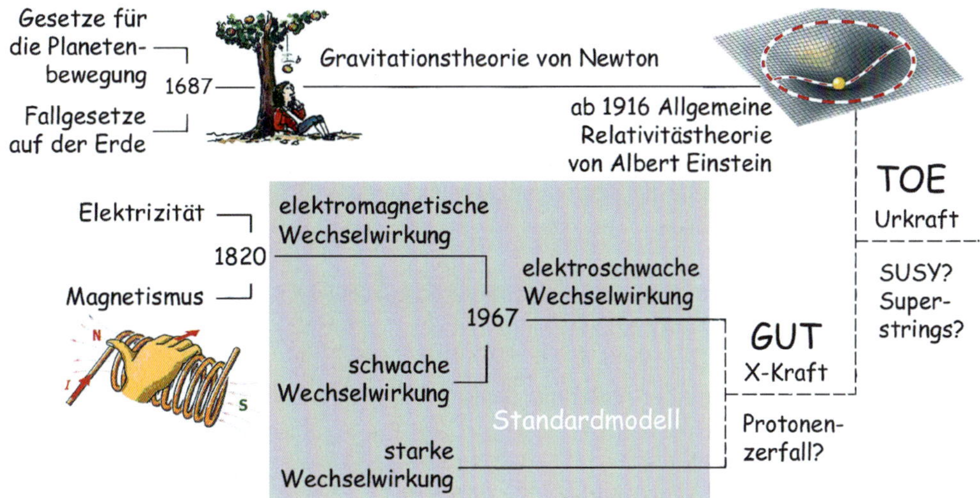

b) Was versteht man unter einer Hypothese und was unter einer Theorie? Warum ist daher der Begriff Stringtheorie sehr schlecht gewählt? Was verwundert dabei?

c) In Streuexperimenten konnte man 1969 die innere Struktur von Protonen belegen. Warum sind dazu extrem hohe Energien im Teilchenbeschleuniger notwendig?

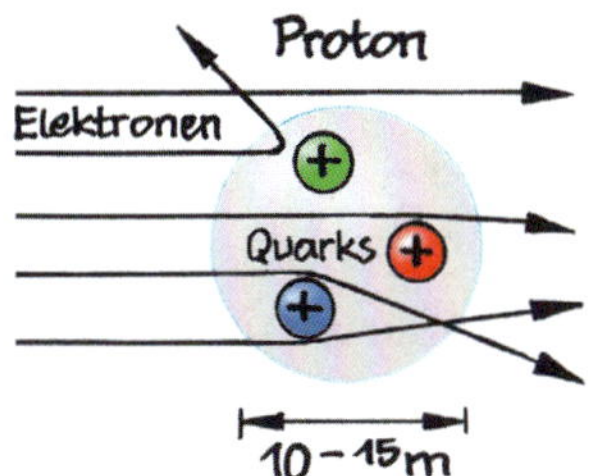

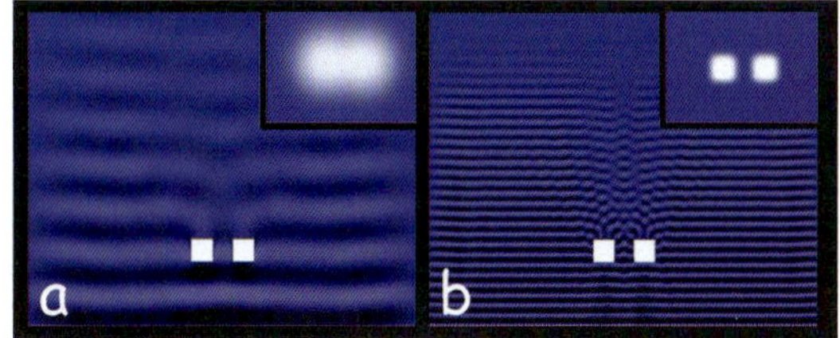

Erkläre qualitativ mit Hilfe der beiden Abbildungen.

d) Was versteht man unter dem Higgs-Boson und wie wurde es entdeckt? Verwende für deine Erklärung die Abbildung.

e) Die hohen Kosten von etwa 10 Mrd. € für den Bau des LHC und die Erhaltungskosten von etwa 1 Mrd. € pro Jahr haben immer wieder Kritik in der Bevölkerung hervorgerufen.
Stelle sie den folgenden Kosten gegenüber und ziehe deine Schlüsse daraus:
1) Österreichs jährlicher CERN-Beitrag etwa 21 Mio. € (Stand 2019)
2) Gesamtkosten für den Betrieb der internationalen Raumstation ISS etwa 100 Mrd. €
3) Ankauf der Eurofighter für Österreich 1,6 Mrd. €
4) Jährliches weltweites Militärbudget 2018 1700 Mrd. €

B Trainingsaufgaben

F189 Stöße mit Neutronen

1930 entdeckte der Physiker Walter Bothe, dass Berylliumfolie, die mit α-Teilchen bestrahlt wird, ihrerseits eine Strahlung aussendet. Bei Untersuchungen dieser Strahlung konnten folgende Ergebnisse gefunden werden:
- Die Strahlung löst aus wasserstoffhaltigem Material (z. B. Paraffin) Protonen aus.
- Die Strahlung kann Stickstoff-Kerne beschleunigen.
- Die Geschwindigkeit der herausgelösten Protonen ist 7,5-mal größer als die Geschwindigkeit der Stickstoff-Kerne.

Aufgrund dieser und anderer Erkenntnisse postulierte Sir James Chadwick 1932, dass es sich bei dieser Strahlung um Teilchenstrahlung handeln muss und dass es sich bei der Wechselwirkung dieser Teilchenstrahlung mit den Wasserstoff- bzw. Stickstoff-Kernen um Stöße handelt.
Bestimmen Sie unter der Annahme, dass es sich um zentrale elastische Stöße handelt, die Masse der Teilchen der neuen Strahlung.

F190 Nachweis radioaktiver Strahlung

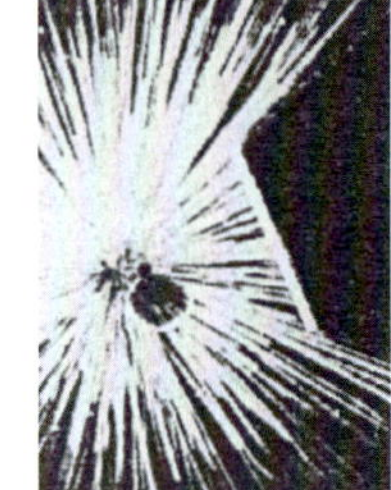

a) Fertigen Sie eine Schaltskizze zum Geiger-Müller-Zählrohr an. Erklären Sie seine Funktionsweise.

b) Mit einer Nebelkammer lassen sich Spuren ionisierender Strahlung sichtbar machen. Erklären Sie, wie ein solches Bild entsteht und welche Aussagen man über die ionisierende Strahlung machen kann.

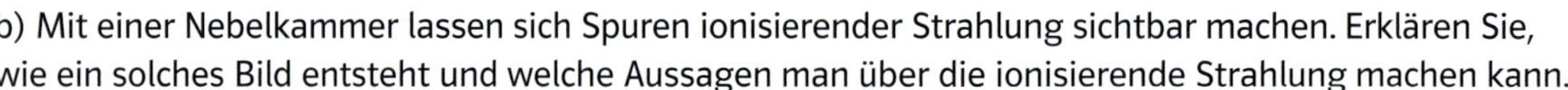

c) Nennen Sie drei weitere Nachweisgeräte für ionisierende Strahlung.

F191 Eigenschaften radioaktiver Strahlung

Die Strahlung radioaktiver Stoffe kann Atome oder Moleküle der umgebenden Stoffe ionisieren.

a) Geben Sie an, was man unter α-, β- und γ-Strahlung versteht. Nennen Sie Eigenschaften dieser Strahlungsarten (Energie, Reichweite, Absorption).

b) Ein schmales Bündel ionisierender Strahlung geht senkrecht zu den Feldlinien durch ein starkes Magnetfeld. Beschreiben Sie, wie sich die Strahlung verhält.

c) Beschreiben Sie einige biologische Folgen ionisierender Strahlung.

F192 Zählrate 1

a) Die Zählrate z in der Umgebung eines radioaktiven Präparates nimmt mit der Zeit ab. Mit dem Geiger-Müller-Zählrohr wurde die folgende Messreihe aufgenommen. Die Nullrate ist bereits berücksichtigt.

t in s	0	60	120	180	240	300	360	420	480
z in s^{-1}	41	28	22	18	13	10	9	6	5

Zeichnen Sie ein t-z-Diagramm und begründen Sie, dass die Zählrate nach einem Exponentialgesetz abnimmt.
Bestimmen Sie mit Hilfe des Diagramms die Halbwertszeit $T_{1/2}$ und die Zerfallskonstante λ. Geben Sie das Zerfallsgesetz an.

b) In der Medizin, Technik und Forschung wird Co-57 als γ-Strahler eingesetzt.
Die Halbwertszeit beträgt 270 Tage. Für einen Einsatz wird eine Anfangsaktivität von $5{,}0 \cdot 10^6$ Bq benötigt. Wie lange kann man mit dem Präparat arbeiten, bis die Aktivität auf $4{,}0 \cdot 10^6$ Bq gefallen ist?

F193 **Zählrate 2**

Die Aktivität des radioaktiven Präparates $^{210}_{83}\mathrm{Bi}$ wird über längere Zeit gemessen. Es ergibt sich die folgende Messreihe. Die Nullrate ist bereits berücksichtigt.

t in d	0	2	4	6	8	10	12	14	16
z in s^{-1}	70	48	37	27	22	17	15	10	8

a) Zeichnen Sie das zugehörige Diagramm und bestimmen Sie daraus die Halbwertszeit $T_{1/2}$ des Präparats.

b) Geben Sie an, welcher Prozentsatz der Bi-Kerne nach 15 Tagen noch unzerfallen und welcher nach 30 Tagen bereits zerfallen ist.

c) Bei dem Präparat handelt es sich um einen β-Strahler. Geben Sie die zu diesem Zerfall gehörende Gleichung an.

d) $^{210}_{83}\mathrm{Bi}$ entsteht aus einem radioaktiven Isotop durch einen β-Zerfall, einen α-Zerfall und einen weiteren β-Zerfall. Schlagen Sie die Zerfallsreihe nach und geben Sie für den beschriebenen Ausschnitt die vollständige Zerfallsgleichung an.

F194 **Potenzialtopf**

a) Beschreiben Sie mit Hilfe einer Skizze das Potenzialtopfmodell des Atomkerns.

b) Erläutern Sie im Potenzialtopfmodell den α- und β^--Zerfall sowie die Entstehung von γ-Strahlung. Geben Sie die zugehörigen Zerfallsgleichungen an.

F195 **Elementarteilchen**

Das Bild zeigt die Spur eines geladenen Teilchens. Es bewegt sich parallel zur Papierebene in einem Magnetfeld, dessen Feldlinien senkrecht dazu stehen. Das Teilchen durchdringt eine Bleiplatte und wird dabei abgebremst.

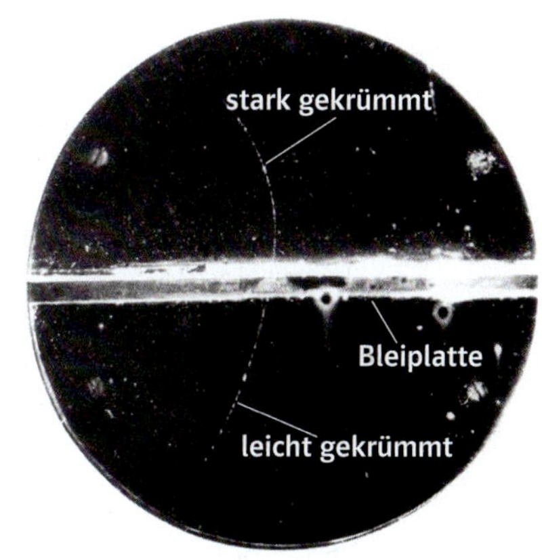

a) Erklären Sie die Krümmung der Bahn und begründen Sie die unterschiedliche Krümmung auf beiden Seiten der Bleiplatte.

b) Mit diesem Bild wurde das Positron entdeckt. Stellen Sie dar, welche Informationen außer dem vorliegenden Bild man dazu benötigt, um zu erkennen, dass es sich nicht um ein Elektron handelt.

c) Skizzieren Sie die Bahn, die sich bei Verwendung eines Elektrons ergeben würde. Das Elektron soll sich mit der gleichen Geschwindigkeit wie das Positron bewegen.

d) Deuten Sie nebenstehende Blasenkammeraufnahme mit den zwei entgegengesetzt laufenden Spiralbahnen.

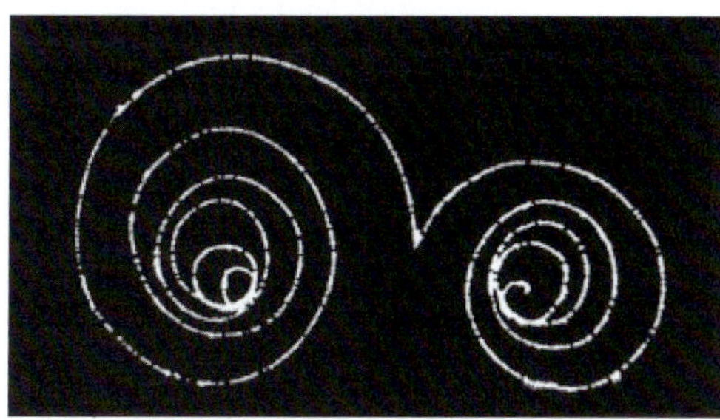

F196 **Die Sonne 2**

a) Die Sonne besteht zum größten Teil aus ionisiertem Wasserstoff. Sie gewinnt ihre Energie aus der Kernfusion von Wasserstoff. Bestimmen Sie die Geschwindigkeit eines Protons, das sich einem ruhenden Wasserstoffkern bis zu einem Abstand $d = 10^{-14}\,\text{m}$ der Mittelpunkte nähern soll. Berechnen Sie die Temperatur eines Gases, in dem die mittlere Teilchengeschwindigkeit den berechneten Wert hat.

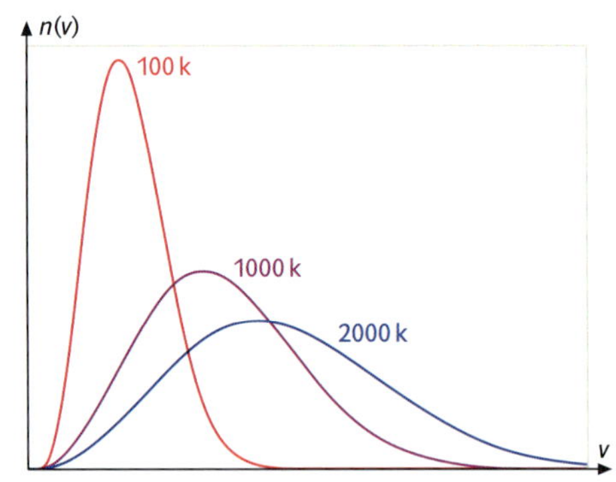

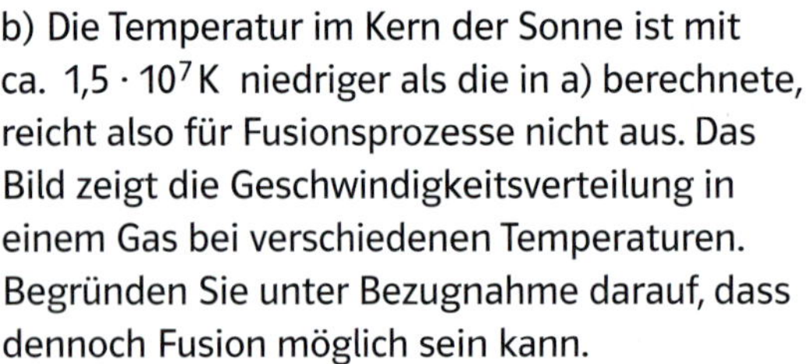

b) Die Temperatur im Kern der Sonne ist mit ca. $1{,}5 \cdot 10^7\,\text{K}$ niedriger als die in a) berechnete, reicht also für Fusionsprozesse nicht aus. Das Bild zeigt die Geschwindigkeitsverteilung in einem Gas bei verschiedenen Temperaturen. Begründen Sie unter Bezugnahme darauf, dass dennoch Fusion möglich sein kann.

F197 **Kernumwandlung 1**

Rutherford schickte 1919 α-Teilchen in eine mit Stickstoff gefüllte Nebelkammer. Er entdeckte eine Spur, die sich in eine lange dünne und eine kurze dicke gabelte. Er fand heraus, dass die dünne Spur zu einem Proton gehörte.

Das α-Teilchen stößt mit dem Stickstoffkern zusammen. Es bildet sich der Kern eines Fluor-Isotops. Dieser zerfällt in ein Proton und einen Sauerstoffkern.

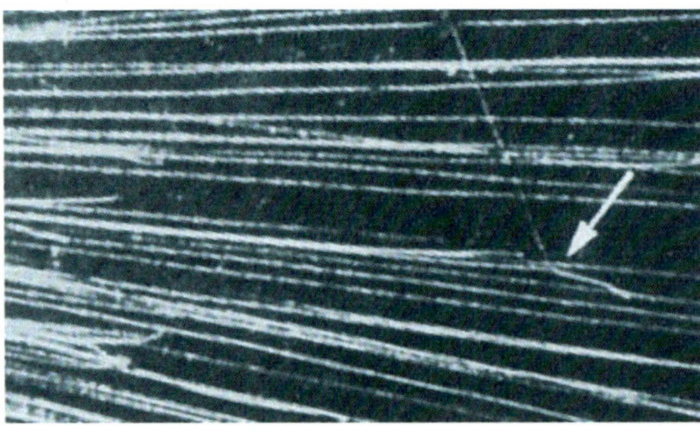

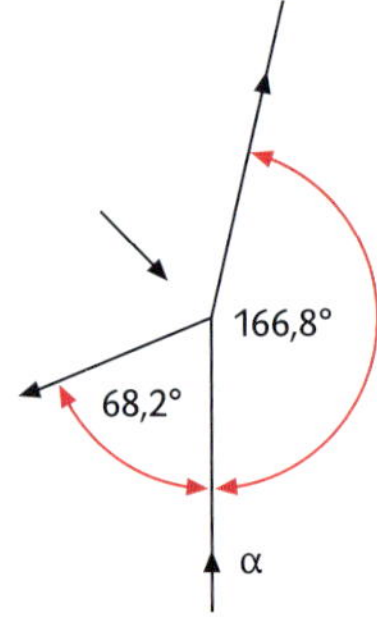

a) Stellen Sie die Reaktionsgleichung auf. Berechnen Sie die Mindestenergie, die ein α-Teilchen haben muss, damit die Kernumwandlung möglich ist.

b) Aus Reichweitemessungen weiß man, dass die Energie des α-Teilchens vor dem Stoß 3,9 MeV betrug. Berechnen Sie mit den Winkelangaben Impuls und kinetische Energie der wegfliegenden Teilchen. Vergleichen Sie die Energien. Geben Sie eine Erklärung für die Differenz an.

F198 **Kernumwandlung 2**

a) Zeigen Sie, dass die Beziehung $1\,\text{u} \cdot c^2 = 931{,}5\,\text{MeV}$ gilt.

b) Erläutern Sie am Beispiel des Heliumkerns Massendefekt und Bindungsenergie.

c) Erläutern Sie anhand der Abbildung, warum bei der Spaltung schwerer Kerne in zwei mittelschwere Kerne Energie freigesetzt wird.

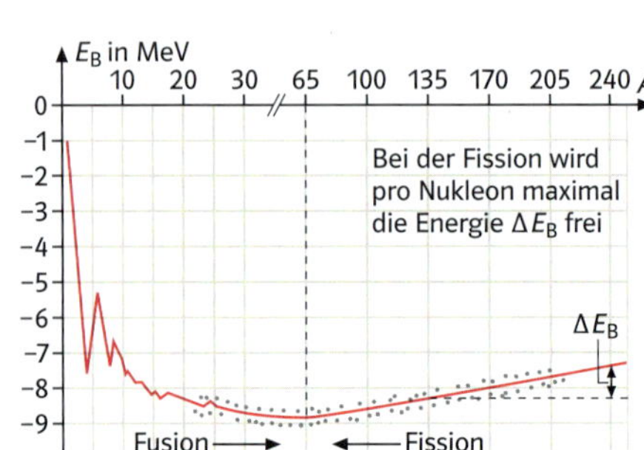

F199 **Die Sonne 3**

Die Sonne gewinnt ihre Energie aus der Fusion von Protonen. Diese läuft nach dem Bethe-Weizsäcker-Zyklus ab.

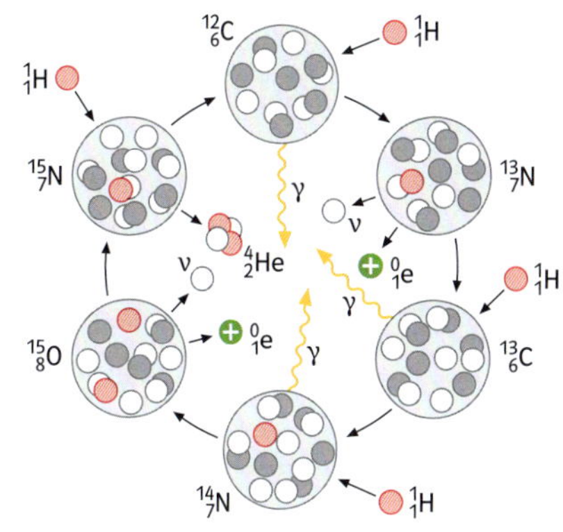

a) Geben Sie alle Kernumwandlungen des Zyklus an. Zeigen Sie, dass

$4 \cdot {}^{1}_{1}H \rightarrow {}^{4}_{2}He + 2 \cdot {}^{0}_{-1}e + 3\gamma + 2\nu + 24{,}7\,MeV$ ist.

Beginnen Sie mit ${}^{12}_{6}C + {}^{1}_{1}H \rightarrow {}^{13}_{7}N + \gamma$.

b) Zur Realisation einer Fusion müssen die Kerne gegen die abstoßende Coulombkraft in den Wirkungsbereich der Kernkräfte gelangen. Die dafür benötigte Energie beträgt etwa 0,40 MeV. Aus der kinetischen Gastheorie folgt für die mittlere Energie der Gasteilchen

$E_{kin} = \frac{3}{2} \cdot k \cdot T$ (k ist die Boltzmann-Konstante).

Berechnen Sie die Temperatur, die zum Erreichen der 0,40 MeV notwendig ist.

$m_p = 1{,}0072765\,u$; $m_{He} = 4{,}0015064\,u$; $m_e = 0{,}00054858\,u$

F200 Standardmodell

a) Das Standardmodell umfasst 12 elementare Bausteine. Ergänzen Sie die Tabelle:

Generation	I (leicht)	II (mittelschwer)	III (schwer)
Quarks	up-Quark u		
Leptonen			Tauon-Neutrino
		Myon μ^-	

b) Was sind Fermionen, was sind Bosonen?

c) Beschreiben Sie den Aufbau eines Neutrons im Standardmodell.

d) Zeichnen Sie für den β-Zerfall ein Feynman-Diagramm.

44 – 45 Astrophysik

A Verständnisaufgaben

F201 a) Du bist aus dem Alltag gewohnt, dass Gase das zur Verfügung stehende Volumen immer gleichmäßig ausfüllen. Es wird ziemlich sicher niemals passieren, dass sich die Luft in diesem Raum auf einmal zu einer Kugel zusammenballt. Auf der anderen Seite gibt es aber Gaskugeln im Weltall, nämlich die Sterne.
Warum ist das so? Verwende für deine Erklärung die Abbildung.

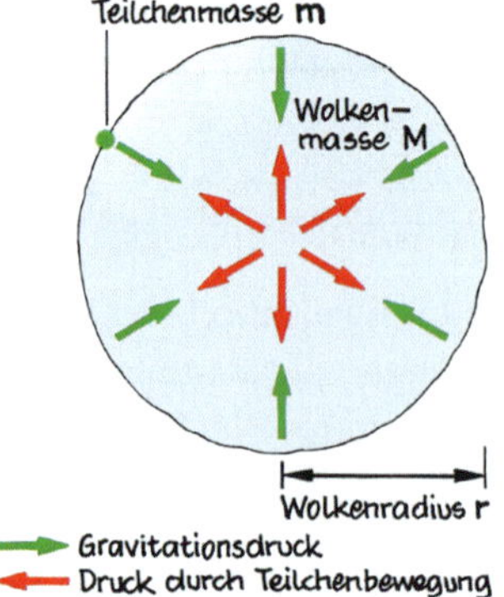

b) Was versteht man unter Blauen Riesen und Roten Zwergen? Vervollständige die Tabelle, indem du die in der ersten Spalte angegebenen Proportionalitäten berücksichtigst.

	Blauer Riese	Sonne	Roter Zwerg
relative Masse m	30	1	0,3
relativer Radius $r \sim m^{1/2}$		1	
Temperatur [K] $T \sim m^{1/2}$		5 800	
relative Leuchtkraft $L \sim m^3$		1	
Hauptreihenzeit in Jahren $t_h \sim 1/m^2$		$11 \cdot 10^9$	

c) Erkläre die Abbildung und stelle einen Zusammenhang zum Begriff Hertzsprung-Russel-Diagramm sowie zur Tabelle aus Frage b her.

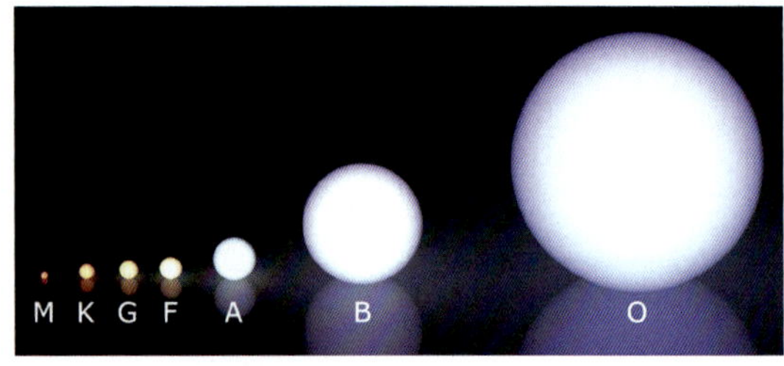

d) Was versteht man unter einem Schwarzen Strahler?
Erkläre in diesem Zusammenhang die Abbildung.
Überlege, was passieren würde, wenn du einen riesigen grünen Scheinwerfer nimmst und damit die Sonne beleuchtest. Wie würde sich die Farbe der Sonne an der beleuchteten Stelle ändern?

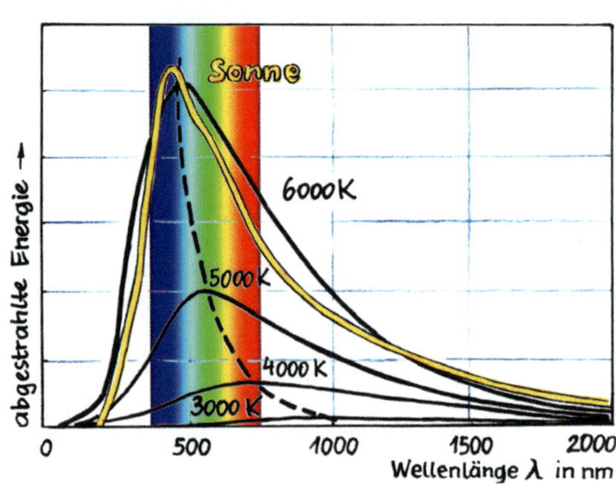

e) In einem Internetforum schreibt ein User: „Unter ‚schwarzen Körpern' versteht man in der Physik Gegenstände, die kein Licht reflektieren […]. Für einen Physiker ist die Sonne also beinahe schwarz." Kommentiere dieses Zitat und verwende dabei die Abbildung zu Frage c!

F202 a) Was musst du in der Apotheke kaufen, damit du Supernovareste bekommst? Warum ist es für uns Menschen so wichtig, dass es in der Vergangenheit bereits sehr viele Sternexplosionen gegeben hat? Verwende für deine Erklärung die Abbildung und erläutere diese!

1 H																	2 He
3 Li	4 Be											5 B	6 C	7 N	8 O	9 F	10 Ne
11 Na	12 Mg											13 Al	14 Si	15 P	16 S	17 Cl	18 Ar
19 K	20 Ca	21 Sc	22 Ti	23 V	24 Cr	25 Mn	26 Fe	27 Co	28 Ni	29 Cu	30 Zn	31 Ga	32 Ge	33 As	34 Se	35 Br	36 Kr
37 Rb	38 Sr	39 Y	40 Zr	41 Nb	42 Mo	43 Tc	44 Ru	45 Rh	46 Pd	47 Ag	48 Cd	49 In	50 Sn	51 Sb	52 Te	53 I	54 Xe
55 Cs	56 Ba	57-71 La-Lu	72 Hf	73 Ta	74 W	75 Re	76 Os	77 Ir	78 Pt	79 Au	80 Hg	81 Tl	82 Pb	83 Bi	84 Po	85 At	86 Rn
87 Fr	88 Ra	89-102 Ac-Lr	104 Rf	105 Db	106 Sb	107 Bh	108 Hs	109 Mt	110 Ds	111 Rg	112 Uub	113 Uut	114 Uuq	115 Uup	116 Uuh		118 Uuo

Elemente, aus denen der Mensch aufgebaut ist: Blau sind die Grundelemente, aus denen alles Leben besteht, rot Mineralstoffe, grün Spurenelemente

b) Schätze die Dichte eines Atomkerns ab. Nimm dazu exemplarisch ein Proton ($1{,}7 \cdot 10^{-27}$ kg), also einen Wasserstoffkern, und verwende die Gleichung für den Radius eines Atomkerns: $r \approx 1{,}2 \cdot 10^{-15} \cdot \sqrt[3]{\text{rel Atomgewicht}}$ m.

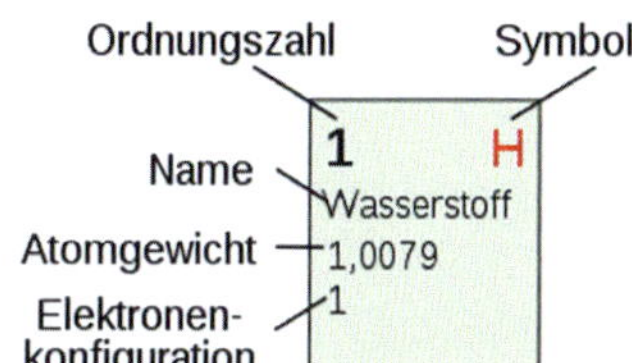

Das Volumen einer Kugel kann man mit $V = 4r^3 \cdot \pi/3$ berechnen, und es gilt $\varrho = M/V$. Hilf dir mit der Abbildung!

c) Neutronensterne haben Dichten, die um die Größenordnung $10^{17}\,\text{kg/m}^3$ liegen. Was hat das mit Frage b und der Gleichung $p^+ + e^- \rightarrow n + \nu_e$ zu tun?

d) In einem Internetforum schreibt ein User: „Bei Neutronensternen kann die Dichte ungefähr 1 Tonne/cm³ betragen. Ein Teelöffel Neutronenstern wiegt also rund eine Tonne.“ Kommentiere das Zitat und verwende dazu die Angabe zu Frage c.

e) Erkläre zunächst die Formel $R_S = \frac{2G \cdot M}{c^2}$. Bereche dann mit ihrer Hilfe, welche Dichte ein Schwarzes Loch mit 2,5 Sonnenmassen ($5 \cdot 10^{30}$ kg) hätte. Verwende dazu die Formeln aus Frage b.

F203 a) Was versteht man unter dem Hubble-Gesetz und wie wurde es entdeckt? Warum trägt es seinen Namen nicht unbedingt zu Recht? Verwende für deine Erklärung die Abbildung.

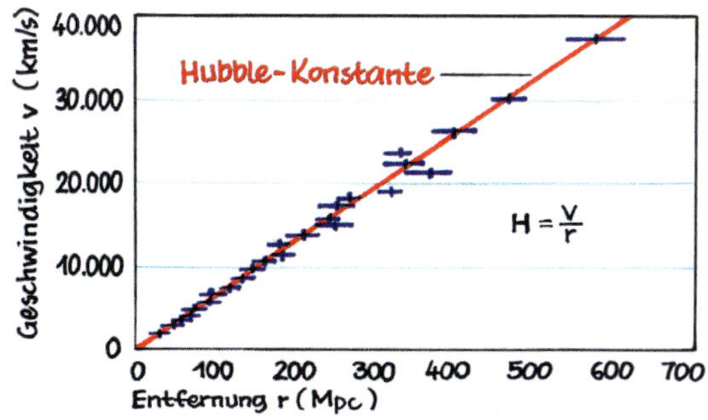

b) Der Andromedanebel, rund 2,5 Mio. Lichtjahre oder etwa 0,8 Mpc von uns entfernt, bewegt sich mit 200 bis 400 km/s auf uns *zu*. Wie lässt sich das mit dem Hubble-Gesetz vereinbaren? Welcher Zusammenhang besteht zur Abbildung?

c) Kommentiere folgendes Zitat (Quelle: www.gym-vaterstetten.de) und verwende dabei die Abbildung: „Betrachtet man das Licht von entfernten Galaxien, so stellt man fest, dass alle charakteristischen Linien (z. B. die Linien des Wasserstoffs) in den Spektren zu niedrigen Frequenzen (in den roten Bereich) verschoben sind, und zwar um so mehr, je weiter die Galaxien von uns entfernt sind. Ähnlich wie die Frequenz des Huptons eines Autos bei Bewegung auf uns zu höher, und bei Bewegung von uns weg tiefer wird, sinkt auch die Frequenz des Lichtes, wenn sich eine Lichtquelle von uns entfernt, und zwar um so mehr, je schneller sich die Lichtquelle entfernt (Dopplereffekt)."

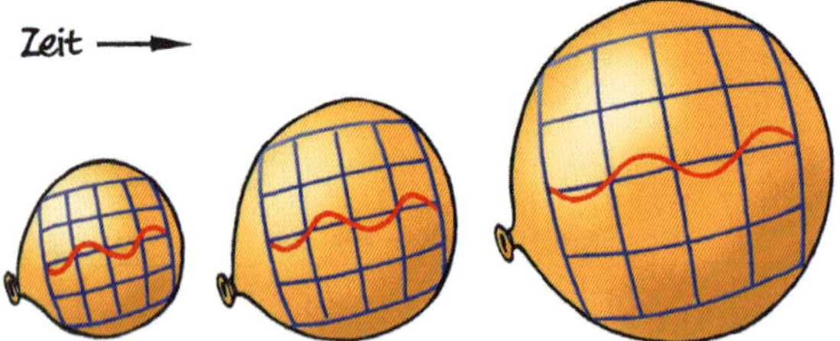

d) Man sagt, die Hintergrundstrahlung ist ein „Fingerabdruck" des frühen Universums. Was ist damit gemeint? Erkläre mit Hilfe der Abbildung.

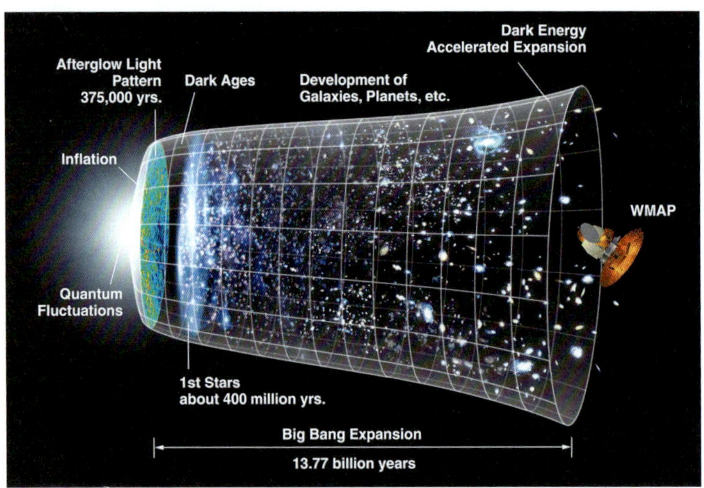

e) Im Film „Star Wars" von 1977 spricht Han Solo über sein Schiff „Rasender Falke" und sagt dabei: „Das Schiff machte den Korsalflug in weniger als 12 Parsec!"
Kommentiere diese Aussage! Welcher Kontext besteht zum Begriff Lichtjahr?

F204 a) Juli Zeh schreibt in ihrem Roman „Schilf": „Er will ihn daran erinnern, dass das gesamte Universum sein Bestehen einem Symmetriebruch verdankt."
Was hat sie damit gemeint? Verwende für deine Erklärung die Abbildung!

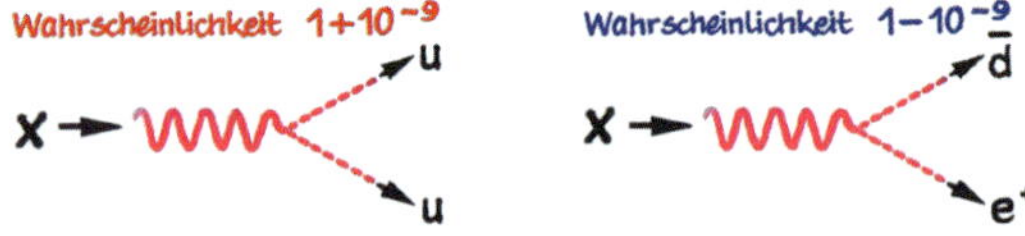

b) Schätze die Masse des sichtbaren Universums ab. Nimm dazu Folgendes an:

1) Die Sonne ist ein durchschnittlicher Stern und ihre Masse beträgt $2 \cdot 10^{30}$ kg.
2) Galaxien haben im Schnitt 10^{11} Sterne.
3) Man schätzt die Anzahl der Galaxien im sichtbaren Universum auf 10^{11}.
4) Der sichtbare Teil des Universums macht nur einen Bruchteil der Masse aus (siehe Abbildung).

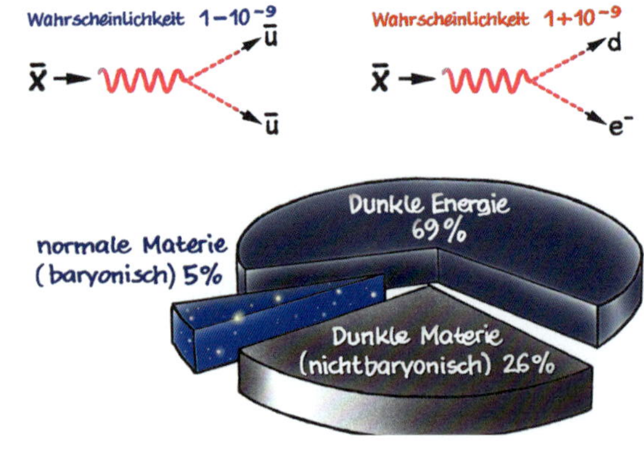

c) Erkläre, warum die in der Abbildung dargestellten Messwerte ein starker Hinweis auf die dunkle Materie sind.

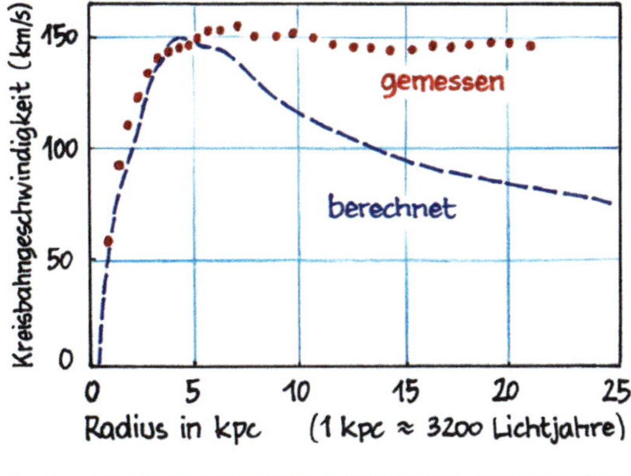

d) Auf www.scinexx.de (9.4.19) ist Folgendes zu lesen: „Blick in die kosmische Vergangenheit: Astronomen haben die bisher älteste bekannte Galaxie entdeckt. Sie liegt 13,4 Milliarden Lichtjahre entfernt, ihr Licht stammt daher aus einer Zeit nur 400 Millionen Jahre nach dem Urknall. Die Galaxie ist zwar viel kleiner als unsere heutige Milchstraße, produziert aber dafür besonders schnell neue Sterne, wie die Forscher berichten."
Kommentiere dieses Zitat! Wie könnte man die „heikle" Passage besser formulieren?

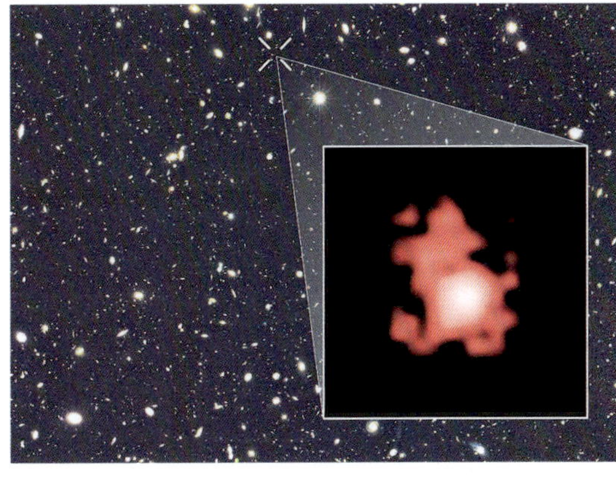

B Trainingsaufgaben

F205 **Astronomische Spektren**

a) Astronomische Spektren sind entweder Emissions- oder Absorptionsspektren. Erläutern Sie, wie diese entstehen.

b) Die Abbildung zeigt das Spektrum des Quasars 3 C 273.
Das Verhältnis der Wellenlängen der markierten Linien entspricht dem der Balmerserie. Überprüfen Sie dies.

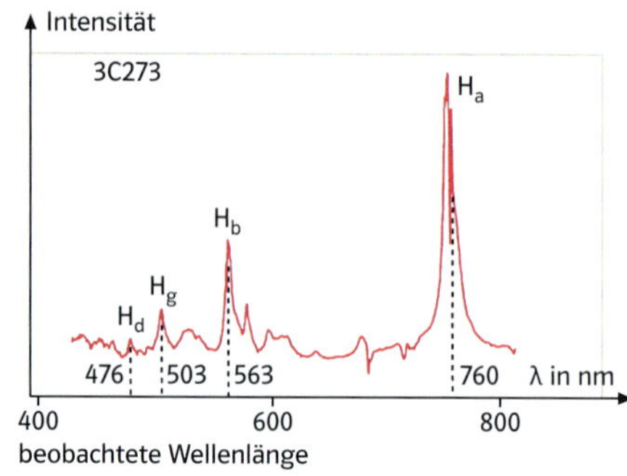

Balmerserie

rot	grün	blau	violett
656 nm	486 nm	434 nm	410 nm

c) Ermitteln Sie die Rotverschiebung.

d) Berechnen Sie die Fluchtgeschwindigkeit (H = 65 km/(s · Mpc)). Es genügt eine nichtrelativistische Rechnung.

e) Berechnen Sie die Entfernung des Quasars.

1 – 45 Prüfungen

C Prüfungsaufgaben

Einleitung
In der Bundesrepublik Deutschland gibt es verschiedene Ausprägungen von Abiturprüfungen. Bis auf wenige Ausnahmen werden die Aufgaben im Fach Physik in den Bundesländern zentral gestellt.
Für Sie als Prüfling, der vor seiner Abiturprüfung steht, ist es wichtig, dass Sie sich rechtzeitig über die in Ihrem Bundesland geltenden Regelungen für die Abiturprüfung in Physik informieren. In der Regel wird Ihnen Ihre Lehrkraft alle Informationen, die Sie für eine umfassende Vorbereitung benötigen, zur Verfügung stellen.

Die Aufgabenstellungen in allen Bundesländern orientieren sich an den einheitlichen Prüfungsanforderungen (EPA) für das Fach Physik.
Sie formulieren einige Vorgaben.
- Eine Prüfungsaufgabe soll Aufgaben aus mindestens zwei verschiedenen Sachgebieten enthalten.
- Der Inhalt einer Prüfungsaufgabe soll sich aus den Inhalten von mindestens zwei Kurshalbjahren zusammensetzen.
- Eine Prüfungsaufgabe kann eine zusätzliche experimentelle Aufgabe enthalten.

Als Prüfungsaufgabe wird dabei die Gesamtheit dessen verstanden, was Sie in der Prüfung zu bearbeiten haben.

Um zu gewährleisten, dass Sie als Prüfling auch alle Inhalte einer Aufgabe im Unterricht behandelt haben, gibt es bei allen zentral geprüften Aufgabenstellungen Wahlmöglichkeiten. So wird vermieden, dass Sie in der Prüfung ein Thema bearbeiten müssen, welches Sie – aus welchen Gründen auch immer – im Unterricht nicht behandelt haben. In einigen Bundesländern wählt die Fachkommission Physik bzw. die Sie unterrichtende Fachlehrkraft die zu bearbeitenden Aufgaben einer Prüfungsaufgabe aus. In anderen Bundesländern haben Sie als Prüfling die Wahlmöglichkeit.

Im Folgenden finden Sie Prüfungsaufgaben, die Beispiele möglicher Prüfungsaufgaben aus verschiedenen Bundesländern widerspiegeln sollen. Es handelt sich nicht um Originalprüfungsaufgaben aus vergangenen Abiturprüfungen. Es wird nicht angestrebt, alle denkbaren Varianten abzubilden. In der Übersicht über die Prüfungsaufgaben finden Sie Hinweise auf das Konstruktionsprinzip, Wahlmöglichkeiten und die Bearbeitungszeit. Bei dem vorgelegten Material müssen Sie davon ausgehen, dass eine Auswahl schon stattgefunden hat. D.h., das unter einer Bezeichnung, z.B. **P3**, zusammengefasste Material muss vollständig in einer Prüfung bearbeitet werden.

Selbstverständlich können Sie die einzelnen Bestandteile (Aufgaben) der Prüfungsaufgaben zur weiteren Vertiefung Ihres Prüfungsstoffes verwenden. Es empfiehlt sich aber auch, eine oder mehrere Prüfungsaufgaben unter Realbedingungen zu bearbeiten. Das bedeutet, dass Sie möglichst ohne Ablenkung und nur mithilfe der auch während der Abiturprüfung zugelassenen Hilfsmittel (Taschenrechner, Formelsammlung) innerhalb der angegebenen Bearbeitungszeit die Prüfungsaufgabe vollständig bearbeiten.
Grundsätzlich fließen die sprachliche Gestaltung (insbesondere die angemessene Verwendung der Fachsprache), die Klarheit der Gedankenführung, die Qualität in der Ausführung von Skizzen oder Zeichnungen usw. in die Bewertung einer Prüfungsaufgabe ein.

Besondere Anforderungen hinsichtlich der Dokumentation ergeben sich bei der Arbeit mit dem Taschenrechner oder bei selbst durchzuführenden Experimenten, die in einigen Bundesländern Teil einer Prüfungsaufgabe sein können. Hier geht es darum, Lösungsschritte für den Leser ihrer Arbeit nachvollziehbar zu machen. In welcher Weise die Dokumentation von Ihnen erwartet wird, werden Sie im Unterricht erfahren haben. In einigen Lösungen dieses Kapitels sind solche Dokumentationen enthalten. Sie sind als Beispiele denkbarer Vorgehensweisen gedacht.

P1, P2, P3 und P3a
Jeweils die gesamte Prüfungsaufgabe steht unter einem Thema. Davon ausgehend werden in Teilaufgaben verschiedene Inhaltsbereiche angesprochen.
Ihnen werden zwei komplette Prüfungsaufgaben vorgelegt, von denen Sie eine auswählen.

Es ist möglich, dass ein Schülerexperiment Bestandteil eines Abiturvorschlages ist. Wenn ein solcher Vorschlag in Ihrer Schule möglich ist, werden Sie darüber frühzeitig informiert und Sie werden im Unterricht Erfahrungen mit möglichen Geräten gesammelt haben. Sie haben eine Wahlmöglichkeit und können sich auch für einen Vorschlag ohne Experiment entscheiden. Die Prüfungsaufgaben **P3** und **P3a** bieten hierfür ein Beispiel. Sie können einschätzen, welchen Stellenwert das Experiment im Gesamtvorschlag hat. Das Experiment können Sie mit häuslichen Mitteln nicht durchführen. Es werden Ihnen Messwerte mitgeteilt, die Sie im Realfall selbst ermitteln müssten. Eine eventuell geforderte Auswertung können Sie mit diesen Werten durchführen.
Bearbeitungszeit: 300 Min

P4
Sie erhalten 3 Aufgabensätze A, B, C mit je zwei Aufgaben. Jede Aufgabe aus einem der Teile A, B, C kann aus mehreren Teilaufgaben bestehen. Sie wählen aus jedem Satz eine Aufgabe aus. In der Prüfungsaufgabe **P4** hat eine solche Wahl bereits stattgefunden.
Bearbeitungszeit 240 Min

P5
Ein Fachausschuss von Physiklehrern an Ihrer Schule wählt aus zwei Aufgabengruppen je eine Aufgabe aus. Diese zwei Aufgaben bilden zusammen die Prüfungsaufgabe. Als Schüler haben Sie keine Wahlmöglichkeit. Jede der Aufgaben besteht in der Regel aus Teilaufgaben, sodass unterschiedliche Sachgebiete geprüft werden.
Bearbeitungszeit 180 Min

P6
Sie bekommen ein Aufgabenpaket mit einem **Grundlagenteil G** und einem **Vertiefungsteil V.** Daraus wählen Sie je einen Teil aus. Beide Teile können mehrere Teilaufgaben enthalten. In der Prüfungsaufgabe **P6** hat eine solche Wahl bereits stattgefunden.
Bearbeitungszeit 300 Min

P7
Sie bekommen ein Aufgabenpaket mit den Bestandteilen A1/A2, B1/B2 und E1/E2. Daraus wählen Sie je ein Teil aus. E ist ein von Ihnen im Rahmen der Prüfung durchzuführendes Experiment. Bei dem vorgelegten Material wurde die Auswahl bereits vorgenommen. Als Experiment wurde eines gewählt, das Sie auch zu Hause durchführen können. Die Durchführung wird erleichtert, wenn Sie mit einem Partner zusammen arbeiten.
Die Bearbeitungszeit ist 270 Min.

F206 P1 – Untersuchungen an Elektronenröhren

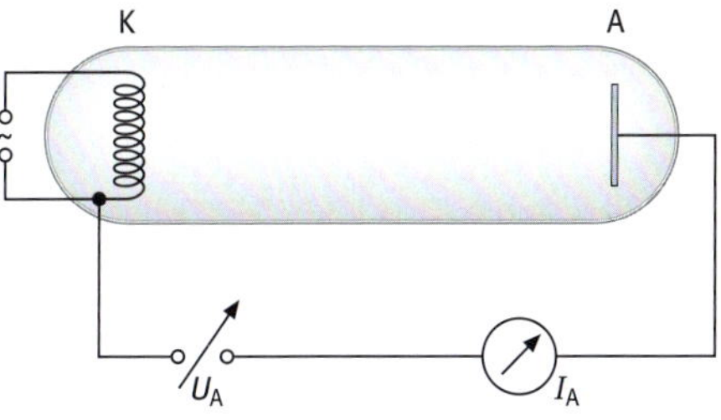

1 Die Abbildung zeigt den Aufbau einer Elektronenröhre. Aus einer Glühkathode werden durch Glühemission Elektronen freigesetzt. Diese werden dann im elektrischen Feld zwischen der Kathode und der Anode beschleunigt.
Die Spannung U_A wird über ein regelbares Netzgerät eingestellt, ein Amperemeter misst den Strom I_A der Elektronen, die an der Anode ankommen.
Das U_A-I_A-Diagramm einer Elektronenröhre wird als Kennlinie bezeichnet. Den Verlauf der Kennlinie zeigt das Diagramm.

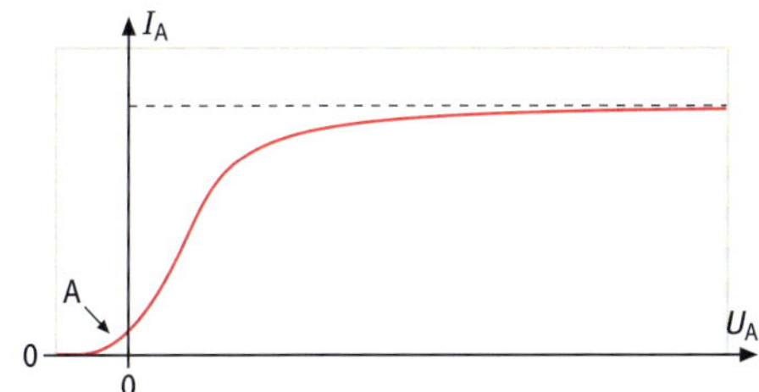

a) Erklären Sie den Verlauf der Kennlinie.

b) Im Bereich, der in der Kennlinie mit A bezeichnet ist, kann die Spannung als Gegenspannung aufgefasst werden. In der Tabelle sind ihre Beträge und die zugehörigen Stromstärken angegeben.

U_A in V	1	2	3	4	5
I_A in mA	0,63	0,45	0,33	0,24	0,18

Zeigen Sie, dass die Stromstärke in diesem Bereich mit zunehmenden Spannungsbeträgen exponentiell abklingt. Leiten Sie eine Gleichung zur Beschreibung des Vorganges her.

c) Unter Halbwertspannung versteht man das Spannungsintervall, innerhalb dessen sich die Stromstärke halbiert. Bestimmen Sie die Halbwertspannung für den Abklingvorgang aus Aufgabenteil b). Schätzen Sie die kinetische Energie der Elektronen nach Verlassen der Glühkathode ab.

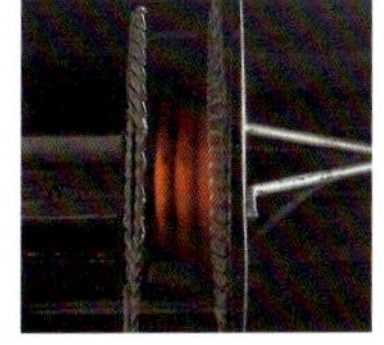

2 In der Anordnung nach nebenstehender Abbildung ist die Röhre mit Neongas gefüllt. Bei zunehmender Spannung U_A zeigen sich zunächst nahe der Anode A, dann zunehmend im Raum zwischen Anode und Kathode Leuchterscheinungen (siehe Foto links).

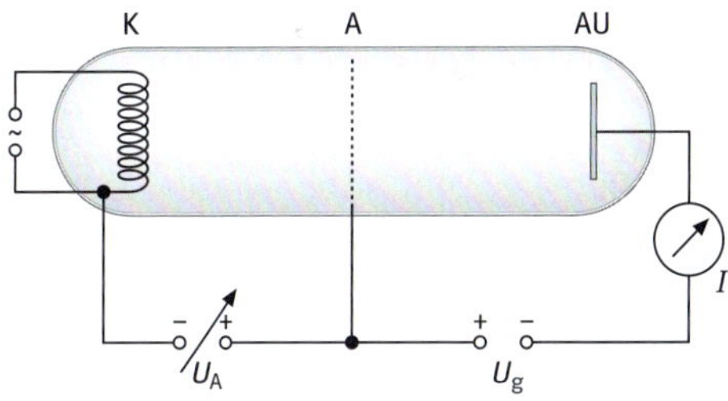

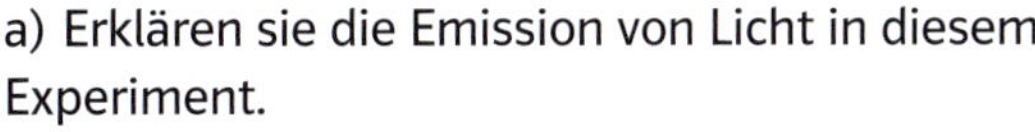

a) Erklären sie die Emission von Licht in diesem Experiment.
Deuten Sie die Entwicklung der Schichtstruktur mithilfe des Energiestufenmodell des Atoms.

b) Erhöht man die Spannung U_A von 0 V bis 65 V bei fest eingestellter Gegenspannung U_g, dann erhält man den in dem Diagramm gezeigten Verlauf der Stromstärke in Abhängigkeit von U_A:
Begründen Sie, dass der Strom erst bei einer gewissen Spannung U_A einsetzt.
Erläutern Sie den gesamten Kurvenverlauf.
Stellen Sie den Zusammenhang zwischen der Messkurve und der beobachteten Schichtstruktur dar.

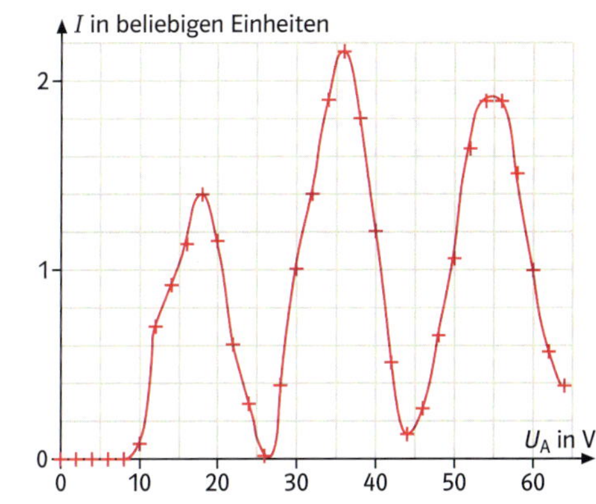

U_A-I_A-Diagramm

c) Die Wellenlänge des von der mit Neon gefüllten Röhre emittierten Lichtes ist etwa $\lambda = 650\,\text{nm}$. Entwickeln sie hieraus und aus der Messkurve Aussagen über Energiestufen eines Neonatoms.

3 Die Wellenlänge von Natriumlicht soll mit Hilfe eines Gitters bestimmt werden. Beschreiben Sie eine Versuchsanordnung. Geben Sie die zu messenden Größen und eventuell erforderliche Formeln an.

F207 P2 – Magnetfelder

1 a) Erläutern Sie den Begriff des homogenen magnetischen Feldes.

b) Für eine Spule lässt sich die magnetische Flussdichte B (manchmal auch Feldstärke genannt) nach der Formel $B = \mu_0 \cdot \frac{n}{l} \cdot I$ berechnen. Nennen Sie die Eigenschaften, die die Spule haben muss, damit diese Formel anwendbar ist.

c) Berechnen Sie nach obiger Formel für $n = 68$, $l = 30\,\text{cm}$ und $I = 98\,\text{mA}$ die magnetische Flussdichte (Feldstärke). Vergleichen Sie das Ergebnis mit dem, das nach folgender Formel ermittelt wurde.

$$B = \mu_0 \cdot \frac{n}{l} \cdot I \cdot \left(\frac{1}{\sqrt{1 + \frac{4 \cdot r^2}{l^2}}} \right)$$

Dabei ist $r = 4\,\text{cm}$. Zeigen Sie, dass für geeignete Spulen die untere in die obere Formel übergeht.

d) Das Foto zeigt eine Kompassnadel in der Mitte einer Spule. Sie zeigt nicht in Richtung der Spulenachse. Die Ablenkung ist auf das Magnetfeld der Erde zurückzuführen. Planen Sie ein Experiment, mit dem unter Verwendung einer Spule wie im Bild gezeigt die Horizontalkomponente der magnetischen Flussdichte (Feldstärke) der Erde bestimmt werden kann. Geben Sie die zu messenden Größen an.

2 Helmholtzspulen sind ein Paar von Spulen, deren Radius wesentlich größer ist als ihre Länge. Haben beide Spulen den Abstand $a = r$, so ergibt sich im mittleren Bereich ein homogenes Magnetfeld. Die Flussdichte (Feldstärke) kann mit der Formel $B = \mu_0 \cdot \frac{8 \cdot I \cdot n}{\sqrt{125} \cdot r}$ berechnet werden. In einem Fadenstrahlrohr werden Elektronen bei einer Spannung U_B beschleunigt und bilden einen Elektronenstrahl, der durch eine Gasfüllung sichtbar gemacht wird.

a) Wenn man das Fadenstrahlrohr in das homogene Magnetfeld zwischen den Helmholtzspulen bringt und so ausrichtet, dass sich die Elektronen senkrecht zu den Feldlinien des Magnetfelds bewegen, entsteht eine Kreisbahn. Erklären Sie dies.

b) Für den Durchmesser d des Kreises gilt die Beziehung: $d = \sqrt{\frac{8 \cdot U_B \cdot m_e}{e}} \cdot \frac{1}{B}$
Leiten Sie diese Beziehung her.

c) Mit einem Experiment nach Aufgabe 1d) wurde die Horizontalkomponente des Magnetfeldes der Erde $B_{hor} = 20\,\mu\text{T}$ gemessen. Berechnen Sie mit diesem Wert den Durchmesser der Kreisbahn, die sich in einem geeignet ausgerichteten Fadenstrahlrohr und der Beschleunigungsspannung $U_B = 200\,\text{V}$ ergeben würde.

d) Mithilfe des Fadenstrahlrohres lässt sich die spezifische Ladung e/m von Elektronen experimentell bestimmen. Leiten Sie aus der Gleichung in Teilaufgabe 2b) einen Ausdruck für e/m her. Bestimmen Sie e/m für $U_B = 200\,\text{V}$, $d = 9{,}6\,\text{cm}$ und $B = 1{,}00\,\text{mT}$.

e) Das Fadenstrahlrohr lässt sich so ausrichten, dass die Feldlinien des Magnetfeldes der Spulen parallel zur Horizontalkomponente des Erdmagnetfeldes verlaufen und gleich bzw. entgegengesetzt orientiert sind. Beurteilen Sie von diesen beiden Fällen ausgehend, ob das Erdmagnetfeld bei der Bestimmung von e/m zu berücksichtigen ist.

f) Das Fadenstrahlrohr wird so verdreht, dass die Elektronen unter einem Winkel von 80° gegenüber den Feldlinien in das Magnetfeld eintreten. In diesem Fall bewegen Sie sich auf einer Schraubenbahn. Berechnen Sie für $U_B = 200\,V$ und $B = 1\,mT$ die Ganghöhe dieser Schraube.

3 Bei der e/m-Bestimmung mit dem Fadenstrahlrohr kann die magnetische Flussdichte (Feldstärke) aus der obigen Formel berechnet oder ausgemessen werden. Ein übliches Verfahren bedient sich der Hall-Sonde.

a) Geben Sie ein weiteres Messverfahren an.

b) Erklären Sie anhand einer geeigneten Skizze die Entstehung der Hallspannung und leiten Sie die Formel $U_H = v_D \cdot B \cdot b$ (v_D = Driftgeschwindigkeit der Ladungsträger, B = magnetische Flussdichte, b = Breite der Hallsonde) her.

c) Es werden drei Experimente betrachtet:

Experiment 1: In einer flachen runden Schale befindet sich ein Elektrolyt, d.h. positiv und negativ geladene Ionen. Die Flüssigkeit befindet sich zwischen einer ringförmigen Elektrode am Rand und einer zweiten im Mittelpunkt der Schale. Die Flüssigkeit wird senkrecht zur Oberfläche von den Feldlinien eines homogenen Magnetfeldes durchsetzt.

Beobachtung: Bei Schließen des Stromkreises beginnt die Flüssigkeit zu rotieren.

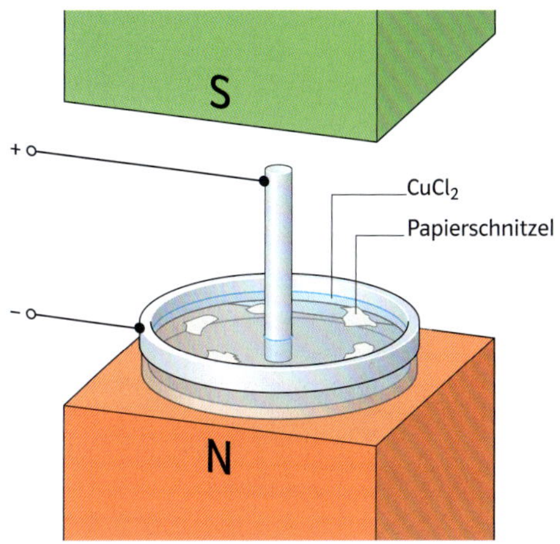

Experiment 2: Ein p- und ein n-dotiertes Stück Germanium sind in Reihe geschaltet. Die Germaniumstücke befinden sich in einem homogenen Magnetfeld. Quer zur Stromrichtung wird die Hallspannung gemessen.

Beoachtung: Die Polung der Spannung an beiden Plättchen ist entgegengesetzt.

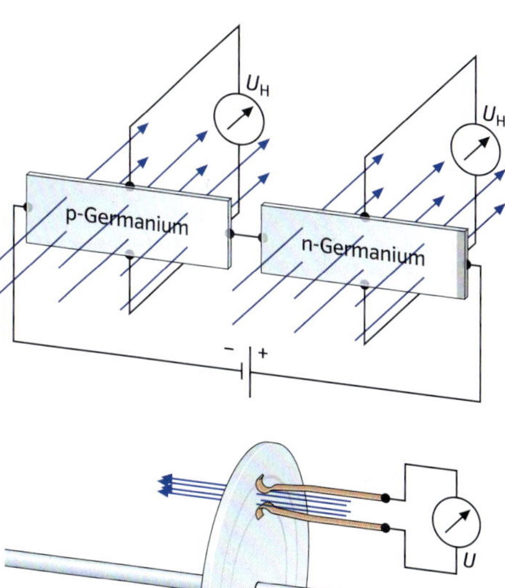

Experiment 3: Eine Aluminiumscheibe rotiert um ihre Achse. In einem Bereich außerhalb der Achse wird sie senkrecht von den Feldlinien eines homogenen Magnetfeldes durchsetzt. Auf einem Radius befinden sich innen und außen um den Bereich des Magnetfeldes zwei Schleifkontakte.

Beobachtung: Bei rotierender Platte kann zwischen den Schleifkontakten eine Spannung gemessen werden, deren Betrag mit der Winkelgeschwindigkeit steigt.

Erklären Sie in allen Fällen die Beobachtung.

d) Mit einer Hallsonde wird das Magnetfeld in der Umgebung eines stromdurchflossenen geraden Leiters ausgemessen. Die Flussdichte B hängt vom Abstand r des Messpunktes vom Leiter und von der Stromstärke I im Leiter ab. Man erhält

Werten Sie die Messreihen aus und ermitteln Sie eine Gleichung zur Berechnung von B aus r und I.

Messreihe 1 für $I = 16\,\text{A}$

r in cm	1	2	3	4	5	6
B in 10^{-4} T	3,20	1,60	1,07	0,80	0,64	0,53

Messreihe 2 für $r = 2\,\text{cm}$

I in A	2	4	6	8	10	12
B in 10^{-4} T	0,20	0,40	0,60	0,80	1,00	1,20

F208 P3 – Strahlung und Materie

1 Zur Verfügung stehen:
- eine LED, die weißes Licht emittiert, als Lichtquelle,
- ein Fotosensor, bei dem Lichteinfall eine Spannung bewirkt, die proportional zur empfangenen Lichtintensität ist,
- ein Lichtschutztubus,
- mehrere identische Graufilter (Dicke 0,8 mm).

Es wird folgende Hypothese formuliert: Wenn Licht Materie durchdringt, nimmt seine Intensität mit der Dicke der Materieschicht ab.

a) Planen Sie auf der Grundlage des verfügbaren Experimentiermaterials ein Experiment zur Überprüfung der Hypothese. Beschreiben Sie den geplanten Versuchsaufbau.

b) Führen Sie das Experiment durch, dokumentieren Sie Ihre Messungen und überprüfen Sie die Hypothese.

c) Werten Sie die Messungen mit dem Ziel aus, eine Gleichung zu erhalten, die eine Vorhersage über die Intensität hinter einer Schicht von Graufiltern erlaubt. Geben Sie die gesuchte Gleichung an. Bestimmen Sie dabei erforderliche Konstanten als Mittelwerte.

d) Berechnen Sie die am Lichtsensor zu erwartende Anzeige hinter einer Schicht aus 11 Graufiltern. Beurteilen Sie die Genauigkeit dieser Angabe.

Mögliche Messwerte für Aufgabe 1:

Filterzahl n	0	1	2	3	4	5
U in V	1,57	0,84	0,42	0,23	0,13	0,08

2 Ein radioaktives Präparat emittiert γ-Strahlung. Diese wird mit einem Zählrohr registriert. Der Abstand r zwischen Präparat und Zählrohr wird verändert und die Zählrate in Abhängigkeit vom Abstand gemessen. Die Tabelle enthält die um den Nulleffekt bereinigten Ergebnisse.

r in cm	5	10	15	20	25
z in $\frac{1}{\text{min}}$	1280	310	139	78	51

a) Jemand behauptet: Bei Verdopplung der Entfernung sinkt die Zählrate auf ein Viertel. Überprüfen Sie die Aussage anhand der Messwerte. Geben Sie eine Gleichung an, die diese Aussage in allgemeiner Form wiedergibt.

b) Leiten Sie die Gleichung in Teilaufgabe **2a)** durch theoretische Überlegungen her. Gehen Sie dabei von folgender Annahme aus: Die Strahlungsquelle kann als Punkt betrachtet werden, von dem Strahlung in gleicher Weise in alle Richtungen ausgeht.

c) Nennen Sie die Bedeutung des Begriffs „Nulleffekt" und geben Sie Quellen der natürlichen Radioaktivität an.

d) Für den Schutz vor radioaktiver Strahlung gibt es die Regeln: „Abschirmen" und „Abstand halten". Begründen Sie diese Regeln aufgrund der Erkenntnisse in den Aufgaben 1 und 2. (Sie können davon ausgehen, dass sich radioaktive Strahlung i.W. so verhält wie das Licht in Aufgabe 1.)

e) Strahlung transportiert Energie und für Energie gilt ein Erhaltungssatz. Vergleichen Sie vor diesem Hintergrund die in den Aufgaben 1 und 2 diskutierten Prozesse.

f) In den Aufgaben 1 und 2 werden Gesetze gewonnen, die die Ausbreitung von Strahlung beschreiben. Vergleichen Sie die Vorgehensweisen und analysieren Sie jeweils die Rolle des Experimentes darin.

3a)

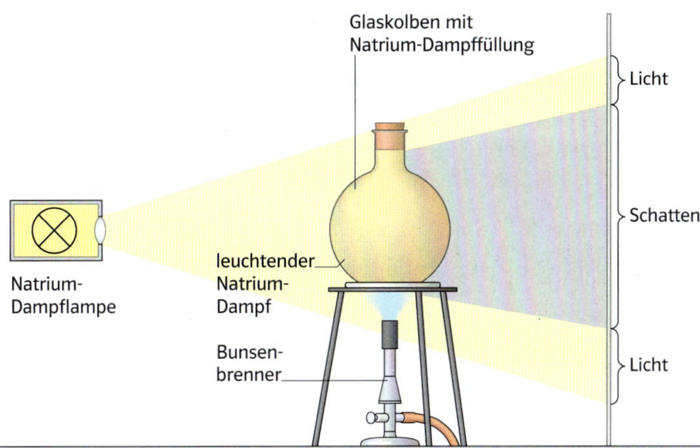

Die Abbildung zeigt einen Versuchsaufbau. In einem Glaskolben befindet sich Natrium-Dampf. Bei Beleuchtung mit dem gelben Licht einer Natrium-Dampflampe erscheint der Dampf von allen Seiten gelblich. Auf dem Schirm erscheint ein dunkler Schatten.
Erklären Sie die Beobachtungen auf der Grundlage des Energiestufenmodells vom Atom.
Das Natriumlicht hat die Wellenlänge $\lambda = 590\,\text{nm}$. Berechnen Sie die Energiedifferenz, die im Energiestufenschema des Natriums vorhanden sein muss, damit Emission und Absorption von Licht dieser Wellenlänge möglich ist.

b) Nennen Sie die drei Komponenten der radioaktiven Strahlung und erläutern Sie ihre Entstehung. Geben Sie in der Zerfallsreihe nach folgender Abbildung bei jedem Schritt die emittierte Strahlung an.

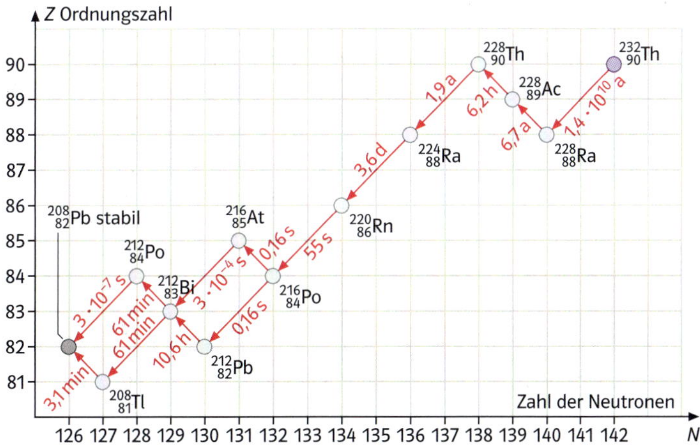

c) γ-Strahlung ist wie Licht und Röntgenstrahlung eine Energiestrahlung. Bei ihrer Absorption spielen verschiedene Prozesse ein Rolle: der Fotoeffekt, der Comptoneffekt und die Paarbildung. Gehen Sie von einem γ-Quant aus und vergleichen Sie die drei Effekte hinsichtlich der Energieübertragung. Bei der Paarbildung entstehen ein Elektron und ein Positron. Prüfen Sie, ob ein γ-Quant mit der Energie 1,5 MeV seine Energie durch Paarbildung abgeben kann.

P3a – Strahlung und Materie

1 Ein radioaktives Präparat emittiert γ-Strahlung. Diese wird mit einem Zählrohr, das sich in einem bestimmten Abstand vom Präparat befindet, registriert. Zwischen Zählrohr und Präparat werden Bleiplatten unterschiedlicher Dicke gebracht. Es wird die Zählrate *Z* pro 2 Minuten in Abhängigkeit von der Plattendicke *d* gemessen. Die Tabelle enthält die um den Nulleffekt bereinigten Ergebnisse.

d in mm	0	2	5	7	8	9	11	13
z in $\frac{1}{2\,\text{min}}$	493	387	271	213	189	167	131	104

a) Stellen Sie die Messwerte grafisch dar.

b) Die Halbwertsdicke $d_{1/2}$ ist die Dicke einer Platte, die die Zählrate auf die Hälfte des Wertes vor der Platte reduziert. Ermitteln Sie aus der Grafik die Halbwertsdicke als Mittelwert aus drei Ergebnissen.

c) Werten Sie die Messungen aus mit dem Ziel, eine Gleichung zu erhalten, die eine Vorhersage über die Zählrate hinter einer Schicht der Dicke *d* erlaubt. Geben Sie die gesuchte Gleichung an.

d) Leiten Sie einen Zusammenhang zwischen der Halbwertsdicke und Konstanten aus der in Teilaufgabe **1c)** gefundenen Gleichung her und bestimmen Sie daraus die Halbwertsdicke.

e) Berechnen Sie die zu erwartende Zählrate hinter einer Bleischicht von 6,3 mm Dicke. Beurteilen Sie die Genauigkeit dieser Angabe.

Es folgen die Aufgaben 2 und 3 aus der Prüfungsaufgabe P3.

F209 P4 – Teil A

Schwingungstaucher

1 Das Gesetz von Archimedes besagt: „In einer Flüssigkeit erfährt ein Körper eine Auftriebskraft F_A, die so groß ist wie die Gewichtskraft der verdrängten Flüssigkeitsmenge.“ Zwischen Gewichtskraft F_G und Volumen *V* besteht der Zusammenhang $F_G = \varrho \cdot g \cdot V$. Dabei ist ϱ die Dichte (gemessen in kg/m^3) und *g* die Erdbeschleunigung.

a) Es wird ein zylindrischer Körper K betrachtet. Leiten Sie aus dem Gesetz von Archimedes einen formelmäßigen Zusammenhang zwischen F_A und der Eintauchtiefe *e* her.

b) Der Körper aus Teilaufgabe a) hat die Masse $m_K = 78{,}6\,\text{g}$ und den Radius $r_K = 0{,}81\,\text{cm}$. Berechnen Sie die Eintauchtiefe e_0, die der Körper haben müsste, damit er in Wasser schwimmt.

c) Wenn der Körper aus der in Teilaufgabe **1b)** berechneten Ruhelage ausgelenkt und dann losgelassen wird, vollführt er Schwingungen. Lassen Sie die Reibung unberücksichtigt und zeigen Sie, dass diese Schwingungen harmonisch sind. Hierbei kann die Abbildung rechts verwendet werden. Berechnen Sie die Schwingungsdauer für diese harmonische Schwingung.

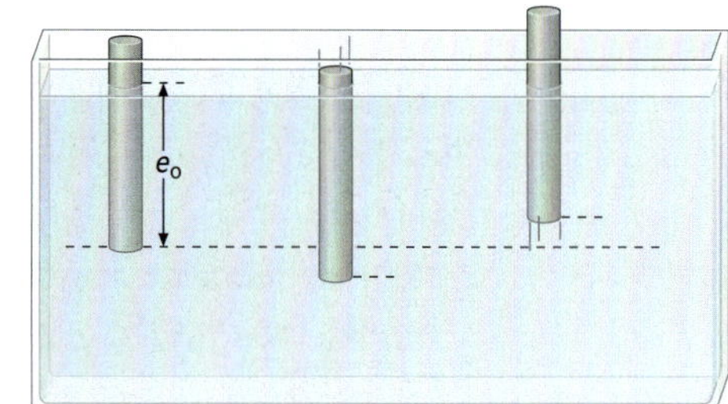

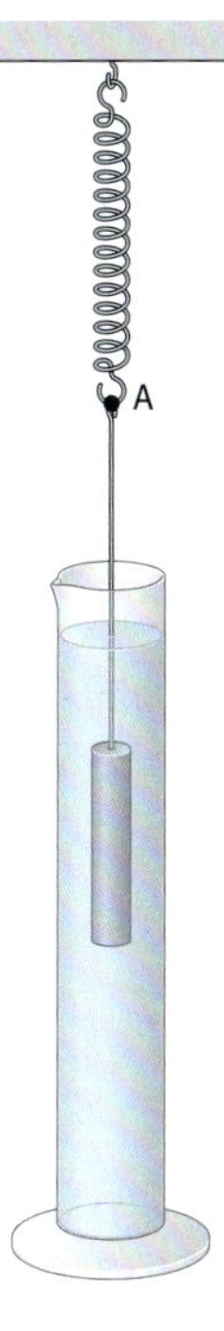

Der Körper habe die Masse aus Teilaufgabe **1b)**, ist aber jetzt nicht lang genug, um die nötige Eintauchtiefe zum Schwimmen zu erreichen. Er hängt jetzt an einer Feder und befindet sich
- i) in Luft,
- ii) teilweise in Wasser,
- iii) ganz in Wasser.

In allen drei Fällen wird auf die Feder eine zusätzliche Kraft F ausgeübt (z.B. durch ein Gewichtsstück bei A), die eine Verlängerung s zur Folge hat. Stets gilt $F = D \cdot s$, wobei D für jeden der drei Fälle eine Konstante ist.

Messwerte: Für $F = 0{,}0981\,\text{N}$ ergibt sich
- im Fall i: $s = 0{,}031\,\text{m}$
- im Fall ii: $s = 0{,}019\,\text{m}$
- im Fall iii: $s = 0{,}031\,\text{m}$

Der Körper vollführt Schwingungen. Man misst die Schwingungsdauer und erhält:
- im Fall i: $10\,T_{\text{i}} = 9{,}9\,\text{s}$
- im Fall ii: $10\,T_{\text{ii}} = 7{,}7\,\text{s}$
- im Fall iii: $10\,T_{\text{iii}} = 10{,}3\,\text{s}$

d) Bestimmen Sie aus den Messungen D_{i}, D_{ii} und D_{iii}. Berechnen Sie dann die Schwingungsdauer unter der Annahme, dass harmonische Schwingungen vorliegen. Vergleichen Sie mit den Messwerten. (Hinweis: D charakterisiert hier nicht im engeren Sinne als „Federkonstante" die Feder, sondern berücksichtigt die jeweilige Situation.)

e) Aufgrund der Rechnung sollte man $T_{\text{i}} = T_{\text{iii}}$ erwarten. Begründen Sie zunächst diese Aussage und entwickeln Sie dann eine Hypothese für den abweichenden experimentellen Befund.
(Hinweis: Wenn man den Tauchkörper aus dem Wasser nimmt, ist er nass).

P4 – Teil B

Alphazerfall

1 Eine genauere Untersuchen der α-Strahlung von $^{225}_{89}\text{Ac}$ ergibt, dass α-Teilchen mit drei verschiedenen Energien auftreten:
$E_{\alpha 1} = 5{,}83\,\text{MeV}$, $E_{\alpha 2} = 5{,}79\,\text{MeV}$ und $E_{\alpha 3} = 5{,}73\,\text{MeV}$. Ebenso tritt γ-Strahlung mit drei unterschiedlichen Energien auf.

a) Stellen Sie die drei möglichen Zerfallsprozesse von $^{225}_{89}\text{Ac}$ in einem Ordnungszahl-EnergieSchema dar.

b) Beschreiben Sie die Zerfallsprozesse. Geben Sie die Reaktionsgleichung für den Zerfall an.

c) Berechnen Sie die Masse des entstehenden Tochterkerns. ($m_{\text{Ac - 225}} = 225{,}023\,220\,6\,\text{u}$, $m_{\alpha} = 4{,}001\,506\,2\,\text{u}$). Nennen Sie die Annahmen, die Sie für die Durchführung dieser Rechnungen machen mussten bzw. gemacht haben.

d) Gehen Sie davon aus, dass der Mutterkern frei beweglich ist. In diesem Fall wird die beim Zerfallsprozess auftretende Energie nicht nur auf das α-Teilchen, sondern auch auf den Tochterkern übertragen. Berechnen Sie die Energie des Tochterkerns bei einem Zerfall, bei dem das α-Teilchen eine Energie von $E_{\alpha 3} = 5{,}73\,\text{MeV}$ hat.

2 a) Der Radius eines Atomkerns kann angenähert durch die Formel $r = 1{,}4 \cdot 10^{-15}\,\text{m} \cdot A^{\frac{1}{3}}$ berechnet werden. Dabei ist A die Anzahl der Nukleonen im Kern. Berechnen Sie den Radius von $^{221}_{87}\text{Fr}$.
(Zur Kontrolle: $r = 8{,}3 \cdot 10^{-15}\,\text{m}$).

b) Ein α-Teilchen mit der Energie $E_{\alpha 1} = 5{,}83\,\text{MeV}$ nähere sich diesem Kern. Berechnen Sie die kleinstmögliche Entfernung a. (Zur Kontrolle: $a = 4{,}4 \cdot 10^{-14}\,\text{m}$)

c) Nehmen Sie an, Nukleonen würden nur innerhalb eines Bereiches mit dem in Teilaufgabe **2a)** berechneten Radius von den Kernkräften festgehalten, außerhalb seien die Kernkräfte unwirksam.
Ein α-Teilchen, das sich zunächst in Ruhe gerade außerhalb des Einflussbereichs der Kernkräfte befindet, würde sich beschleunigt vom Kern entfernen. Begründen Sie diese Aussage und vergleichen Sie seine maximal erreichbare Energie mit der des α-Teilchen aus Teilaufgabe **2b)**.

3 a) Skizzieren Sie den Potenzialtopf für einen Atomkern. Geben Sie in der Skizze die in den Teilaufgaben 2a) und 2b) ermittelten Entfernungen an.

b) Aus den Betrachtungen in Teilaufgabe 2c) könnte man folgern, dass ein α-Teilchen eigentlich nicht den Kernbereich verlassen kann. Begründen Sie diese Aussage.

c) Betrachten Sie das α-Teilchen als Quantenobjekt und erklären Sie so den α-Zerfall.

P4 – Teil C

Interferenz
Ein Gitter mit der Gitterkonstanten $g = 4{,}2 \cdot 10^{-6}\,\text{m}$ wird senkrecht mit parallelem Licht der Wellenlänge $\lambda = 630\,\text{nm}$ bestrahlt. Parallel zum Gitter, im Abstand $l = 8\,\text{cm}$, ist ein Schirm der Breite 20 cm angebracht.

a) Leiten Sie anhand einer Skizze eine Gleichung für die Winkel α_k her, unter denen auf dem Schirm Helligkeitsmaxima zu finden sind.

b) Geben Sie an, wie viele Maxima insgesamt entstehen.

c) Geben Sie an, wie viele Maxima auf dem Schirm zu beobachten sind.

d) Das Gitter wird nun mit dem Licht einer Quecksilberdampflampe beleuchtet. Links und rechts vom Maximum 0. Ordnung (dem Hauptmaximum) erkennt man auf dem Schirm die Maxima höherer Ordnung der hellsten Spektrallinien des Quecksilbers.
Man misst folgende Abstände zwischen den Maxima 1. Ordnung:

Farbe	Blau	Grün	Gelb
Abstand $2a$ in cm	1,7	2,1	2,3

Berechnen Sie die Wellenlängen und Frequenzen des Lichtes.

e) Bei der Versuchsdurchführung beobachtet man, dass Maxima des gelben Lichtes in etwa mit den Maxima der nächsthöheren Ordnung des blauen Lichtes zusammenfallen.
Berechnen Sie die Ordnung dieser Maxima. Nutzen Sie dazu die Angaben und Ergebnisse aus Teilaufgabe d.

f) Untersuchen Sie, ob die Versuchsanordnung so verändert werden kann, dass dieses Zusammenfallen der Maxima von blauem und gelbem Licht verhindert wird. Begründen Sie das Ergebnis Ihrer Untersuchung.

F210

P5 – Teil A

1 Wechselstrom
a) Mit der Schaltung 1 (→**B1**) wird der zeitliche Verlauf einer Wechselspannung aufgenommen und auf einem Bildschirm dargestellt. Bestimmen Sie aus den angegebenen Daten die Frequenz der Wechselspannung und den Maximalwert der Stromstärke in dem Stromkreis. Gehen Sie davon aus, dass $U(t)$ durch eine Sinusfunktion beschrieben werden kann. Geben Sie eine Gleichung für $U(t)$ an.

b) In der Schaltung 2 (→**B3**) variiert man die Frequenz des Wechselspannungsgenerators und beobachtet, dass sich die Amplitude des Signals auf dem Oszilloskop mit der Frequenz ändert. Erklären Sie dies Phänomen.

c) Nehmen Sie jetzt eine ideale Spule an, d.h., in dem beobachteten Minimum ist die Amplitude null. Berechnen Sie für, $C = 0{,}5\,\mu\text{F}$ und $L = 3\,\text{mH}$ die Frequenz, bei der das der Fall ist.

d) In Schaltung 3 (→**B4**) wird die Verbindung zur Spannungsquelle unterbrochen, nachdem der Kondensator aufgeladen wurde. Man erhält das Diagramm **B5**. Es zeigt den zeitlichen Verlauf der Spannung am Kondensator. Betrachten Sie im Diagramm **B5** die positiven Amplituden. Leiten Sie aus den Werten eine Gleichung her, die das Abklingen der Amplitude mit der Zeit beschreibt.

Material zu 1:

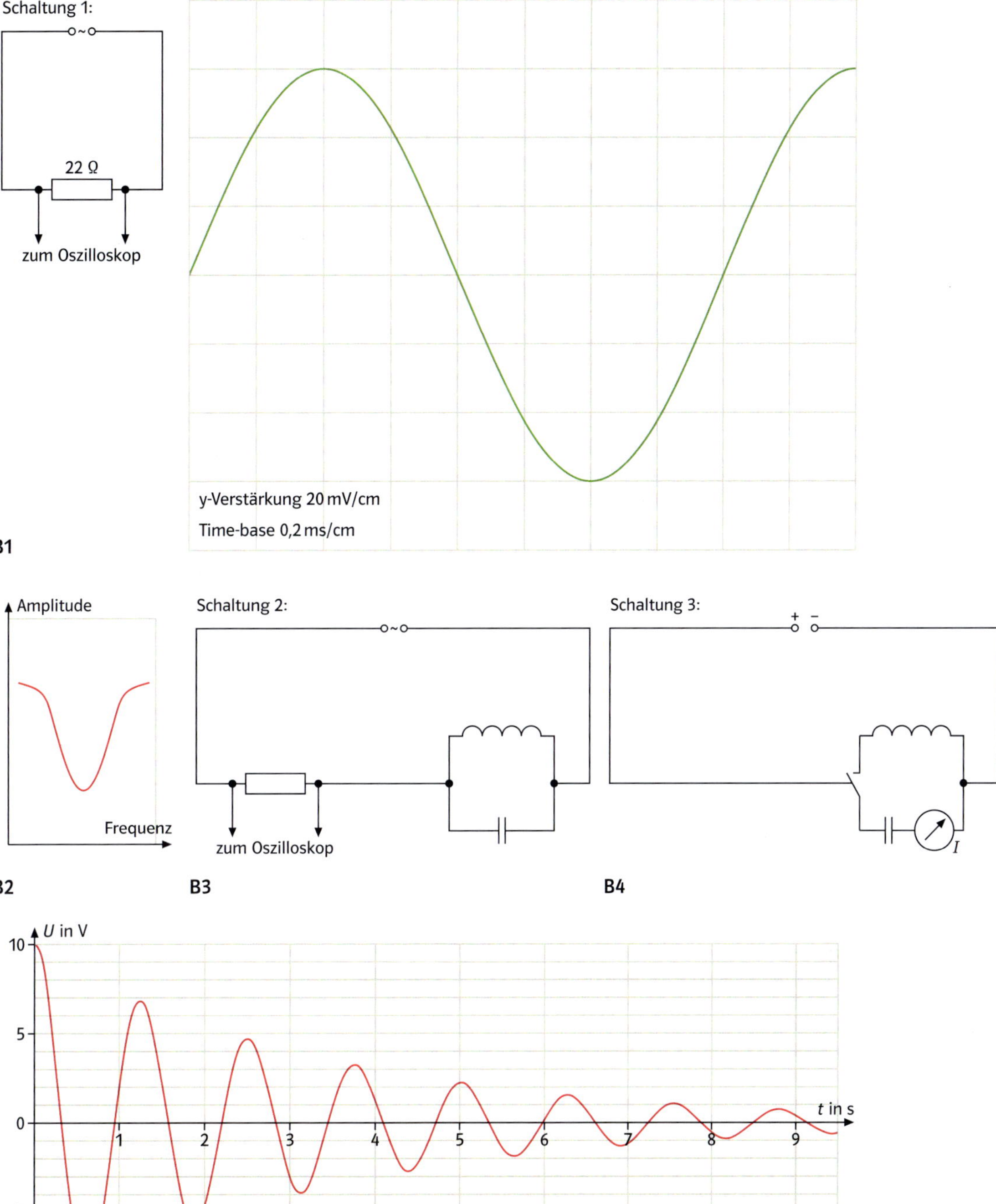

B1

B2

B3

B4

B5

2 Beschleuniger

Mithilfe moderner Teilchenbeschleuniger versucht man, durch Streuexperimente Aufschluss über die Struktur der Materie zu gewinnen. Die Abbildung zeigt den prinzipiellen Aufbau eines Linearbeschleunigers.

Von der Ionenquelle ausgehende geladene Teilchen durchfliegen die Driftröhren. In den Bereichen zwischen den Röhren besteht ein elektrisches Feld.

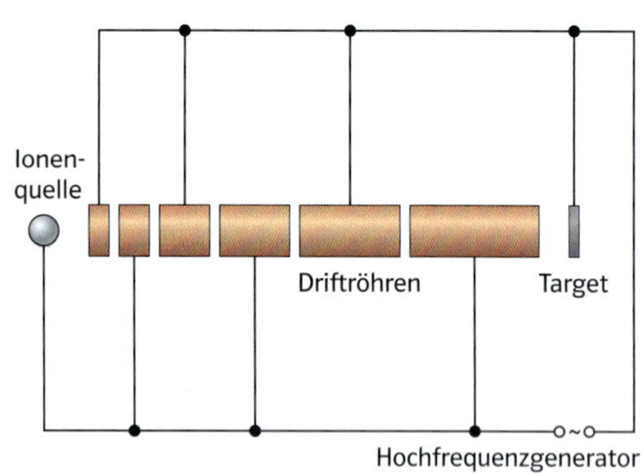

a) Erklären Sie die beschleunigende Wirkung der Anordnung für den Fall, dass die Zeit zum Durchfliegen einer Röhre gleich der halben Periodendauer der Wechselspannung ist.

b) Protonen treten mit der Geschwindigkeit $v_0 = 1{,}0 \cdot 10^7 \frac{\text{m}}{\text{s}}$ in das 1. Rohr. Der Scheitelwert der Wechselspannung sei $U_0 = 4{,}0 \cdot 10^5\,\text{V}$, ihre Frequenz $f = 50\,\text{MHz}$. Berechnen Sie die Geschwindigkeit im zweiten Rohr und dessen Länge.

c) Die Brauchbarkeit von Mikroskopen wird durch das Auflösungsvermögen begrenzt. Erläutern Sie diesen Begriff.

Beschleuniger werden manchmal als Supermikroskope bezeichnet. Elektronen erreichen im Beschleuniger LEP bei Cern die Gesamtenergie 100 GeV. Berechnen Sie die De-Broglie-Wellenlänge und begründen Sie so die Bezeichnung „Supermikroskop".

3 Quanten

Heliumatome wurden auf einen Doppelspalt geschickt. Hinter dem Doppelspalt wurden sie einzeln elektronisch registriert.

Das Experiment dauerte 42 Stunden. Die Abbildung zeigt Ergebnisse zu verschiedenen Zeitpunkten.

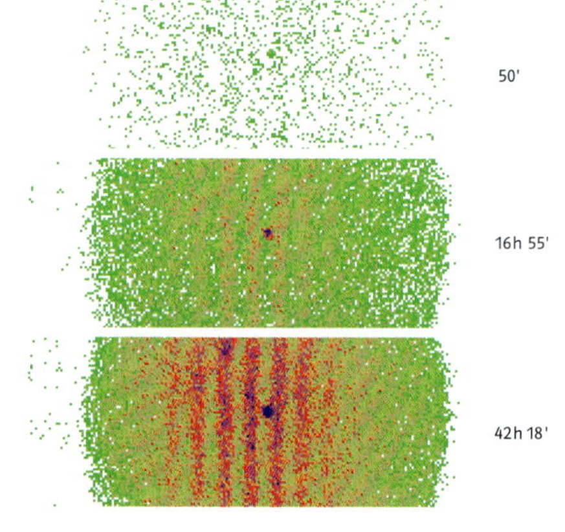

a) Stellen Sie in einem Diagramm die Anzahl der registrierten Atome nach 42 Stunden in Abhängigkeit vom Ort dar. Wählen Sie als Bezug etwa die Mitte der Abbildung.

b) Deuten Sie die Diagramme unter Verwendung der Begriffe „Häufigkeit" bzw. „Wahrscheinlichkeit".

c) Nennen Sie die Wesenszüge von Quanten, die aus diesen Experimenten abgeleitet werden können.

P5 – Teil B

1 Licht in Medien

Ein quaderförmiges Glasgefäß ist zum Teil mit Wasser gefüllt. Ein Bündel roten Lichtes trifft gerade in Höhe des Wasserspiegels auf eine Gefäßwand. Innerhalb des Gefäßes geht ein Teil des Lichtes durch Luft, ein Teil durch Wasser. Man befestigt auf der Vorderseite wie in der Abbildung angedeutet ein optisches Gitter, auf der Rückseite einen transparenten Schirm. Auf diesem sind klar getrennte Helligkeitsmaxima zu erkennen, die folgende Abbildung zeigt ihre Lage.

Schirm
optisches Gitter
Laser

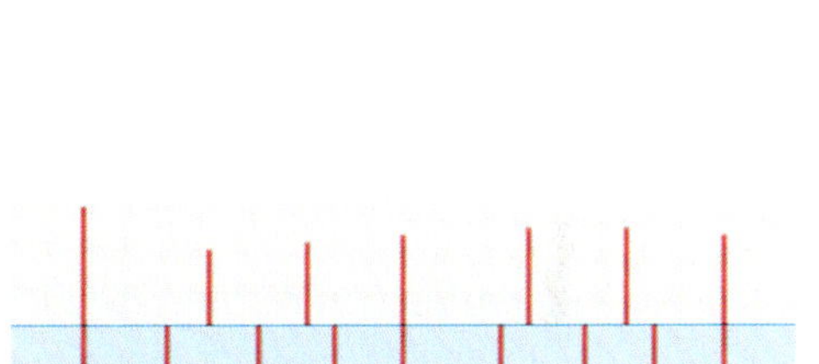

a) Die Lage der Maxima kann durch die Formel $\sin \alpha_k = \frac{k \cdot \lambda}{g}$ mit $k = 0, 1, 2, \ldots$ beschrieben werden. Erläutern Sie anhand einer geeigneten Skizze die Bedeutung der Größen in dieser Gleichung. Begründen Sie, warum die Lage der Maxima von einem Winkel abhängt.

b) Erklären Sie die Beobachtung. Berechnen Sie die Geschwindigkeit des Lichtes in Wasser $(c_{\text{Luft}} = 3 \cdot 10^8 \,\text{m/s})$.

c) Das Licht treffe mit dem Einfallswinkel $\alpha = 25°$ auf eine Wasseroberfläche. Bestimmen Sie den Brechungswinkel.

2 Thermodynamik

Zwei Metallklötze unterschiedlicher Temperatur liegen aufeinander. Die Temperatur wird gemessen.

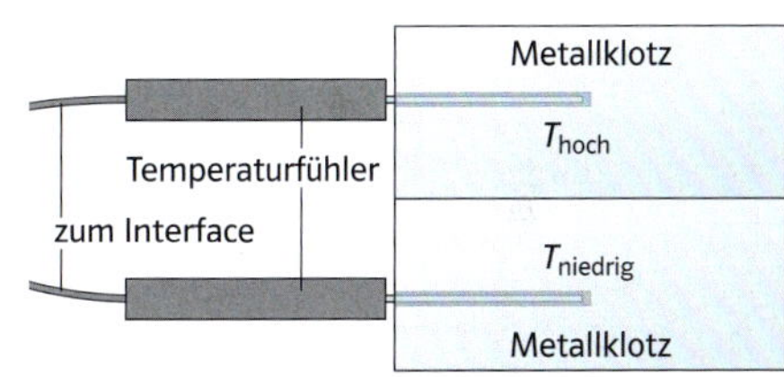

a) Angegeben sind drei Zeit-Temperaturdiagramme ① bis ③. Diskutieren Sie die Möglichkeit der angenommenen Temperaturverläufe auf der Grundlage der Hauptsätze der Thermodynamik.

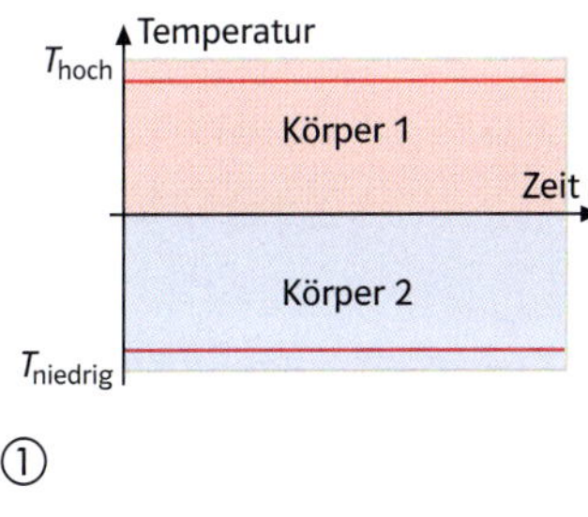

①

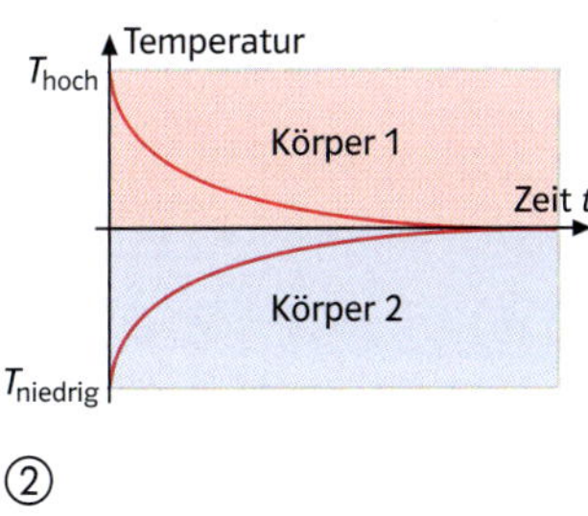

②

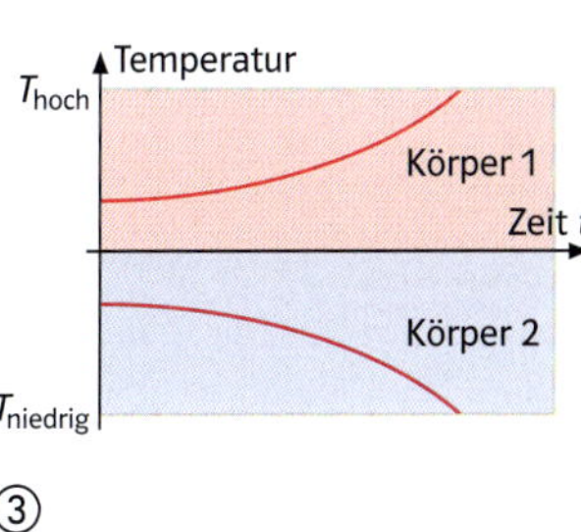

③

b) Die folgendeAbbildung zeigt das Messergebnis für zwei Aluminiumklötze. Der heißere Aluklotz hat die Masse $m_1 = 235\,\text{g}$.

Berechnen Sie die Masse des kleineren Klotzes $\left(c_{Al} = 0{,}896\,\frac{\text{kJ}}{\text{kg}\cdot\text{K}}\right)$.

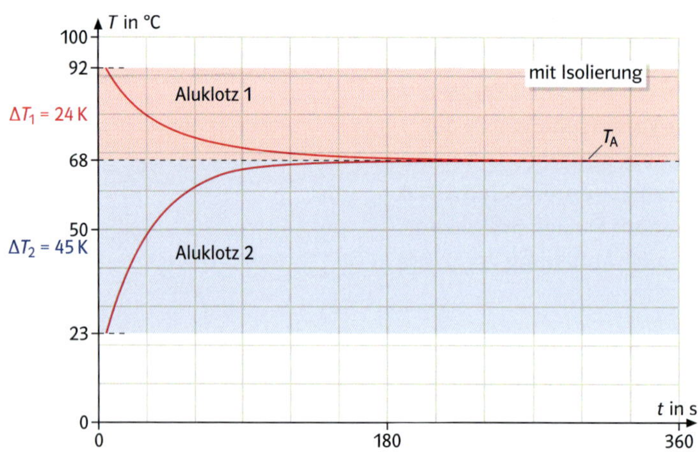

c) Wenn man die Massen und die verwendeten Metalle variiert, ergibt sich jeweils im Prinzip der gleiche Ablauf, die Temperatur T_A variiert aber. Erklären Sie Letzteres.

d) Entwickeln Sie auf der Grundlage der vorliegenden Anordnung ein Verfahren zur Bestimmung der spezifischen Wärmekapazität eines Metalls. Nennen Sie alle zu messenden Größen. Geben Sie alle erforderlichen Gleichungen und Rechenschritte bis zur gesuchten Größe an.

e) An einem Peltierelement zwischen den Metallklötzen lässt sich eine Spannung messen, es kann ein Motor betrieben werden. Das Diagramm zeigt Temperaturverlauf und Spannung.
Stellen Sie dar, inwiefern das Experiment mit dem Peltierelement als Modellexperiment für eine thermodynamische Maschine betrachtet werden kann. Erläutern Sie in diesem Zusammenhang auch das Energieflussdiagramm rechts.

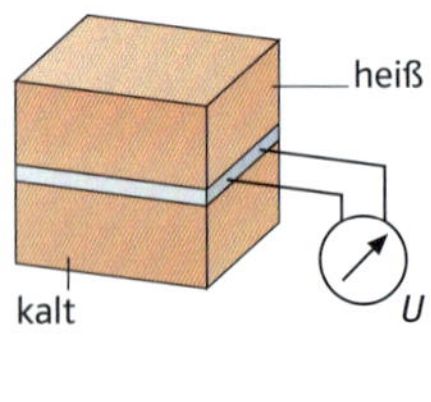

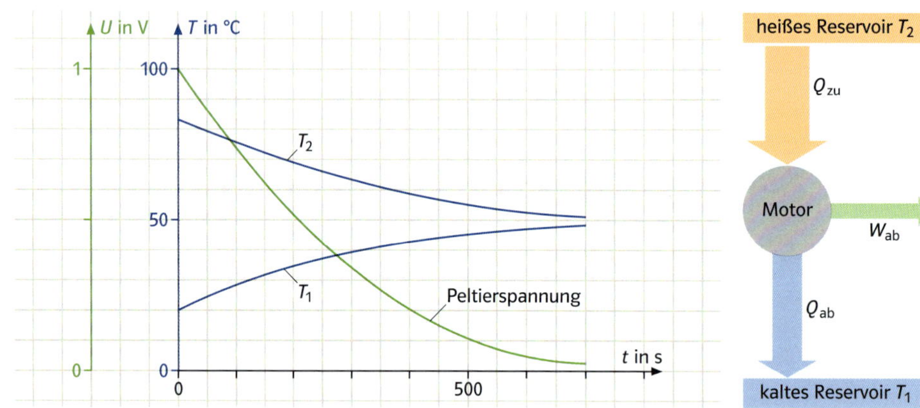

3 Kernenergie

Das Diagramm zeigt, mit welcher Energie Nukleonen in Atomkernen gebunden sind. Bei der Bindung wird diese Energie frei und zeigt sich im Massendefekt.

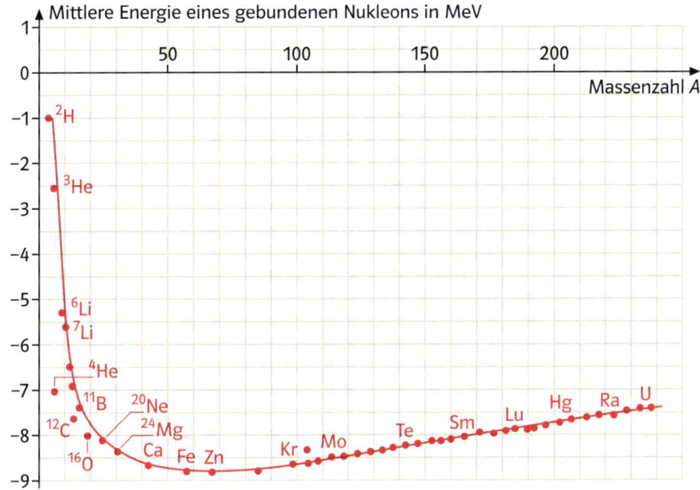

a) Berechnen Sie die Änderung Δm der Masse (gemessen in u und in kg), wenn sich ein Proton und Elektron zu einem Wasserstoffatom verbinden und dabei die Bindungsenergie von $\Delta E_B = 13{,}6\,\text{eV}$ frei wird.

b) Erläutern Sie anhand der Kurve die Möglichkeit, sowohl durch Kernfusion als durch Kernspaltung Energie freizusetzen. Schätzen Sie die Energie ab, die pro Nukleon bei der Spaltung eines Urankerns frei werden kann.

c) Die Kernfusion, deren technische Umsetzbarkeit zurzeit erforscht wird, geht von den beiden Wasserstoffisotopen Deuterium ^2_1H und Tritium ^3_1H aus. Die Atomkerne von Deuterium ^2_1H und Tritium ^3_1H fusionieren unter normalen Bedingungen nicht. Erst bei sehr hoher Temperatur kommt es zur Kernverschmelzung, die durch folgende Gleichung beschrieben ist:

$$^2_1\text{H} + {}^3_1\text{H} \rightarrow {}^4_2\text{He} + {}^1_0\text{n}$$

Erläutern Sie den Begriff Plasma und begründen Sie die Notwendigkeit hoher Temperatur für eine Kernfusion.

d) Tritium ist ein radioaktiver β^--Strahler mit der Halbwertszeit $T_{1/2} = 12{,}3\,\text{a}$. Der radioaktive Zerfall lässt sich durch das Zerfallsgesetz $m(t) = m_0 \cdot e^{-\lambda t}$ beschreiben.
Nennen Sie die Bedeutung der Variablen im Zerfallsgesetz. Geben Sie die Reaktionsgleichung des β^--Zerfalls an.
Berechnen Sie die Menge Tritium, die von der Masse $m_0 = 1\,\text{g}$ nach der Zeit $t_1 = 1\,\text{a}$ noch vorhanden ist.

F211 P6 – Teil G (Grundlagen)

Bewegungen

1 Torwart-Abschlag

Bei einem Torwart-Abschlag wird für den Fußball eine Flugzeit von 4,2 s gemessen.

a) Leiten Sie die Gleichung $s_h = \frac{v_0^2 \cdot (\sin\alpha)^2}{2g}$ für die Flughöhe des Fußballs her.

s_h bezeichne dabei die Flughöhe, v_0 die Geschwindigkeit des Fußballs, nachdem dieser den Fuß des Torwarts verlassen hat, α den Abschusswinkel und g die Gravitationsbeschleunigung.

b) Berechnen Sie die maximale Flughöhe und Flugweite des Fußballs. Vernachlässigen Sie dabei den Einfluss des Luftwiderstandes.

c) Ein Fußball habe eine Masse von 0,45 kg. Schätzen Sie die Größe der Kraft ab, die der Fuß des Torwartes auf den Fußball ausübt.

2 Geradlinige Bewegungen
Auf einer zu einer schiefen Ebene geneigten Rollbahn befinde sich ein Wagen der Masse $m_1 = 0{,}3\,\text{kg}$. Über einen Faden, der über eine Umlenkrolle gelegt ist, ist der Wagen mit einem Massestück ($m_2 = 0{,}1\,\text{kg}$) verbunden, das knapp unterhalb der Umlenkrolle gehalten wird. Dieses Massestück befindet sich $h = 0{,}4\,\text{m}$ über dem Boden.
Bei den folgenden Aufgaben sind Einflüsse durch Reibung, Bewegung der Rolle und Masse des Fadens zu vernachlässigen.

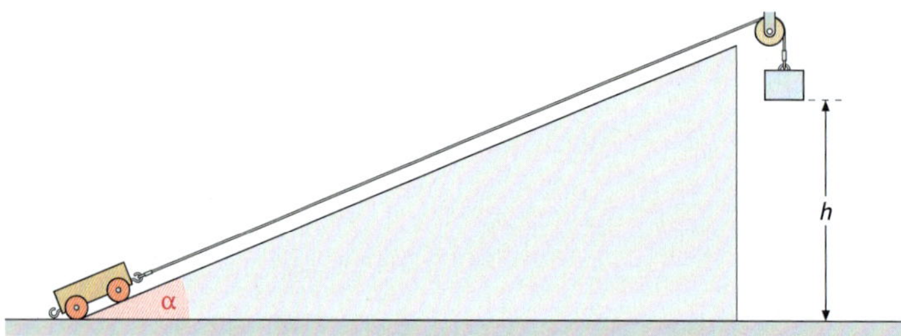

a) Geben Sie die Kräfte an, die für eine Bewegung des Wagens längs der schiefen Ebene bedeutsam sind. Erläutern Sie den Ablauf der Bewegung, die der Wagen ausführt, wenn das Massestück freigegeben wird.

b) Leiten Sie die Formel $a = \frac{g \cdot (m_2 - m_1 \cdot \sin\alpha)}{m_2 + m_1}$ für die Beschleunigung des Wagens im ersten Abschnitt seiner Bewegung her.

c) Berechnen Sie den maximalen Winkel α, den die schiefe Ebene haben darf, damit sich der Wagen nach oben in Bewegung setzt. Berechnen Sie für $\alpha = 15°$ die maximale Strecke, die der Wagen auf der Rollbahn zurücklegt.

d) Zeichnen Sie ein *t*-*v*-Diagramm, welches die Bewegung des Wagens bis zu dem Punkt beschreibt, an dem das Massestück mit der Masse $m_2 = 0{,}1\,\text{kg}$ wieder angehoben wird.

e) Im Zustand 1 = „Massenstück m_2 auf Ausgangshöhe" und im Zustand 2 = „Wagen am weitesten vom Fußpunkt der Ebene entfernt" befinden sich alle Teile des Systems in Ruhe.
Vergleichen Sie die Gesamtenergien des Systems in diesen beiden Zuständen. Beschreiben Sie das weitere Verhalten des Systems nach Zustand 2 bis zu einem eventuellen Endzustand.

P6 – Teil V (Vertiefung)

Interferenz
Zwei 5 cm breite Glasstreifen werden aufeinander gelegt. An einem Ende wird ein dünner Faden parallel zu den aufeinander liegenden Kanten zwischen die Platten gelegt. Der Abstand zwischen den aufeinander liegenden Kanten und dem Faden beträgt $l = 19{,}5\,\text{cm}$.

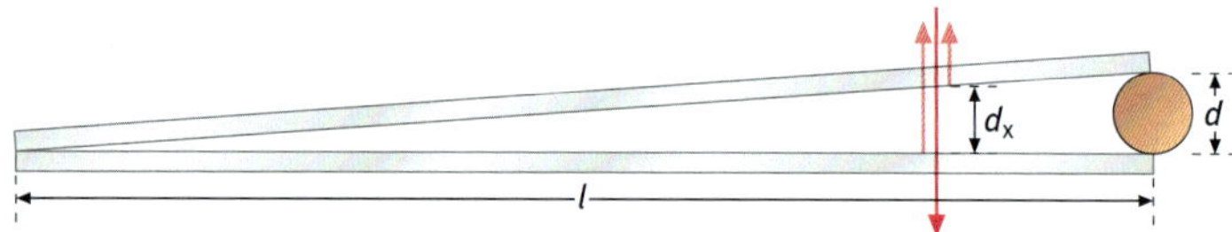

Werden die beiden Platten senkrecht von oben mit einer Natrium-Dampflampe ($\lambda = 590\,\text{nm}$) beleuchtet, so ist der gesamte Bereich mit einer Interferenzerscheinung gefüllt. Das Foto zeigt davon einen Ausschnitt. An dem Ende, an dem die beiden Platten aufeinander liegen, findet sich ein schwarzer Streifen, also ein Minimum.

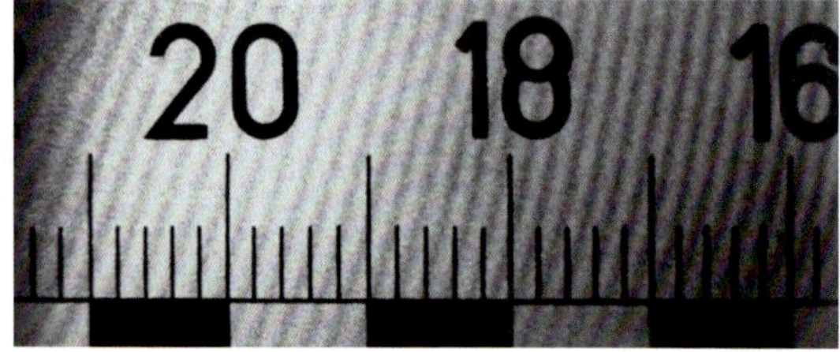

a) Erklären Sie die Entstehung der Interferenzerscheinung und begründen Sie insbesondere den schwarzen Streifen. Bei der Bearbeitung können Sie sich auf die in der Grafik dargestellte vereinfachte Situation beschränken.

b) Ermitteln Sie von einem beliebigen Minimum ausgehend den Abstand Δx bis zum 10. Minimum. Führen Sie die Messung 10-mal aus. Beachten Sie, dass die Zahlenangaben im Bild mm bedeuten.

c) Berechnen Sie die Fadendicke d mit folgender Formel:
$m \cdot \lambda = 2 \cdot \frac{d}{l} \cdot \Delta x$, $m = 10$. Ermitteln Sie den Mittelwert, den mittleren Fehler und den Maximalfehler.

d) Leiten Sie die in Teilaufgabe c) verwendete Formel her.

e) Das Experiment wird in zweierlei Weise verändert:
1 Der Keil ist mit Wasser statt mit Luft gefüllt. Beleuchtet wird mit der Natrium-Dampflampe.
2 Der Keil ist mit Luft gefüllt, wird aber mit weißem Licht beleuchtet.
Vergleichen Sie in beiden Fällen das neue Interferenzbild mit dem bisher behandelten.

F212 P7 – Teil A1

1 Die schiefe Ebene

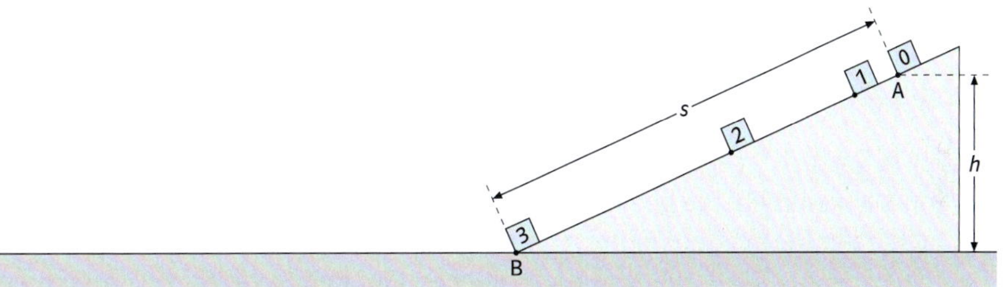

Ein Körper startet im Punkt A, gleitet die schiefe Ebene bis zum Punkt B hinab und gleitet dann horizontal weiter. In allen Abschnitten kann die Reibung vernachlässigt werden. Der Körper kann punktförmig gedacht werden. Während der Bewegung wird der Körper stroboskopisch beleuchtet, d. h., nach gleichen Zeitintervallen Δt wird geblitzt. Das Bild zeigt eine Skizze bei 4 Blitzen bzw. 3 gleichen Zeitintervallen.

a) Skizzieren Sie die Situation nach zwei weiteren Blitzen.

b) Es sei $h = 2\,\text{m}$. Berechnen Sie für diesen Fall die in B erreichte Geschwindigkeit.

c) Analysieren Sie die Konstruktion der Kraftpfeile in nebenstehender Abbildung.

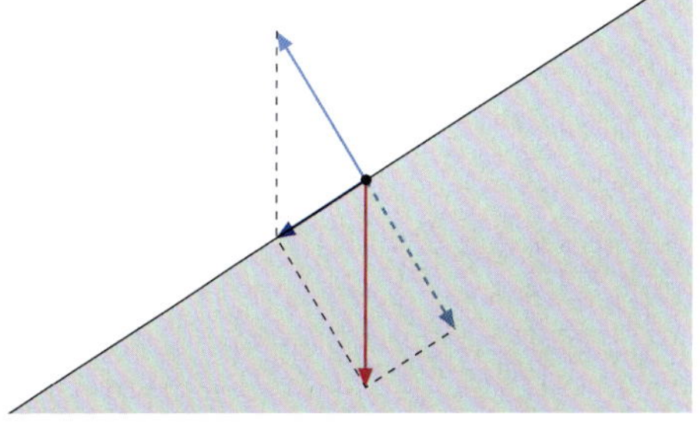

d) Der Körper hat die Masse $m = 2\,\text{kg}$, die schiefe Ebene hat die Länge $s = 4\,\text{m}$. Berechnen Sie die Zeit t_{AB}, die der Körper zum Durchlaufen dieser Strecke benötigt. Ermitteln Sie das Zeitintervall Δt bei dem verwendeten Blitz.

e) Statt des direkten Weges von A nach B werden längere Wege aus zwei schiefen Ebenen über D bzw. über C betrachtet. In Experimenten zeigt sich: Bei Wegen über D ist die Gesamtzeit von A nach B länger als die in Teilaufgabe d) berechnete Zeit t_{AB}, bei Wegen über C findet man bei geeigneter Wahl von C kürzere als t_{AB}. Entwickeln Sie eine Hypothese zur Erklärung dieser Beobachtungen.

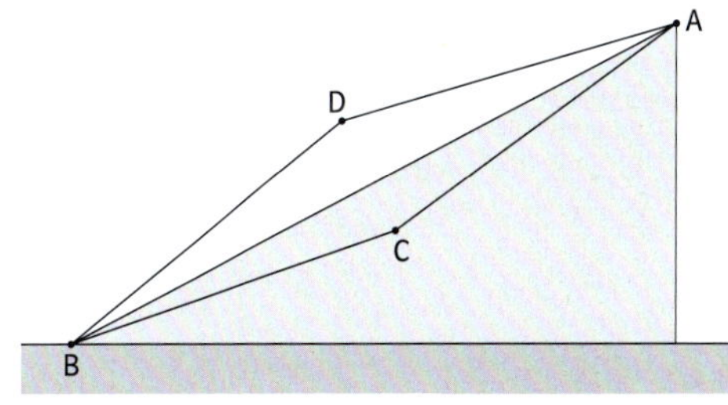

f) Der Körper bewegt sich wie in der Abbildung angedeutet zwischen zwei schiefen Ebenen (alle Daten wie oben angegeben).

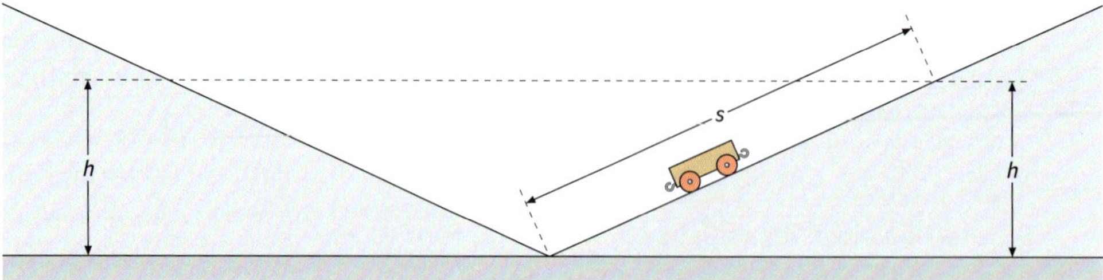

Vergleichen Sie diese Bewegung mit einer harmonischen Schwingung. Skizzieren Sie in diesem Zusammenhang *t-s-*, *t-v-* und *t-a-*Diagramme.

2 Wellenphänomene

Wellen zeigen für sie typische Phänomene. Dies wird in zwei Versuchen betrachtet. Versuch 1 wird mit Schall, Versuch 2 mit Licht durchgeführt.
Versuchsanordnung, Beobachtungen und Messwerte: siehe Material.

a) Begründen Sie die Beobachtungen bei beiden Versuchen nach einem gemeinsamen Prinzip.

b) Bestimmen Sie aus den Messdaten zu Versuch 1 die Wellenlänge und die Schallgeschwindigkeit.

c) In Versuch 2 sende L einzelne Photonen aus, die an den Detektoren registriert werden, wenn sie dort ankommen. Die geometrischen Wege $S_1S_3S_4$ und $S_1S_2S_4$ seien exakt gleich lang. Geben sie die Anzeige der Detektoren für diesen Fall an.
Einer der beiden Wege wird unterbrochen. Nennen Sie auch die Anzeige der Detektoren für diesen Fall. Erörtern Sie den Begriff „Weg" für ein Photon aus der Sicht der klassischen Physik und der Quantenphysik.

Material:
Versuch 1: Die Abbildung zeigt zwei Rohrbögen. Der untere passt in den oberen und ist verschiebbar. Über einen Lautsprecher wird dem Trichter auf der linken Seite ein Schallsignal mit konstanter Frequenz zugeführt. Dies wird von einem Mikrophon am rechten Ansatz aufgenommen und mit einem angeschlossenen Oszilloskop sichtbar gemacht. Die Vergrößerung zeigt das Oszillogramm bei der Einstellung timebase 0,1 ms/cm. Der untere Rohrbogen wird verschoben.

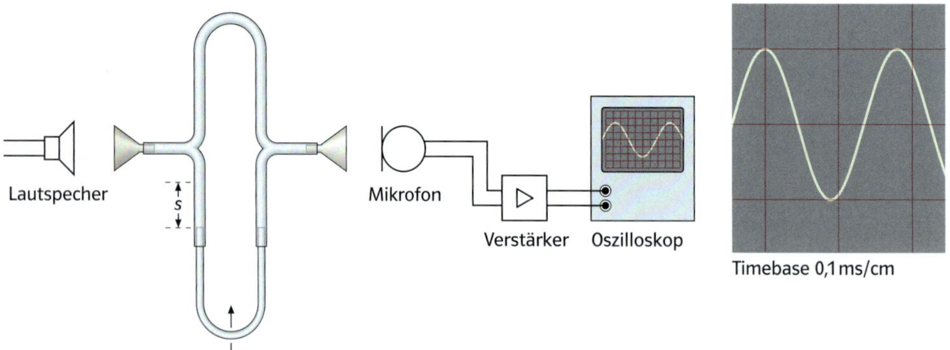

Beobachtung: Bei der Verschiebung schwankt die Amplitude auf dem Oszilloskop zwischen maximalen und minimalen Werten. (Für die Diskussion kann vom Minimalwert Null ausgegangen werden.)

Messwerte: Zwischen zwei Minimaleinstellungen muss der untere Rohrbogen um $s = 3\,\text{cm}$ verschoben werden.

Versuch 2: Die Abbildung links zeigt die prinzipielle Anordnung eines Mach-Zehnder-Interferometers. L ist eine Lichtquelle (Laser), D_1 und D_2 Detektoren bzw. Schirme. S_1 und S_4 sind Strahlteiler. Sie bewirken den Phasensprung $\lambda/2$. S_2 und S_3 sind Spiegel. Sie bewirken den Phasensprung λ.

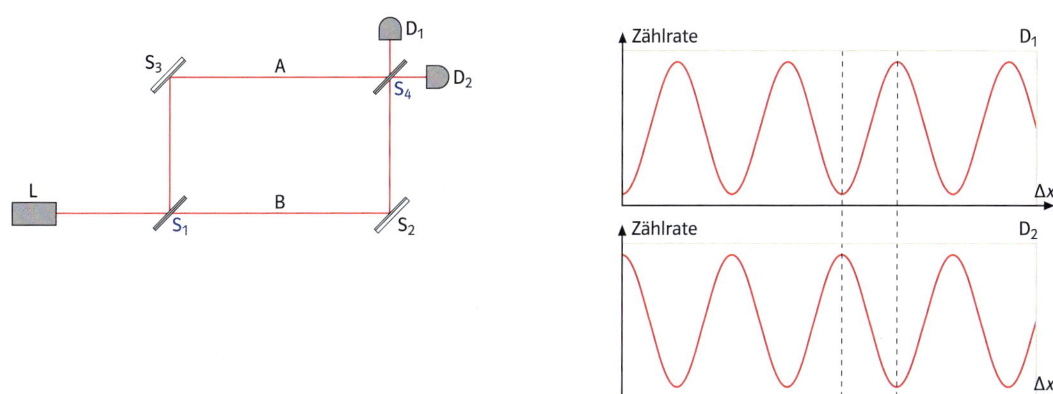

In D_1 bzw. D_2 kann die Intensität des Lichtes angezeigt werden. Man verlängert einen der beiden Wege um Δx (Es geht hier um eine prinzipielle Betrachtung, Realisierungsmöglichkeiten müssen nicht bedacht werden.) und registriert die Intensität an beiden Detektoren. In Abhängigkeit von Δx. Die Ergebnisse zeigt das Diagramm rechts.

P7 – Teil B2

3 Bestimmung von Isotopenmassen

Mit einem Massenspektrometer möchte man das Verhältnis von C-12- zu C-14-Isotopen in einer Kohlenstoffprobe messen. Dabei können Sie davon ausgehen, dass beide Isotope in einer Probe als einzelne Atome (Gas) vorliegen. Jedes Isotop besitzt eine Masse von $m_{C12} = 1{,}993 \cdot 10^{-26}\,\text{kg}$ bzw. $m_{C14} = 2{,}324 \cdot 10^{-26}\,\text{kg}$. Für die Messung werden die Isotope ionisiert. Die zu untersuchenden Ionen kommen aus einer Ionenquelle und durchlaufen zwischen zwei Kondensatorplatten, zwischen denen eine Spannung U_B anliegt, ein elektrisches Feld, in welchem sie auf die Geschwindigkeit v_{C12} bzw. v_{C14} beschleunigt werden. Danach durchlaufen sie ein homogenes magnetisches Feld der Stärke B. Das Magnetfeld verläuft senkrecht zur Bewegungsrichtung der Ionen, so dass diese auf eine Kreisbahn mit dem Radius r_{C12} bzw. r_{C14} gezwungen werden. An der Stelle, an der die Ionen aus dem Magnetfeld austreten, befinden sich zwei Detektoren. Die gesamte Anordnung befindet sich in einem Vakuum.

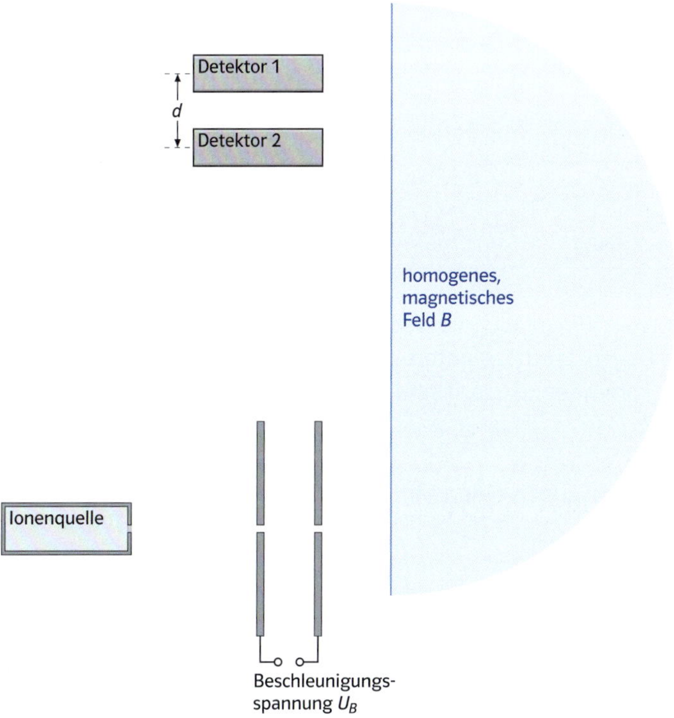

a) Das im Gerät benötigte magnetische Feld kann man mit stromdurchflossenen Spulen erzeugen. Nennen Sie die physikalischen Größen, die bei einer stromdurchflossenen Spule einen Einfluss auf die magnetische Flussdichte B haben. Für bestimmte Anwendungen und Experimente in der Physik benötigt man ein homogenes magnetisches Feld.
Erläutern Sie den Begriff des homogenen Feldes. Geben Sie Möglichkeiten an, homogene Magnetfelder mit Spulen zu erzeugen.

b) Man möchte dieses Gerät gerne als Tischgerät konzipieren, daher darf der Aufbau eine gewisse Größe nicht überschreiten.
Bestimmen Sie die magnetische Feldstärke B für den Radius $r = 0{,}2\,\text{m}$ bei $U_B = 1000\,\text{V}$.
Geben Sie die Richtung der Magnetfeldlinien in der skizzierten Anordnung an.

c) Bestimmen Sie den Abstand d der beiden Isotopenbahnen nach dem Austritt aus dem Magnetfeld.

d) Bei der Konstruktion der Anordnung wurde bisher nicht das Gravitationsfeld der Erde berücksichtigt. Berechnen Sie die Zeitdauer Δt, die sich ein Kohlenstoff-Isotop im Magnetfeld bewegt.
Schätzen Sie mithilfe einer Rechnung ab, ob man die Gravitationskraft bei der Konstruktion des Gerätes vernachlässigen kann. Sie können davon ausgehen, dass die Öffnungen der Detektoren rund sind und einen Durchmesser von $x = 1\,\text{mm}$ besitzen.

e) Geben Sie an, welche Information Sie den Detektoren liefern müssen, um das gewünschte Isotopenverhältnis zu erhalten.

P7 – Teil E1

4 Reibung

Zur Information:

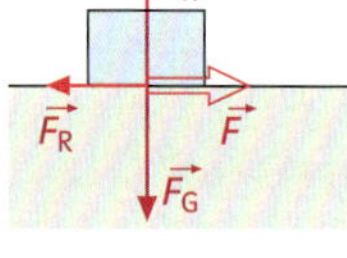

Um einen auf einer Unterlage liegenden Gegenstand in Bewegung zu setzen oder in Bewegung zu halten, ist eine Kraft F erforderlich. Sie ist entgegengesetzt zur Reibungskraft F_R gerichtet. Für diese gilt $F_R = f \cdot F_N$. Dabei ist F_N die Kraft, die die Unterlage senkrecht auf den Gegenstand ausübt, und f ist die Reibungszahl. Man unterscheidet die Haftreibungszahl f_H bei einem ruhenden und die Gleitreibungszahl f_G bei einem bewegten Gegenstand. Es ist $f_H > f_G$.

Experiment:
Legen Sie einen quaderförmigen Gegenstand (Radiergummi, Streichholzschachtel, Klotz, …) auf eine bewegliche ebene Unterlage (Lineal, Buchrücken) mit einheitlicher Oberfläche. Heben Sie die Unterlage an einer Seite an, sodass eine schiefe Ebene entsteht.

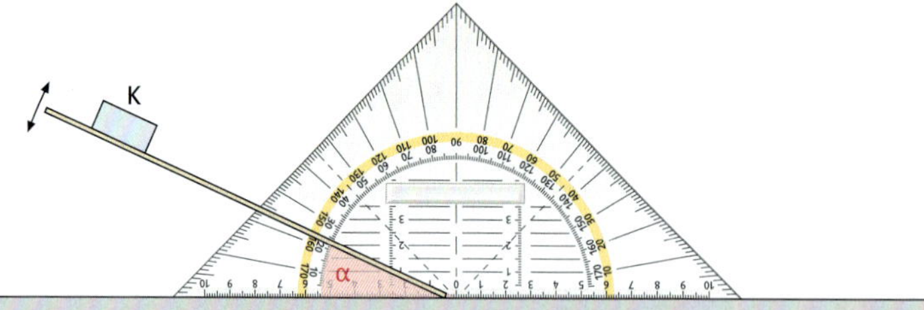

Man beobachtet: Wenn ein Winkel α_{max} überschritten wird, beginnt der Gegenstand zu gleiten. Verkleinern Sie bevor der Gegenstand das untere Ende der schiefen Ebene erreicht den Neigungswinkel. Bei einem Winkel α_{min} kommt der Gegenstand zur Ruhe, bevor er das untere Ende der Bahn erreicht.

Aufgabe:

a) Bestimmen Sie mit 5 Messungen einen Mittelwert für beide Winkel.

b) Erklären Sie die Beobachtungen.

c) Leiten Sie die Beziehungen $f_H = \tan \alpha_{max}$ und $f_G = \tan \alpha_{min}$ her.

d) Berechnen Sie f_H und f_G für Ihr Experiment.

e) Werten Sie das Experiment mithilfe eines Versuchsprotokolls aus. Das Protokoll soll enthalten:
- Vorbetrachtungen und Beschreibung der Versuchsdurchführung,
- Messwerte,
- Auswertung,
- Fehlerbetrachtung.

Abbildungsnachweis

U1.1 dreamstime.com (Spanychev), Brentwood, TN; **4.2** Mauritius Images (Science Source), Mittenwald; **9.1** stock.adobe.com (Marko), Dublin; **9.3** DDr. Martin Apolin, Wien / öbv; **13.4** stock.adobe.com (freestyle_images), Dublin; **14.4** DDr. Martin Apolin, Wien / öbv; **18.1** Picture-Alliance (dpa/Claire Renaudet Foussat), Frankfurt; **20.3** stock.adobe.com (Ingo Bartussek), Dublin; **21.2** Alamy stock photo (NASA Image Collection), Abingdon; **23.2** Manfred Grote, Lüchow; **23.3** ADAC, München; **24.2** iStockphoto (JulienGrondin), Calgary, Alberta; **30.2** Picture-Alliance (dpa/EPA/R. HURT/CALTECH-JPL), Frankfurt; **34.3** Peter Wojke, Newel; **38.3** Von Jan Homann - Eigenes Werk, Gemeinfrei, https://commons.wikimedia.org/w/index.php?curid=998059; **39.2** Alamy stock photo (NASA Image Collection), Abingdon; **43.1** Von Chocolateoak - Eigenes Werk, CC BY-SA 3.0, https://commons.wikimedia.org/w/index.php?curid=12260123 (Chocolateoak), siehe *3; **50.2** stock.adobe.com (Felix Pergande), Dublin; **51.4** Österreichischer Bundesverlag Schulbuch (Mag. Theodor Duenbostl), Wien / öbv; **58.1** Von US gov - US gov, Gemeinfrei, https://commons.wikimedia.org/w/index.php?curid=10284328; **61.1** Von NASA/Goddard/WMAP Science Team - File:WMAP.jpg, Gemeinfrei, https://commons.wikimedia.org/w/index.php?curid=11151658; **61.1** DDr. Martin Apolin, Wien / öbv; **62.1** Michael Wagner, Korntal-Münchingen; **64.2** Zuckerfabrik Fotodesign, Stuttgart; **66.2** DDr. Martin Apolin, Wien / öbv; **67.3** https://commons.wikimedia.org/wiki/File:International_Atomic_Energy_Agency_Logo.svg; **67.4** stock.adobe.com (Felix Mizioznikov), Dublin; **69.1** stock.adobe.com (Felix Mizioznikov), Dublin; **69.1** Dr. Josef Schreiner, Wien/öbv; **69.5** DDr. Martin Apolin, Wien / öbv; **71.3** IBM Forschungslaboratorium, Rüschlikon; **72.1** Manfred Grote, Lüchow; **72.2** Image Professionals GmbH/ Science Photo Library (Erich Schrempp), München; **72.3** Peter Wessels - Autor, Bremen; **73.2** Manfred Grote, Lüchow; **75.1** Manfred Grote, Lüchow; **75.1** LEYBOLD®/LD DIDACTIC GmbH/www.ld-didactic.de, Hürth; **76.3** Klett-Archiv, Stuttgart; **77.3** Alamy stock photo (Pictorial Press), Abingdon; **79.4** Klett-Archiv, Stuttgart; **81.2** Thinkstock (m-gucci), München; **83.1** Marc Borchers, Tübingen; **86.2** Image Professionals GmbH/ Science Photo Library (THOMAS MCCAULEY, LUCAS TAYLOR/CERN), München; **86.6** Alamy stock photo (Granger Historical Picture Archive), Abingdon; **87.5** Picture-Alliance (dpa / DLR), Frankfurt; **89.3** CC-BY-SA-4.0 Lizenzbestimmungen: http://creativecommons.org/licenses/by-sa/4.0/legalcode. Von Corvin Zahn,Institute of Physics, Universität Hildesheim,Tempolimit Lichtgeschwindigkeit - Gallery of Tempolimit Lichtgeschwindigkeit, CC BY-SA 2.0 de, https://commons.wikimedia.org/w/index.php?curid=269727 (Corvin Zahn, Institute of Physics, Universität Hildesheim), siehe *3; **90.1** PHYWE Systeme GmbH & Co. KG, Göttingen; **94.3** Action Press GmbH (APIX PRESSEDIENST), Hamburg; **95.3** Star Wars: Episode V, The Empire Strikes Back, R: Irvin Kershner, USA 1980 (c) Alamy stock photo (Photo 12/Lucasfilm), Abingdon; **97.3** DDr. Martin Apolin, Wien / öbv; **98.1** Klett-Archiv, Stuttgart; **99.1** ullstein bild (NMSI/Science Museum / Science Museum), Berlin; **100.2** Picture-Alliance, Frankfurt; **102.2** CC BY-SA 3.0, https://commons.wikimedia.org/w/index.php?curid=1141520 (https://commons.wikimedia.org/wiki/File:Morgan-Keenan_spectral_classification.png), siehe *3; **104.2** NASA (WMAP Science Team), Washington, D.C.; **105.2** Alamy stock photo (NASA Image Collection), Abingdon; **109.3** LEYBOLD®/LD DIDACTIC GmbH/www.ld-didactic.de, Hürth; **110** LEYBOLD®/LD DIDACTIC GmbH/www.ld-didactic.de, Hürth; **110.1** Physik-Laborbericht am Technischen Gymnasium Offenburg, Roland Dardagan, Maximillian Fuchs, Mathias Kerschensteiner, Christoph Winkler (Abiturjahrgang 2012); **118.4** Tilman Pfau, Stuttgart; **122.3** Peter Wessels - Autor, Bremen

Janosch A. Slama SCHWUPP Atelier für Reklamemalerei, Hausbrunn, **4.1; 5.1; 5.2; 6.1; 6.2; 6.3; 8.1; 8.1; 8.2; 8.3; 8.4; 8.5; 9.2; 9.4; 9.5; 10.2; 10.3; 10.4; 10.5; 11.1; 11.2; 11.3; 12.1; 12.2; 12.3; 12.4; 13.1; 13.2; 13.3; 14.1; 14.2; 14.3; 15.2; 15.3; 16.1; 16.2; 16.3; 17.1; 17.1; 17.2; 17.2; 17.3; 17.4; 17.6; 18.2; 18.3; 18.4; 18.5; 19.3; 19.4; 19.6; 19.7; 20.1; 20.2; 21.1; 21.3; 21.4; 28.1; 28.2; 28.3; 28.4; 28.5; 28.6; 29.1; 29.2; 29.3; 29.4; 30.1; 30.3; 30.4; 30.5; 31.1; 31.2; 31.3; 31.4; 32.1; 32.2; 32.3; 32.4; 32.5; 33.1; 33.2; 37.1; 37.2; 38.1; 38.2; 38.4; 39.1; 39.4; 40.1; 40.2; 40.3; 40.4; 41.2; 41.3; 42.1; 42.2; 42.3; 43.2; 43.3; 43.4; 43.5; 44.1; 45.1; 46.1; 47.1; 47.2; 47.3; 48.1; 48.2; 48.3; 48.4; 48.5; 49.1; 49.2; 49.3; 49.4; 49.5; 49.6; 49.7; 49.8; 49.9; 50.1; 50.4; 50.5; 51.1; 51.2; 51.3; 58; 58.1; 58.1; 59.1; 59.1; 59.1; 59.1; 60.1; 60.1; 60.1; 61.1; 61.1; 61.1; 62.1; 62.1; 63.1; 63.1; 63.1; 63.1; 64.1; 64.1; 66.1; 66.3; 66.4; 66.5; 67.1; 67.2; 68.1; 68.2; 68.4; 69.2; 69.3; 69.4; 69.7; 70.1; 70.2; 71.1; 71.2; 81.1; 81.3; 82.1; 82.2; 82.3; 82.4; 82.5; 83.2; 83.3; 83.4; 83.5; 83.6; 83.7; 84.1; 84.2; 84.3; 84.4; 85.1; 85.3; 85.4; 85.5; 86.1; 86.4; 86.5; 87.1; 87.2; 87.4; 88.1; 88.1; 88.2; 88.3; 89.1; 89.2; 89.4; 92.1; 92.2; 92.3; 93; 93.1; 93.2; 93.3; 93.4; 94.1; 94.2; 95.1; 95.2; 96.1; 96.2; 96.3; 97.1; 97.2; 102.1; 102.3; 103.1; 103.2; 103.3; 104.1; 104.6; 104.7; 105.1; 108.1; 108.1;** DDr. Martin Apolin, Wien / öbv, **86.7;** Klett-Archiv, Stuttgart, **39.3; 68.3;** Dr. Martin Lay, Breisach a. Rh., **23.1; 24.1; 26.2; 27.1; 52.1; 52.2; 75.2; 91.1; 100.3; 106.1;** Alfred Marzell, Schwäbisch Gmünd, **23.4; 25.2; 27.2; 34.1; 34.2; 35.1; 35.2; 36.1; 36.2; 36.3; 45.1; 46.1; 46.2; 53.1; 53.2; 54.1; 54.2; 55.1; 55.2; 56.1; 56.2; 64; 65; 65.1; 73.3; 73.4; 76.1; 76.2; 77.1; 77.5; 78.1; 78.2; 78.3; 78.4; 79.1; 79.2; 80.1; 91.2; 99.2; 100.1; 100.4; 101.1; 109.1; 109.2; 109.4; 109.5; 111.1; 111.2; 111.3; 113.1; 113.2; 114.1; 115.1; 117.1; 117.2; 117.3; 117.4; 117.5; 118.1; 119.1; 119.2; 119.3; 119.6; 120.1; 120.2; 120.3; 120.4; 121.1; 122.1; 122.2; 123.1; 123.2; 123.3; 124.1; 124.2; 124.3; 125.1; 125.2; 125.3; 126.1; 126.2;** Sandra Oehler, Remseck, **52.4; 64; 74.1; 77.2**

*3 Lizenzbestimmungen zu CC-BY-SA-4.0 siehe: http://creativecommons.org/licenses/by-sa/4.0/legalcode

Sollte es in einem Einzelfall nicht gelungen sein, den korrekten Rechteinhaber ausfindig zu machen, so werden berechtigte Ansprüche selbstverständlich im Rahmen der üblichen Regelungen abgegolten.

Die Reihenfolge und Nummerierung der Bild- und Textquellen im Quellennachweis erfolgt automatisch und entspricht u. U. nicht der Nummerierung der Bild- und Textquellen im Werk. Die automatische Vergabe der Positionsnummern erfolgt in der Regel von links oben nach rechts unten, ausgehend von der linken oberen Ecke der Abbildung.